# 地域のガバナンスと自治

平等参加・伝統主義をめぐる宝塚市民活動の葛藤

田中義岳

東信堂

# はしがき

　本書は、宝塚市でのコミュニティの盛衰をあつかったものです。アメリカ政治学者ハンターの名著である『コミュニティの権力構造論』に即し、日本の歴史的地域構造や近代化の分析・考察から、宝塚の実態に沿った考察をしました。それを抽象化していうと、本書はコミュニティとデモクラシーや伝統主義と近代主義の考察から、核心となる地域の平等参加への道筋と、地域自治やコミュニティ構造のガバナンス論考に至るものです。

　1993年から着手したことですが、宝塚市民と市当局とが協力して、小学校区コミュニティにゆるやかで、フラットに協調する自治的協議体をつくることに宝塚市はいち早く成功しました。すなわち全域にまちづくり協議会が設立されたのです。この活動を支える中間層の新たな人材が加わって、その結果、地域福祉活動などの様々な市民活動の躍動的な展開や、地域自治会と諸団体、ボランティアなどとのパートナーシップが進み、99年には、まちづくり協議会自治も大きく広がったのでした。

　つまり、近代化主義を旗印とした正司市長が、12年間まちづくり協議会などの政策を進めました。その政策をふまえ、2002年成立の「まちづくり基本条例」に基づき、地域のまちづくり計画を協働で策定し、住民自治と団体自治のアップを狙う総合計画づくりが次の目標となったのでした。

　わが国では、国政とは落差の大きい地域自治において、その高揚や、創生が大きな課題です。それには基本的な住民自治の構造づくりが何よりも重要です。これには、参加型の市民活動と協働の構造づくりが肝要であり、宝塚市は一定程度の評価を得ていた「まちづくり協議会政策の基本法式」のガバナンスを円滑に続けてきていたのでした。

　ところが15年後、正司氏より数えて3代目に誕生したC市長が、2007年より、真逆の復古的ともいえるかつての「行政村」的な方策に舵を切ったのです。参加型のまちづくり協議会政策の住民浸透と、20地域のまちづくり

計画は完成したものの、旧来の自治会連合会の上位階層意識と、それを強くサポートするC市長による復古的方針によって、あろうことか協働のまちづくり計画が断絶され、そして、まちづくり協議会政策を封じようとする政策展開に至ったのです。C政権は短命でした。しかし、本来的な住民自治を団体自治に反映する政策は、次のD市長時まで8年間滞り、混乱を総括できない体たらくが続いて、自治会連合会とまちづくり協議会との間の、伝統・近代の協調めぐる相克・止揚の葛藤が、長く目の当たりに展開されたのです。

また一方、分権などの潮流にのれない地域自治会もあり、総体としての自治会連合会内部も多様化してきたのです。そして2014年の内部議論により、その連合会組織は分裂・弱体化するに至ったのです。結局、長い市民の大議論の末、これまでの地域自治会を中核とする、まちづくり協議会政策・まちづくり計画が基本であるとのガバナンス方策に再到達するのです。そして、市民の大議論をこえ、改めて、伝統・近代の協調融和の地域自治の高揚が大きな目標となっており、その道筋のコミュニティ構造論的な考えが俎上にのぼっています。

さて、コミュニティとデモクラシーといえば、昨今、わが国の女性の社会的地位は国際的低位に評価されるという問題があり、いくつかのスポーツ団体や一部の大学のガバナンス上の課題が浮上し、社会問題になっています。このことは、活力ある次世代の若者づくりへの戸惑いや、社会発展に懸念される課題であることを示すものでもありましょう。

もちろん、この原因や背景などについては第三者の的確な分析を待つことが適切なのですが、優秀なトップアスリートなどが属するローカルな団体社会での、少数者による権力的な構造や非民主的な伝統土壌が、ガバナンス問題となっているのではないでしょうか。そして、いくつかのスポーツ団体や一部の大学のローカルなこのガバナンス問題は、これら団体のみにとどまらず、一般には、みえにくい我々の身近な多くの地域コミュニティや、わが国社会のあらゆるところに、かなりの割合で存在するものであるとも考えられます。本書では、このような社会状況を視野におきながら、地域ガバナンスと自治に焦点を合わせています。

活き活きした社会や地域を創生し、またその活力の趨勢を継続するには、個々の自立性や社会的に「自由と責任」が重んじられ、その自律性や向上心を伸ばしながら、それらを社会の活力とする環境づくりが欠かせません。またそれらが多くの人びとによって自然に醸成されることがとても大切でしょう。これらを近代性と名づけるなら、この近代性は我々が築いてきた伝統的アイデンティティなどとも調和され、参加者・関係者同士や地域においては住民同士が仲たがいせず、バランスがとられ、居心地や住み心地の良さが感じられる組織性・集団性等に発展する姿が求められるのでありましょう。

　宝塚市の行政担当者だった筆者が、偶然にもこの地域ガバナンス任務を直接担当し、地域改革の稀有な懸案と向かい合う機会があったのです。そして、わが国の地域発展に関し、このガバナンスを巡る宝塚市民の葛藤などを、自らの手で学術的論考にすることに大きな意義があると感じてもいたのです。しかし、アカデミックな社会科学の場合、筆者には研究・論考の積み重ねが乏しいばかりか、その表現方法や論理の構成の仕方にも非力さを感じていたのです。そこで、20年来、地域政策についてお世話になってきた鳥越晧之氏（大手前大学学長、早稲田大学名誉教授）に、学術の師と仰ぎ指導を仰いできました。

　氏からは本書の執筆にあたっては、アメリカ政治学者ハンターの名著である『コミュニティの権力構造論』を最初に読むよう勧められ、自分としてはそれを土台として、本書の論理構成をする判断をいたしました。氏は深層にある認識や観念をも、より上層の現実社会へと引き出す教授法をおもちで、時には感銘の念に打たれる凄みがあるように思いました。

　ところで、本書を発刊する契機となったのは、コミュニティ政策学会において、叢書シリーズを創ろうという故山崎仁朗氏（『日本コミュニティ政策の検証』）に発し、名和田会長をはじめとする意欲的なアイディアと、また東信堂下田社長のご協力の賜によるものであります。本書が発刊できることをこの上ない慶びとしつつ、感謝をいたしております。

　　　　　　　　　　　　　　　　　　　　　　　　　　　田中　義岳

# 目次：地域のガバナンスと自治──平等参加・伝統主義をめぐる宝塚市民活動の葛藤

はしがき ………………………………………………… i

## 序章　コミュニティ自治と権力構造論の考え方 ……… 3
　　　──宝塚市のコミュニティ政策と権力構造論
### 第1節　進展と急転縮小の25年 ………………………… 4
　1　平等参加か上下ピラミッド型か　4
　2　宝塚市の住民自治政策とコミュニティ権力構造論　7
### 第2節　権力構造と統治 ……………………………………… 9
　1　地域コミュニティと民主化　9
　2　秋元律郎の権力構造論　15
　3　多元的デモクラシー　17
　4　民主主義とポリアーキー　18
### 第3節　日本の地域伝統と民主主義の潮流 ………………… 20
　1　期待されるわが国の民主主義進化　20
　2　参加民主主義について　22
　3　二元制とみえがたい地域権力構造　24
　注　26

## 第1章　地域の歴史的構造と自治課題 ……………… 27
### 第1節　ムラの自治と歴史的構造 …………………………… 27
　1　地域自治の歴史構造を探るねらいについて　27
　2　日本の伝統的地域構造の形成　29
　3　ムラの概念と歴史的構造　32
　4　ムラの変貌と地域自治会の形成　34
　5　地域自治会の評価・位置づけ　37
### 第2節　都市化と地域自治の歴史的構造 …………………… 38
　1　戦後70年の社会的活動の位置づけ　38

2　都市化の浸透と住民意識の変化　44
　　3　1990年代からの地域市民活動　48
　　4　分権方向と足元の課題　53
　第3節　落差ある地方自治と展望への道筋 …………………… 55
　　1　落差が大きい地域自治実態の構造課題　56
　　2　地域自治の概念について　61
　　3　住民自治パワー創出法式　64
　まとめ：平等参加・住民自治構造への方向性 ………………… 69
　　1　伝統主義的な地域社会の規範　70
　　2　近代主義と地域参加の運営法式　70
　　3　二項の協調・融合の法式（仮説）　71
　　注　73

# 第2章　宝塚市コミュニティ政策の変遷 …………… 77
　第1節　宝塚の地域史と自治会 ……………………………… 77
　　1　宝塚の地域史　77
　　2　自治会連合会とコミュニティ権力構造　84
　　3　自治会連合会のピラミッド構造　88
　第2節　宝塚市まちづくり協議会政策の進展（1993～2007年）91
　　1　コミュニティ政策掲げる市長の登場　91
　　2　段階的水平性を目指すまちづくり協議会　97
　　3　3層構造とブロック別「地域創造会議」　109
　　4　まちづくり基本条例・市民参画条例　113
　　5　まちづくり計画（2002～2007年）　116
　　6　権力構造と民主的政策の噛み合わせ　118
　第3節　市長交代と復古政策、混乱・激論8年（2006年以降）144
　　1　自治会連合会の上位意識―2006年以降、まちづくり計画形成の進展とともに　146
　　2　C市長のまちづくり協議会政策封じ手　2007年～　162
　　3　住民自治軽視のD市長登場と自治会連合会分裂　171
　まとめ …………………………………………………………… 183
　　1　地域再連携模索とローカルガバナンスへの道筋　183
　　注　187

# 第3章　地域を統治するのは誰か……193

## 第1節　複眼的協調と平等参加の確立……193
1. 混乱・大議論で獲たもの　193
2. 複眼的総合性と二項協調・融和　194
3. 都市型ローカルガバナンスの確立へ　199
4. ローカルガバナンス確立はまち協方式の普遍化　202
5. まちづくり協議会自立的プレゼンスへの期待　208

## 第2節　調査専門委員報告「住民自治組織のあり方」……210
1. 調査専門委員報告「住民自治組織のあり方」　210
2. 専門委員の意見「まち協を窓口に」　215
3. 総括「まち協を地域連携の窓口に」の報告分析　218

## まとめ：平等参加理念と現実的な解決策……223
1. 必要な自治体自治力の基本認識　223
2. 市政のまちづくり再生の出発点　224
3. 背反・分裂から地域融和の場づくり　225
4. 欠如している市の透明性・情報公開　226

参考資料　228
注　230

# 第4章　都市圏、多元主体参加の自立型権力構造……233

## 第1節　参加市民のエネルギー……233
1. 住民意識変化と地域創生パワー　233
2. 宝塚市まち協強化と中山台モデル　240
3. 都市圏ローカルガバナンス構造の構築　245

## 第2節　透明性と自治力アップの構造へ……253
1. 分権化の長所を活かす構造　253
2. 透明性と広報活動の協働化案　255
3. まち協政策とコミュニティワーク　256
4. 必要な民主的正当性概念　258

## まとめ：「日本の都市の地域自治」展望……262
1. 都市型ローカルガバナンス（宝塚例）の位置づけ　262
2. 宝塚市の地域自治展望について　263

注　264

　あとがき ………………………………………………… 265
　事項索引 ………………………………………………… 267
　人名索引 ………………………………………………… 270

# 地域のガバナンスと自治
―― 平等参加・伝統主義をめぐる宝塚市民活動の葛藤

# 序章　コミュニティ自治と権力構造論の考え方
―― 宝塚市のコミュニティ政策と権力構造論

　「2000年代の日本は、数千年の歴史をもつ農村社会から都市型社会に移行し、この都市型社会に相応しい政治・行政、経済・文化にむかうという転換期にあります」。これは、2007年、松下圭一がその著、『市民・自治体・政治』[1]で述べた文言である。

　その10余年前の1994年まで、戦後50年の社会評価について、哲学者・社会学者である後藤道夫は、「日本では市民社会―大衆社会」という議論が成り立たないということを、『シリーズ日本近現代史　戦後改革と現代社会の形成』(岩波書店、1994)で主張していた。その内容は、後藤の指摘によると、日本型大衆社会の評価について、1950年代頃から藤田省三、丸山眞男や日高六郎などの諸氏が、真っ正面からそれを問題とし、政治的アパシー、周囲への激しい同調主義、個人のアトム化などの社会的病理の深さを警告し続けたというものである。

　そういう議論をうけて、松下が、1966年「市民的人間型の現代的可能性」[2]と題し、都市における大衆社会の成熟という回路を通じて市民的人間が日本でも初めて大規模に登場し始めたと主張をした。

　この1966年の論考で松下は、市民の活動について、さらに次のように論を続けている。「学術用語であった『市民』という言葉は、都市社会に移行しはじめ、市民活動が出発する1960年前後から、マスコミなどでつかわれ、日常用語として定着していきます。(中略)だが、政治文化としてのこと市民性の成熟、つまり《市民文化》の形成は、当然ながら一朝一夕にはできません」[3]と。

　たしかに、紀元前4世紀頃から生じ続けてきた農村社会が、戦後、急速に

都市化したからといって、成熟した市民性に急に転換できるものではないであろう。都市化が進行しても、市民性の成熟は、年年歳歳、人びとの種々多様な取り組みの集積の上に、年月をかけてゆっくり育まれると考えられる。とはいえ松下は、これらの内在的な社会変動を鋭くとらえ、地域自治とそこでの権力構造が、徐々に転換しつつあることを認識し予測しているといえよう。

歴史的伝統を踏まえつつ、固有の地域形成が図られてきたわが国であるが、戦後 50 年（それは 1994 年にあたる）と、その後の約 25 年の 75 年間にあって、筆者は 2006 年までの 37 年間、兵庫県宝塚市に勤務し、地域現状をつぶさにみてきた。そこで、宝塚市の現実の自治行政を通し、日本型の市民活動についての紆余曲折、また相克・止揚を繰り返しながら展開してきた道のりを分析し、さらには将来の可能性を検討したい。これを本書の課題とする。

## 第1節　進展と急転縮小の25年

個性を活かし、自立した地域をつくるためには、地方分権改革を推進することが重要である。2000 年にいわゆる地方分権一括法が成立し、これに従って、500 を超える関連法が一斉に改正された。

その結果、多岐にわたる国の権限を地方に移譲することによって、中央集権としての強い権限をもつ国と、弱い立場の地方行政との関係が大きく見直されることになった。また、分権改革にあわせて、自治行政も再編成が必要になった。そこには、上下の垂直性が強かった権力構造に、水平性を加味させようとする改革意図があったと一般に指摘されている。

この分権改革に少し先駆けて、地域自治について目覚ましい動きをした自治体がいくつか見受けられた。その中の一つが宝塚市である。宝塚市は「まちづくり協議会」政策をとって、水平性を加味させようとしていたのである。

### 1　平等参加か上下ピラミッド型か

わが国の地域社会は、しばしば垂直性の強い権力構造をもっていると指摘される。そのような状況にあって、水平的参加を加味し、地域自治を展開し

```
1960年代〜90年  都市化で転入人口急増    中間層が台頭
1993年 まちづくり協議会政策開始   時期尚早ではないか？   古い共同体の刷新目標
1999年  20のまちづくり協議会    新しいまちづくり
   ↓              参加民主主義のまちづくり協議会政策
2004年  まちづくり基本条例・まちづくり計画
2008年  復古・逆行、混乱と激論10年 ←   自治会連合会の上位意識で対抗
       （まちづくり協議会の漂流）      「既得の権益や立場を主張」
                        ↓        自治会連合会の分裂
2014年  自治会連合体の混乱
2016年  専門委員の報告  まち協一本化へ
2017年  市、新方針発表    平等参加のステージへ？
```

**図序 –1　宝塚市の地域政策の推移概要と今後の期待**
出典：筆者作成

ようとした事例を、宝塚市を通じて具体的に示そうと思う。

　1960年前後から約30年にわたって、宝塚市では大勢の住民が流入する人口急増が続いた。多数の中間層が新住民となったのである。このような住民たちによって、1970年頃から、幅広い分野での学習活動や文化活動が行われた。1980年代に至ると、地域福祉活動や、住環境改善のグループ活動など、多様なボランティア活動の隆盛がみられ、やがてその活動は市域の隅々に大きく広がった。

　そこで、以前からの地域自治会を中核とする枠組みに、この新しい市民の、自治的なボランティアや、自発的グループを加えながら、この性格の異なる複数の組織体が、一緒に協働する新しいコミュニティ構造に再編することによって、躍動的に展開する市政とすることを市が提案し、実行することになった。

　1992年に誕生した当時の保守系の正司市長（以下、A氏という）を先頭に、市は翌年から本格的に、全市民にこの新しい形でのコミュニティづくりを呼びかけた。小学校区でのまちづくり協議会政策の誕生である。このA市長は12年在任したが、その新しい地域自治を目指す政策は、内外に高く評価され、次の渡部市長（以下、B氏という〜2年在任）にも継続され十数年にわたっ

```
第Ⅰ段階　1993～1997〈提案・参加呼びかけ初期5年〉　　　A市長の政策12年
　　20地域全域で小学校区「まちづくり協議会」の枠組みが完成
第Ⅱ段階　1997～2002〈地域活動進展と隆盛期5年〉
　　市民のまちづくり協議会活動が隆盛。地域別連絡会議などが開始された。
第Ⅲ段階　2002～2007〈初期的地域市民自治の集大成期5年〉
　　（条例整備と地域計画づくり）～2,000人規模で参加　　B市長　政策継続
　　まちづくり基本条例設置とコミュニティ計画市総合計画の協働案　　　3年
第Ⅳ段階　2008年　C市長　復古政策で真逆転換　　　　　　混乱10年の始まり
　　まちづくり協議会と自治会連合会（自治会）と対立、大討論　　C市長　復古政策
　　まちづくり協議会政策・まち計画を協働政策からはずし、骨抜き縮小　混乱3年
2009年　D市長誕生
　　　復古政策継続　　自治会連合会の分裂　　　　　　D市長復古政策継続
2015年　住民自治組織のあり方に関する調査専門委員会設置～報告書　混乱9年目
2017年　報告書に沿う政策（＝まちづくり協議会再興）発表
```

**図序-2　宝塚市のまちづくり協議会政策25年の経過概容（第2章に詳細）**

出典：筆者作成

て進展したのである。（図序-1、2参照）

　しかし、A氏とそれに続くB氏の市長退任以降、A氏から数えて3人目の同じ保守系の阪上市長（以下、C氏）が、2008年、突如、そのまちづくり協議会を重視する政策を転換する。そのことによって、地域社会に混乱が生じる。このC氏の政策は見方によれば、復古的で反動政策ともいえるものであった。そのC市長方針は、伝統的側面をもつ「自治会連合会」を前面に出すものであり、その結果として、すでに進展していた「まちづくり協議会」と対峙関係が生じるものであった（第2章で詳細記述）。

　言い換えると、それは個々の地域自治会と、多様なボランティアなどの参加による水平的協議体を形成する、当該「まちづくり協議会」政策を極力弱め、代わって、地域に上下階層的なピラミッド型組織を、復活させようとするものであった。つまり、地域住民自治については「自治会連合会」を最上位とする階層的構造に回帰させることなのであった。

その後、2009年に中川市長（以下、D氏、社民〜民主系）になっても、いわば復古的ともいえる政策はそのまま継続された。そのため自治会連合会では「まちづくり協議会」との対立が続き、それは混迷化の様相を呈した。

ところが、2014年に、住民自治のあり方をめぐる内部での意見の違いなどによって、市自治会連合会自体が分裂してしまう。そして第2の自治会連合体（自治会ネットワーク）が生じる事態となってしまった。そのため市議会において、地域自治組織のあり方を課題とする討議が行われ、市と議会は地方自治法（第252条の8）による、第3者の「住民自治組織調査専門委員」を立ち上げることになる。2016年4月に、その調査専門委員から、「住民自治組織はまち協で一本化」などの指針を掲げた報告書が提出される経緯となった（第3章で詳細記述）。

## 2　宝塚市の住民自治政策とコミュニティ権力構造論

さて本書は、住民自治に関するコミュニティの権力構造論的分析を、目的としている。日本の地域自治の歴史を踏まえつつ、基本的には憲法と二元代表制や、いわゆる地方自治の本旨である「住民自治」と「団体自治」を関連付けながら、地域に注視した分析を、以下のように考えている。

戦後の急激な都市化によって、古くから続いてきた村落の生活が、経済産業構造の変化によって、都市的な生活に急激に大転換し、それに伴い住民意識も大きく変容していく。宝塚市においても地域の住民意識変化により、市民の参加・参画や、地域自治政策が大切であるとの考え方が生まれた。その結果、先にふれたように新しくボランティアなどと協調する「まちづくり協議会方式」を、住民に提案し推進することになったのである。

年月を経るごとに、この政策がさらに理解され、大きく拡大浸透していくことが期待されていた。しかし前述のように、一定の進展があった15年ののち、地域自治会を中核に、ボランティア組織など住民が水平参加する政策に関し、住民自治会の統合体である自治会連合会は、地域社会において自分たちを最上位とする、従来からの上下垂直性を強く主張するに至る。C市長がこの自治会連合会の主張を認め、連携したことにより、住民自治組織方策

が逆戻りのようになったと理解する者たちも多数おり、そのため、混乱と大激論が8年間(政策空白10年)も続くことになったのである。

そこで、段階的に水平参加を強化していくまちづくり協議会政策そのものが、時期尚早であったのかを含め、政策推移の経緯などを検証・分析し、今後の住民自治や団体自治の構造が、どうあればよいのかという方向性を検討しようと思う。

そもそも権力構造の視点から考えると、住民自治の「平等参加」をどうするかという課題がある。そこには、人間性の回復のテーマ[4]が、大きく横たわっている。平等参加論には、人は上下関係に抑圧されるのではなく、抑圧から解放された、自発性があってこそ、躍動した活力が発現されるという考え方がある。その躍動の発現が、協働の自治へのパワーではないだろうか。地域には、長く上下関係の階層的な伝統的しくみがつくられていた。この上下関係からの真の解放があって初めて、そこにつくられるゆるやかな地域のしくみの中に、自発性・自立性が充分に発揮されるステージとなるとも考えられる。

「まちづくり協議会」政策を展開してきた宝塚市の地域政策や市民活動は、全国的にみて、開始・進展当時は先端を行くような活動であった。それは、A市長の登場での政策理念のアピールなどが、基本的に住民に反映され成し得たことであった。A市長は、12年間にわたりこれら地域自治政策を施行し、その後退任した。筆者は、A市長着任の翌年から11年間、当該政策業務を直接担当し、A市長退任の2年後に定年退職した。本書では、これら自治政策の進展と、その後の逆行的ともいえる変貌などを含め、単に市長交代と政策理念の変化という表層的な構造論でなく、その変貌の背景や権力構造などについて検討する。そこには都市化に伴う住民層の大きな意識変化が伴っていると想定している。

大阪および神戸の近郊都市に位置づけられる宝塚に転入し、新住民となった大勢の中間層の台頭で、形成された新しい自治会や、ボランティア組織、NPOなどと、旧来の村落色が残る自治会とその連合会の動向が、表面的にはみえがたい複雑な権力構造の中で、絡み合い、もがき合っている状態が、

宝塚ではみられた。さらには、市長権力と政策をめぐる、自治体の価値観や考え方などが、複合的に作用しあった可能性がある。以下に市政や市民の動向の詳細な実態と課題をもとらえ、その分析・考察と次への展望をつまびらかにし、あわせて平等参加への新しいステージへの展望を試みようと思う。

## 第2節　権力構造と統治

### 1　地域コミュニティと民主化

　元来地域は生活の場であり、生涯を通じて人びとの生き様の発現の場である。子どもが成長していく楽しい場でもあるが、地域自治についての考え方や、価値観が交差する場でもあり、泥臭い生き様がぶつかり、身近な生活の利害なども渦巻くのが地域である。

　ところで、わが国の地方自治の権力構造は、二元代表制であり、首長は議会での論議・決定により、行政執行を展開するが、この行政システムによる表面的な展開だけではみえにくい場合が少なくない。特に市町村行政において、地域自治会などが果たしてきた、補完的なサブ権力構造（第2章で説明する）などを併せ、時には深くみることが必要であろう。

　さらに、わが国固有ともいえる地域自治会など、伝統的な地域コミュニティをめぐる評価の問題がある。都市化が浸透する地域では、平等参加など、段階的に民主性を求める住民活動や、それを支える新しい政策に重要さが増すことにもなってくる。人びとの新しい参加によって、その地域の自治が進み、活力が増してくることが、期待できるのではないだろうか。その民主性に向かう経緯は、欧米のそれとは異なっているとしても、人間社会として目指す発展は、普遍的で同じ側面をみることになるのではないかと思う。

#### 1）アメリカの権力エリート論と多元主義論

　本書での分析視角である地域権力構造論（Community Power Structure）の研究は、主としてアメリカで発達してきた。わが国にもそれについての研究事例がすでにいくつかある。とりわけ都市社会学者の秋元律郎がこの分野の研究

を深めている。秋元は1950年代「アメリカの頂点で統一されえた社会において、その頂点には権力エリートが出現し、中間層は頂点と底辺を媒介せず、底辺には一般大衆が出現しつつある」[5]というC. W. ミルズ[6]の主張をまず紹介する。エリートとは、当時のアメリカの政治・経済・軍事のエリートからなる少数のグループであるというものである。

このミルズの権力エリート論に対し、秋元はもう一側面を主張する。それは権力の集中論と正反対の認識である。その認識は「過去50年の間に、アメリカでは権力構造に起き、支配階級を上に持った単純なハイアラーキーがくずれて、権力は、あちこちに散在する拒否権行使集団にゆずり渡された」という立場についてのリースマン[7]の主張に依拠したものである。この秋元の考え方は「多元的デモクラシー」という発想にも結びつく。

実は、このナショナル・レベルの「権力エリート論」と「多元主義論」の論争は、アメリカにおいては、F. ハンターとR.A. ダールを中心とする論争へと展開されていくものであった。

2) ハンターのコミュニティ権力構造論

まずハンターの調査解析・論考である以下の「コミュニティの権力構造～政策決定者の研究」(～1950年代、アトランタ市での政策決定者の原文訳＝9章構成、鈴木広監訳―恒星社厚生閣、1998)であるが、筆者は以下の4段構成で要約してみた。

場面は第2次大戦後1953年のアメリカにおいてである。その舞台となったのは、アメリカ南東部の工業・運輸交通の要衝であり、「風と共に去りぬ」の舞台地やコカ・コーラの創業・経営地などで有名な、ジョージア州アトランタ市(当時人口は40万人程)である。

(1)序論と方法論

ハンターは、「権力とは、統制しあう関係からなり、合州国では権力は社会的には、政治的権威と経済的権威のあいだでの、二元的なの関係へと構造化されている」と、その二元関係は深いものと想定する。そして権力に基づ

く政策については、「地域の生活に重大なかかわりもつ政策が、大多数の市民には、何も明確な認識のないままに実行されることが多く、そのなかには、相対的に少数の利益のために操作されるものが含まれている」とみていた。つまり、「社会の支配者と大衆とのコミュニケーションは細っており、デモクラシーの概念にふさわしくない (p.1)。」と着想するのである。

アトランタ市の権力の所在とその構造については、「地域の代表的集団は、トップリーダー、下位構造の専門集団、黒人コミュニティリーダーの三つであるが、(1)市民組織・専門職集団・友愛組織のリーダー、(2)行政リーダー、(3)実業家リーダー、(4)『社交界リーダー』と『資産家』の四つのリストを様々な資料から作成する」。その中からこの研究のために「175人を越えるリーダーを厳選したが、判定者たちによって、この175人を評価してゆく。そして上位40人が相互選択によって選びだされ、175人から集められたデータと併せ、この40人がこのアトランタ市 (以下A市と表現) の研究の直接対象とする」。彼らから面接し聞き取る方法 (あらかじめ作られた質問票を使用) で調査を開始した (pp.57-58) のである。

そして、まず、地域プロジェクトを「決定」するにふさわしい人物は誰かなどの質問を通し、「この40人が権力集団そのものでなくとも、核である (p.61)」という権力の基本構造を推論する。そして、この40人の中でのコミュニケーション数や、下位集団とのコミュニケーション数についても、その数をカウントしながら、特にその多さなどから誰がその中心人物かを特定する。このようにして、次のように権力構造の所在の明確化を進めるのである (pp.63-68)。

(2) A市における権力の所在

A市の政策執行者は、数百人にのぼるものの、政策トップリーダーを上位とする基本構造を探ると、「市民生活の向上といった目標のプロジェクトならば、『自ら決定を行う人々』は、比較的少数の集団とされる。というパターンが現実である。つまり、①ある重要なプロジェクトにかかわった人びとは、全体が、おそらく権力のピラミッドを形成しているだろう。②ピラミッドを構成する人員は、動いているプロジェクトに応じて変わるであろう。③40

人のリストについて、比較的狭い範囲の人々がトップにいる。」ということが判明したのである。また「リーダーのほとんどが、会社の社長や重役であり、威信ある専門的な地位にある (p.71)」。これらのことが一見して分かるように、調査解析に進んでいくのである。

調査は進んで、そのリーダーたちの所属組織を明らかにさせると、「政策決定集団ではないが、トップリーダーが所属する組織は、多いものから順に、商工会議所、地域募金団体、ロータリークラブ、YMCA、コミュニティ評議会、陪審員組織、弁護士組織」となったのである。なお、キリスト教会議と、ある大きな労働組織とには分散がみられ、小売業組合が追加された。また「市民活動と社会福祉活動に携わる下位構造の専門職の人びとは、面接調査の中で、トップリーダーが選択した組織は、確かに影響力があると認めている。これらの専門職の人びとのほとんどが、コミュニティ評議会にだけは所属しており、そこでトップリーダーと温接点があることは注目すべきことであろう (p.77)。」といって、トップリーダー集団を、クローズアップさせていくことになるのである。

さらに、「これらの組織に所属するリーダーは、明確な階層になっており、1等から4等までの職種を例示できる」。それは、次のような構造になるという。

「〈1等〉工業、商業・金融関係のオーナー、大企業重役

〈2等〉管理職公務員、銀行の頭取、PR担当者、中小企業経営者、上級公務員、顧問弁護士、契約業者、

〈3等〉市民組織メンバー、市民委員会メンバー、新聞コラムニスト、ラジオのコメンテーター、下級公務員、一般組織の幹部、

〈4等〉牧師、教師、ソーシャルワーカー、指導員などの専門職、中小企業の管理職、高所得の会計士などである。」

このようなランク付けについては、「拡充することもでき、上級2つは『政策の基本線をひく』人たち、下2つは、『その線を守る』人たち (p.99)」といわれていることも把握し解析を進めるのである。

(3) A市の権力構造

さらに調査解析が進んで、「権力者内部では、きわめて影響力が強いと認められている2つの公的組織がある」このことを突き止めるに至り、公私混同のような、このエリートクラブの実態を次のように分析する。「ひとつは『49人クラブ』で、もう一つは『101委員会』であり、どちらも高い会費を徴収し、それをメンバーの娯楽に充てている。この会合は公ではなく非公式であるが、このメンバーになることは大変な名誉である。会合はしばしば、メンバーの自宅で行なわれたりしている」という証言を得る。

　「『49人クラブ』は20世紀初頭に組織され、厳選されたメンバーであり、このクラブでは、諸々の政策に関して、地域の人びとや一般の政治団体が合意を模索するより前に、政策の重要事項を議論する」という位置づけにある。「『101委員会』では、もっぱら政治的な議論が行われている。立候補者や様々な政治的問題について議論するが、問題が起こる前に行動を起こすようなことはないし、会議の公式記録もとってない（『49人クラブ』でも記録は取らない）。『101委員会』のメンバーであることも一種の特権とみなされているが、『49人クラブ』ほどではない」と位置づけられている。「調査のために選んだ例の40人の中にも、これらの会合に所属している人は何人かいる。またメンバーには重複したクラブ所属も、少なからずみられる (p.79)」というのである。

　つまり、「政策の執行者たちはエリートであり、大変な名誉と羨望あるエリートクラブを形成しているのである。これら階層的なエリートたちの居住やオフィスビルなどは、下位とは区別された特上のエリアで『豪邸・豪華なビルや設備』という実態でも、それを裏付けている (p.13)」。さらにそれと比較すれば、「黒人リーダーのオフィスビルや執務室は、相対的に劣った構造とデザインであり、ウサギ小屋のように狭い。一般に黒人用の会合場所は、Ａ市の専門職、市民組織・社会活動の人びとと同じくらい粗末である (p.20)」。これらは、状況証拠であろうが、しかし個別のリーダーたちの生々しい生き様の数々の証言とも符合していたのである (pp.25-55)。

　そして、権力構造を解析ための個別の聞き取りをするうち、今までの推論が決定的にたしかなものだとするような驚くべき次のような証言に出会う。「もしあなたが、（Ａ市に）いま何がおこっているのか知りたければ、金のあ

りかを見なくてはいけない。それこそ資本主義だ、とあなたはいわれるでしょうけど、ものごとを動かしている人たちは、金儲けとか権力の保持とかに関心があるものですよ」といい、最高リーダーの1人も「ある人物の社会的地位が高ければ高い程、直接にあるいは部下を通して、彼のために相互行為をする人は増していく」と証言する。このことは、「活動がますます専門化することによって、個人の相互行為の幅は狭められる。そして、彼が行動を起こしうる分野も限られ、集団の規模拡大と活動の専門化によって、トップリーダーと普通の人びと(市民)との間の相互行為の鎖の継目の数は増えていく」と、ますますその少数リーダーの権力が拡大増強するのを目の当たりにするのである。

「市の機関や団体のすべてが権力リーダーと関係をもつわけではない。市政策のプロジェクトには、政策目的や種別によって、機関・組織・団体・経済集団の組み合わせによる決定構造は様々である(流動型委員会構造)。また、プロジェクトを完成させるにあたって政策リーダーは、下位構造の同じ構成員とばかり相互行為をするわけでわけでなく、相手は変わっていく」。この様子について、「下位構造の構成員は、上位構造の人びとが演奏するキーボードに例えることができる」という。「ある特定のキーをたたく時に演奏されるプロジェクトは変わっても、演奏者は同じかほとんど変わらないのである」。そして、聞き取り面接を続けて行くうちに、次の発言の把握にたどりつく。「同じ人々、同じ集団や派閥、同じ利害の者たちが、財産や政治いずれの領域をも支配している」というのである(pp.83-93)。つまり、一定の人びとがトップリーダーのエリートとして権力を握り、経済的利益をも支配している構造の解析に至ったのである。

⑷A市の権力構造総括

A市の政策トップリーダーたちは「全会一致の原則」を概ね目指している。政策が地域リーダーによって最終的に決定されると、「その政策に同意するよう直ちに命令が下る。決定が下されるまでには時間がかかっており、実働段階に入る前に検討する時間がたっぷりある。決定に反対する者には圧力

がかけられ、かくしてプロジェクトは軌道に乗る (pp.161-162)。」と状況を述べ、ハンターは、政策方針と違った論説を記事にしたA市新聞社の論説委員に対し、組織から圧力をかけられ、辞めていかねばならない運命を例示している (pp.157-160)。

「余計な波風を立てるな」。これが市のプロパガンダの方針で、A市では、ラジオや新聞がこのプロパガンダを流すメディアになる。このように権力執行が明白なものになる。「下位構造の人びとであれば、強制力と無関係というわけでもなく、力を伴う行動をとることもある。そういった行動には警察や、警察に相当する民間組織が関わっている。権力者および政策決定者はその上位集団も下位集団も、あらゆる方法を使って権力を行使する (p.172)」。かくして「ある特定の権力単位（組織）の内部では、権力を実行する人々よりも少数の人々が、政策を決めたり、拡張したりする」という実態を解析・立証し、最後にハンターは、「A市の政策は市の社会構造のすべてを網羅せず、権力関係の内部の少数者で決定されている (p.218)」と、断言的解析に至るのである。

## 2　秋元律郎の権力構造論

F.ハンターの著書「コミュニティの権力構造」について、秋元の説明の続きは、次のようにおよぶ。つまり、「もし自由社会を全体主義社会から分かつものが、多元的な自発的集団や結社の活動にあるとするならば、デモクラシーのとりでとして、人々を巨大な権力から守り抜いてきたのは、自律的なコミュニティの存在であったといえる。（中略）しかし、『コミュニティを支配するものはだれか』と題し、もし、デモクラシーの故郷としてのコミュニティが硬直化して、ひとにぎりのボスたちの手にからめしられてしまったとしたら、どうだろうか (p.92)」。1953年、ノースカロライナ大学のF.ハンターによって引き出されたコミュニティの政治的現実とは、まさにこのようなものであった。

「コミュニティの権力構造」という、正面からこの問題に挑戦を挑んだ彼の著書の全編を貫いていたのは、こうした状況をあますところなく明るみにだした実証のきびしさにあったと述べる。

彼がひきだしてみせた権力構造は、頂点に強く相互に結ばれた経済エリートを中心とする政策決定集団をもち、その下に政策実施に貢献し、これを具体化していく従属する人びとが、形成されるものである。ハンターによれば、リーダーのほとんどは、大企業の社長か、重役あるいは威信をもった専門的地位についているものとしている。これがのちの「成層化されたピラミッド構造」と呼ばれ、20年あまりにおよぶ論争を巻き起こした、アメリカのコミュニティ権力構造のプロフィールである。

ハンターが評判法 (reputational approach または"声価によるアプローチ") という分析方法により、エリーティスト (Elitist) 派とも呼ばれ、地域の情報通の間での評判や、評判にのぼる人びと同士での認知状況から少数のエリートが、コミュニティを支配している権力構造を、確認し指摘したのである。これがリーダーに牛耳られた、コミュニティの政治的現実であったということができる。当時のアメリカ・デモクラシーの状況に対し、一枚岩的な一部の権力エリートの存在を提示した点で、多くの議論を呼んだ。そしてハンターは、エリートが、コミュニティ内部で、いかに強大で一般市民から隔絶された権力をもっているか、次のようにあらわしている。

「権力ハイアラーキーのトップ・グループは他と隔絶され、政策決定者から構成されているとみられる。彼らは、コミュニティではしばしばつかわれることばづかいをするならば、政策を形成するクリーク(社会集団)、もしくは顔なじみをつくっている。(中略)コミュニティ内外の政策事項は実質的にこれらのひとびとの同一の集団によって処理されるが、この政策集団の内部に機能的な活動の分化が存在する。ある人々は、政策決定の異なったレベルで操作し、とりわけ政治的行動に関わる面で影響力を行使している。この権力の構造における構造的な弱点にふれるものはいるが、深くふれようとするものはいない。結局のところ共通の利害、相互的義務、慣習、責任の委譲、そしてときには強制と力によって、この構造は維持されるのである」[8]。この当時のアメリカ・コミュニティは自立しているのかという点で、ミルズは、かつてのような自立性を失い、経済的にも政治的にも、ナショナル・レベルのシステムの中に組み込まれているという問題点を指摘したが、コミュ

ニティの権力構造論は無意味なもの、とまでの論述に至ってない様相である。また、ミラー[9]は検証的にハンターと同じ方法で、アメリカとイギリスの地方産業都市の政治決定集団におけるリーダーの構成を分析したところ、確定的ではないが、アメリカの地方都市においては、企業と政治とが結びつきやすい性格をもっていることは、事実らしいとの指摘をしており[10]、ハンター論述の客観性を認めた記述がされている。

## 3　多元的デモクラシー

　秋元の権力構造論を続けよう。このハンターの権力エリート論に対し、秋元は、もう一面を記述している。権力の集中論と正反対の認識である。「過去50年間に、アメリカでは権力構造が起き、支配階級を上に持った単純なハイアラーキーが崩れて、権力は、あちこちに散在する拒否権行使集団にゆずり渡された」という立場についてのリースマンの主張の紹介である。これは仮説であるが、いずれも「多元的デモクラシー」が想定されている点では対立しているわけではないとの前提の説明である。このナショナル・レベルの「権力エリート論」と「多元主義論」の対立は、さらに1950年代に始まるコミュニティ・レベルでの権力分析をめぐり、F.ハンターとR.A.ダールを中心とする論争に展開されると説明する。

　1961年、ダール著の『誰が支配(統治)するのか』で、ニューヘヴン市でうちだしたダールの仮説の紹介である。「ほとんどすべての成人は投票するかもしれないが、しかし、知識、富、社会的地位、公職につく機会、およびその他の資源が不平等に配分されている政治体系のもとで、現実に統治しているのは、だれなのか」とダールは問いかける。

　そして、ダールは、ニューヘヴン市の歴史的推移を次のように分析するのである。「1800年以降、ニューヘヴン市の名望家による統制力を集中させていた構造は産業化の進展によって衰退し、産業化によって台頭した企業家階級が(それまで)名望家に有利であった累積的不平等のシステムをつき崩しはじめ、ニューヘヴン市の経済システムは、これらの新しい階級によって支配されていくようになる。この後、ナショナル・レベルでの政治が、ジェファー

ソン主義者たちによって左右されるにつれ、数の力が重要な政治手段となり、台頭しつつあった政党が拡大する選挙権にあって、大衆的な支持基盤をもとめて投票者を動員し、平和主義的な政治イデオロギーが普及していく。あらたな移民によって労働者階級もふくれあがってくることになって、『庶民出身者の時代』が到来し、庶民出身者の新しいリーダーが出現してくる」というのがダールの論である。そして彼はこう結論づける。「移民と庶民出身者が成し遂げたことは、政治的資源におけるさらに進んだ分割であった。人気が富と社会的地位の両者から切り離された。人気は投票を意味し、投票は公職を意味し、公職は影響力を意味した。こうして庶民出身者は、累積的不平等にもとづいた寡頭制の古いパターンから、分散した不平等にもとづいたリーダーシップの、新しいパターンへの移行を完成させたのである」。このように、ダールがみたのは、多元的デモクラシーを約束していくニューヘヴン市の歴史の歩みであった。そこでの権力構造は多元的であることを主張している[11]。

## 4　民主主義とポリアーキー

戦後の日本において、整備を積み上げてきた制度や、その法体系に基づいて政治を行う国の体制への評価は、多々議論はあるにせよ成熟化の道をたどろうとしていることは確かであろう。しかし、本章の第2節から第3節で記述するが、地域自治体の自治の政治実体は、国とは大きな落差がある。ダールのポリアーキーについて、佐々木毅は次のように記している。

「『政府の批判者が、自由で公正な選挙を通じて政府に対抗するため、公然かつ合理的に政党を組織することのできる民主的な体制が成立するための条件は何か』、これはダール自身の考えであり、その問題を検討するのが、ダールの『ポリアーキー』の目的である」[12]という。そして、「現実の政治体制が完全に民主的であるということなどありえない。しかし、我々は民主主義という言葉を、理想としての政治体制と、ある程度の基準(それはしばしばあいまいな基準であることが多いが、)を満たしている現実の具体的な体制、という二つの意味で使っているのである。このことが、しばしば混乱を引き起こすので、不必要な混乱を避けるため、ダールは理想の民主主義に対して、『理

想への不完全近似として案出されている制度的装置』、つまり現実に存在するかなりの程度の民主化された体制を『ポリアーキー polyarchy』と呼び、用語の上で区別して分析しようと考えた」と説明する。

そして、ポリアーキーとはどのような状態かを論じる。「彼は、民主主義の重要な特性は、市民の要求に対して政府が政治的に公平に、常に責任をもって応えることであるとして、そのためには、全市民に(1)要求を形成する機会、(2)要求を表現する機会、(3)政府の機会に対応において、これらの要求を平等に取り扱わせる機会、の三つの機会が与えられていなければならないと主張する。次にこの三つの機会が存在するためには、社会の諸制度が、少なくとも次の8つの条件を満たしていなければならない。と彼は考える。その8つの条件とは、(1)組織を形成し参加する自由、(2)表現の自由、(3)投票の権利、(4)公職への被選挙権、(5)政治指導者が民衆の支持・投票を求めて競争する権利、(6)多様な情報源、(7)自由かつ公正な選挙、(8)政府の政策を投票あるいはその他の要求の表現に基づかせるための諸制度、である。

その上でダールは、この8つの条件は、民主化ということについての、いささか異なる二つの理論的次元を構成していると主張して、『公的異議申し立て―自由化』と、『包括性―参加』という二つの次元を提示するのである。つまり、体制によって公然たる反対を許容する度合いが異なるだけでなく、その許容された権利に参加されている人びとの比率も異なってくるからである。前者の尺度が公的異議申し立て(自由化)であり、後者の尺度が包括性(参加)である。この二つの次元に沿って民主化の度合いが分析され、個々の政治体制は、この組み合わせによる4つの種類に―大まかであるが―分類される」(図序-3)。

1971年、ダールは「我が国の民主主義は、どの程度民主的？」という問いを設定している。これは45年前のアメリカであるが、これを、筆者は、戦後70年＝2015年辺りの日本の地域(宝塚市)に当てはめ、政府を自治体政府に読み替えて、比較してみることに関心をもった(具体的には第2章第3節〜第3章で説明する)。

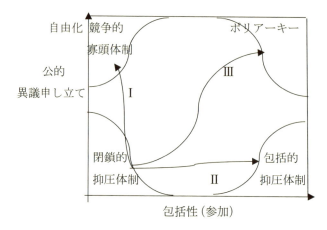

競争的寡頭制：選挙法改正で参加の機会が拡大される以前のイギリスの例の様相
包括的抑圧体制：最も極端な場合、ナチズムのような全体主義の例。

**図序-3　自由化、包括性、民主化**
出典：ダール「ポリアーキー」髙畠、前田訳、p.11

## 第3節　日本の地域伝統と民主主義の潮流

### 1 期待されるわが国の民主主義進化

　1950年代から始まるハンターやダールなどの権力構造論を上述したが、それら論議の流れは、その後、多様多彩な展開となり、「エリーティスト議論⇒多元的団体の参加（統治するのはだれ）⇒参加民主主義などの権力構造論研究」などの様相に発展している。時代の流れとともに、コミュニティの段階的な民主主義に反映される展開が、次第にみられるようになってきていると思われる。

　これら、「エリーティスト議論⇒統治するのはだれ⇒参加民主主義などの権力構造論研究」の潮流について、現代日本の地方自治の現場にあっても、市民が選出した議会によって、公開決定されるという民主政治の原理が確立できているはずである。しかし、豊洲移転問題にもあったように、この原理が未だ建て前にとどまり、現実には秘密政治のような行為がたびたび行われることがあるように筆者は感じている（第2章第2節で説明）。

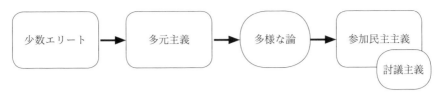

**図序 -4　期待されるわが国の民主主義の進化（仮説）**
出典：筆者作成

　本書では、みえにくい地域自治の構造実態に注目することとする。「多くの市民参加で権力が構成されているのか、首長や議会議員による二元代表制はどのような位置なのか、二元制と周辺の関心ある住民代表や、自治体公務員との限られた権力構造ではないのか。その権力構造は、多くの市民によくみえるのか、ギャップはないのか」などを考えてみたい。

　わが国でも、民主主義の進化は期待されていると思うが、その民主主義の潮流は、好むと好まざると、多様な課題を克服しながら、基本的には**図序 -4**のように、不可逆的かつ段階的に、ゆっくりと発展している側面があるのであろう。

　日本独特の歴史経緯から考えると、わが国の地域自治の今後の進展論は、欧米近代の民主主義と同次元で語れないであろう。しかし、日本が現憲法の普遍的民主主義を堅守し、今後も民主主義国家を根本にすえるという前提に立つとすれば、その観点では、まだまだ未発達なわが国のコミュニティの現状にあるのではないだろうか。1970年以降、特に「参加民主主義」について欧米では進展がみられるが、わが国の住民自治は、欧米のそれとは20〜30年以上の遅れがあるだろう。しかし、たとえ遅れや多様なギャップ（落差）などがあっても、普遍的価値として、徐々にそれらを獲得することが、地域活性・創生構造への展望となると考えている。

　これらの議論は、鬼塚尚子の「政治参加と民主主義の理論」[13]において見出せる。鬼塚は次のように論じている（抜粋で掲載）。

　ルソーが自分自身の描いた民主主義的社会が達成されるための条件を挙げている。①構成員同士が容易に互いに対面することができるような小規模な

共同体社会、②社会構成員間の経済的平等性と独立性、③公的な問題に関わろうとする人民の意欲を阻害しない程度に簡素な争点、④公的な事柄に対する積極的関与を促進せしめる市民的徳性の保持、が前提として付け加えられているのである。この内、ある社会における共同体の規模、平等性、争点の性質は、その歴史的経緯や地政学的事情、そしてその時々の社会・経済的情勢に依存するので、個々人の力によっては如何ともしがたい。したがって、それぞれの「人民」自身の努力によって獲得できそうなものは、市民的徳性のみである。それゆえ、他の条件の達成可能性が疑わしい現代社会においては、ルソーの議論は市民的徳性、乃至は市民の公共意識、積極的参加の増進を目指す「参加民主主義」に鋳直された。「人民は政治参加を通じた経験と学習によって真に『市民』となる」という発達理論的な市民参加擁護論は、全くこの意味においてルソー的人民主権論の「最後の牙城」である。

　反対に、「エリート民主主義」論者は、一般的市民がこうした徳性をもつのは困難である（あるいは現にもっていない）こと、また市民の間の全面的合意は容易に達成されない（あるいはそのようなものは最初から存在しない）として、「人民主権論」を攻撃する。しかしながら、こうした「衆愚観」は、実は参加民主主義に致命的な傷を負わせるものではない。人びとが「市民状態」に至らないのは参加機会と学習が不足しているからであって、その責任は政治と社会の構造にあると反論することが可能であるからである。こうした見解は、特に1960年代以降の参加民主主義、とりわけ（当時の）急進的民主主義論者によって主張された。（中略）ルソーが社会規模と民主主義の関係性に着目していたことは、極めて重要である。18世紀までに存在した多くのコミュニティがそうであったように、古典的モデルが描いた民主主義社会は、「小規模で相互に面識があるような都市国家」を基盤としていた。ルソーは、市民が政策の決定に効果的に参加する機会をもつ度合いは、社会の規模によって異なるとし、市民の数または国家規模が大きくなるほど、市民による参加の有効性と国家に対する統制力は減退すると考えた。

## 2　参加民主主義について

本書は副題として「平等参加・伝統主義めぐる宝塚市民活動の葛藤」としたのであるが、その基本的な前論には、「民主主義の潮流と日本の地域参加民主主義のあり方」についてよく考えることと、「わが国の地域と権力構造の課題には、歴史的な伝統主義をよく把握した上で、近代民主主義をいかに現実論として展開できるか」という論考が重要であると考えている。

　そして、現実的な参加については、大勢のボランティアや個人の活動が地域に活き、住民自治と団体自治につながるような、現実的なローカルガバナンスを考え、提起することが肝要という認識に行きつくのである。また、わが国の地域自治を進展するにあたって、協働政策をとる自治体が多くなっているが、その根底にある理念が参加民主主義であり、この参加民主主義の理念や考え方とはいかなるものかを改めて確認することが重要との考えになるのである。

### 参加民主主義

　参加民主主義について、千葉眞は、「代表制民主主義と参加民主主義との確執」と題し、「主権者である民衆の直接参加、民意表明の政治を重視する立場であり、住民運動、市民運動、集会やデモへの参加など『民衆による自己統治』としての直接民主政のモメントを最大限尊重する立場である」との位置づけを行い、「自由民主主義の問題点として指摘される体制や組織というものは大きくなればなるほど、いつの間にか何人かのリーダーと大多数のフォロワーズ（追随者たち）によって成り立つものへと変化していくという『寡頭制の鉄則』と関連しているということにある[14]」と述べる。

　鬼塚は、参加民主主義における「参加」とは、民主主義それ自体の正当性の源泉であるとともに、市民の「運命的自決権」の行使を意味するといい、それゆえ「参加」の範囲は、選挙を通じた間接的参加にとどまらず、政治過程への直接参加、あるいは地域、職場、国際組織などあらゆる領域における「参画」へと拡張される。さらに「参加」には、(1)政治的機能（可変的で実験的な政治を可能にする「開かれた」政治制度の構築）、(2)社会的機能（親密なコミュニティの創造）、(3)市民教育（公共心に富む自律的市民の育成、政治的有効性感覚や政治知

識・技能の向上）など、多様な機能が期待されている。このような「参加型社会」が成り立つ一般的条件としては、市民の間の社会的・経済的平等、参加を「是」とするような政治文化の存在を挙げる[15]。

　以上のような議論の展開を考えると、自由民主主義は間接的な議会制民主主義制との認識であり、これが制度として根底にある限り、議会制民主主義制では困難な側面や、その欠陥を補完する意味があり、多くの生活者のために、直接的な参加民主主義は非常に重要であるととらえることができるであろう。

## 3　二元制とみえがたい地域権力構造

### 1）伝統主義と近代主義

　わが国においては、国会や憲法を設置し、プロイセンに習って中央集権的近代行政の制度を敷いたのは明治からであるが、自由民権運動のあった明治時代でも民主的な地方自治ではなく、議会はあっても国家政府が知事や市長など首長を任命する官治主義であった。近代民主主義の地方自治は、戦後、革命的に設置した現憲法からであろう。国民主権や基本的人権等に併せ、二元代表制など、その理念を謳って、女性の参政などとともに始まった。わずかに、この70年余のことなのである。

　そして、現在のわが国の地域自治は、公選で選ばれる首長と、議員議会の構造である二元代表制のみでは語れないのではないだろうか。わが国の地域は、古代を経て米づくりとともにあった中世＝村落共同体の発達と継承が、歴史伝統の塊として政治的にも意味があるのではないだろうか。明治に入って、その村落共同体は、多くの地域権能を継承し、地域自治会（町内会・部落会）として登場しているといわれる。戦後の地域は、部分的にはその形態を変えつつも、村落共同体の占有的内包性が続いている（次章で説明）。つまり、戦後の二元代表制による地域の権力構造の本質課題の大きな部分は、一つは国民主権や基本的人権にある自由平等＝近代理念に育まれる近代主義であり、一方では、歴史的に統治権力と上下関係受忍や相互依存により、主体的権能を獲得してきた村落共同体の伝統主義、という二項の問題にあるのではない

だろうか。

　例えば、「宝塚市でなぜ構造的な住民分断が起こり、激論・対峙となったのか」という大きな疑問が浮かぶ。近代憲法下にあって、地域自治にはどんな問題が構造的に潜んでいるのかを考えると、主な要因は、日本のどこにでも存在する地域の伝統主義と、後発の近代主義が背景にある可能性が高いことに気がつくのである。それは、地域に内在する伝統イデオロギー的な色彩を含んだその伝統主義と、近代主義との相克と融合の課題でもあり、それは日本人にとっては歴史的な課題でもある、といっても過言ではないかもしれない。

2）みえがたい地域自治の構造実態を明らかに

　平和主義、国民主権、基本的人権の基本三原則が憲法に謳われて 70 年、民主主義は段階的に根づき始め、国レベルの権力構造は、徐々にではあるが、比較的分かり易くなっている。しかし、例えば、二元制規定での基礎自治体運営の構造については、議員活動などまだ分かりにくい面があるが、日本のどこにでも存在する地域の伝統主義と近代主義の課題は、さらにみえがたくなっているのではないだろうか。そして、みえがたいこの地域自治の構造実態を明らかにする意義は、大きいものと思われるのである。

　つまり、日本の地域の歴史と構造については、「地域の伝統主義はこうして残った。」、「地域の近代主義はこうして創られている。」という解析を行う必要性に直面するのであるが、地域の現実には、多くの住民参加で権力が構成されているのか、透明性はあるのか、などという、基本的な事項も関連しており、これらも大きな課題であると考えている。

　また、首長・議員の選挙や、年間の予算・決算および住民サービスは、自治体広報やメディアにより一定程度の報道がある。しかし、それ以外の報道は目に付き難い。議会報はあるが、政策そのものや、政策についての議論に関しては、（最近、インターネットでの情報提供は徐々に進んでいるが）まだまだ極端に少ないのである。メディアによって、一部の体たらくな首長・議員等の事件報道が目に付くものの、一般的な権力構造や政策運営は非常にみえが

たく、多くの市民はそれを知らない実態がある。

　また、国政に比して人びとの関心は薄く、アパシーという実態も論じられている。地方選挙の投票率は極端に低迷し続け、市民が声を挙げない限り閉塞感がただよっている感があるのではないだろうか。そして例外的な事例を除き、住民から、自律的な声の挙がる気配は、ほとんどないのが実態であろう。現場経験を通し、筆者が強く感じてきた「地域自治は見え難いうえに、自律的改善も成され難い」という構造的ギャップ（落差）も大きく存在するのではないだろうか。

注

1　松下圭一『市民・自治体・政治』公人の友社、2007年、p.5
2　松下圭一『思想』岩波書店、1966年、6月号
3　松下圭一『市民・自治体・政治』公人の友社、2007年、p.21
4　1969年自治省所管の国民生活審議会の中間答申で「コミュニティ〜生活の場における人間性の回復」と題する論文が発表され、コミュニティ政策が初めて打ち出された。
5　秋元律郎『権力の構造』有斐閣、1981年、p.12
6　C. W. ミルズ　1916-1962。アメリカの社会学者。1946-1962年までコロンビア大学教授。代表的著書に『ホワイトカラー』『パワーエリート』等がある。
7　D. リースマン　1909-2002。アメリカの社会学者。代表的著書『孤独な群衆』。
8　秋元律郎『権力の構造』有斐閣、1981年、p.100
9　ジョージ・ミラー　1920-2012。アメリカの心理学者。プリンストン大学教授。
10　秋元律郎『権力の構造』有斐閣、1981年、p.112
11　秋元律郎『権力の構造』有斐閣、1981年、pp.126-130
12　佐々木毅『現代政治学の名著』中公新書、1989年、p.134-137
13　鬼塚尚子「政治参加と民主主義の理論」『帝京社会学』第15号、2002年、pp.15-44
14　山口二郎・杉田敦・長谷部恭男編『憲法と民主主義を学びなおす』岩波書店、2016年、p.24、第2講、千葉眞著の「代表制民主主義と参加民主主義との確執」による。
15　鬼塚尚子「政治参加と民主主義の理論」『帝京社会学』第15号、2002年、pp.15-44

# 第1章　地域の歴史的構造と自治課題

　序章においては、地域のガバナンスと自治の核として、「コミュニティの自治と権力構造論」を述べ、地域の権力構造の中には伝統主義と近代主義との二項の対立課題があることを挙げてきた。

　地域の自治組織に関係する伝統（主義）と近代主義の二項については、それぞれをよく理解し、特性などの本質を知る必要があるが、それぞれがたどってきた歴史構造からそれをとらえ、分析する論考が重要と思う。さらに、本章では現代におけるわが国の地域自治の落差課題とその解決展望を論考したい。

## 第1節　ムラの自治と歴史的構造

### 1　地域自治の歴史構造を探るねらいについて

　さて、伝統（主義）と近代主義のそれぞれがたどってきた歴史構造であるが、中世からの地域自治について、「ムラの自治」を第1節とし、「都市化と地域自治」を第2節として、2回に分けて、下記視点などに留意しながら、その歴史構造の分析を試みたい。

　視点1：日本中世からの自律・自治（Autonomy）

　近年、新たな資料や文献などの発掘・発見を通した歴史学の発展により、従来のあいまいな認識箇所や推測的なところは、より明確になるなど、その諸研究には大きな進歩があったといわれている[1]。村落（ムラ）自治と権力支配に関しても、日本歴史学などのその研究が、中世後期の人びとの明確な自

立性・自治性の展開などにおよび、我々にもそれを知らしめている[2]のではないだろうか。

　人には本来的に自律性・自治性（Autonomy）の性質があるといわれ、人の自律的生態は自治でもあるだろう。個々の自己実現や、集団的自立に取り組む共通の事柄が達成されること、すなわち自治の達成は、人間性の解放・回復に近い意味や、人の政治性の原点などに通じる意味があるのではないだろうか。ただ、人間性の解放については、自律性とは逆対置にある権力支配サイドや、他者からの（他律的な）政治的解放が、歴史的な出来事として多くあるのも事実であろう。

　これら自律性・自治性を前提として、中世から現代にわたり、歴史学や民俗学、村落（農村）社会学などの研究成果を借りながら、中世の支配と被支配のせめぎあいから惣村自治をつくりあげ、そしてその実績の継承などを、構造的に分析することは、現代につながる伝統性の本質に迫る論考の一助として、とても重要であると考えている。国際的に日本人は、自律性が弱く、あまり主張しないと思われがちであるが、中世の惣村の存立や、大衆を解放する歴史的事実があるとすれば、それは都市国家や中世都市など古代・中世を経て、自立・自治の発展歴史をたどる西洋と類似する歴史と重なって映り、Autonomyの普遍性であると思うからでもある。

**視点2：ムラの歴史的変遷と地域自治会の形成**
　わが国では概ね全地域において、地域自治会を省いてその住民自治は語れない現実的経緯があったのではないだろうか。そして今なお、濃淡あるものの地域自治会の組織は広大におよんでおり、同じ現実が続いているのではないだろうか。すなわち、歴史的経緯の中で、わが国の統治と自律的ムラや集落の変遷があり、その変遷の中、地域自治会が形成されてきた。そうであるとするなら、その自治会形成過程とムラの自治や、地域自治会自体の構造的分析が大切であり、その歴史的な経緯を確認しつつ、その構造分析を行うことは大切であるに違いないであろう。

視点３：都市化と地域自治の歴史的構造について

　戦後、憲法による劇的な制度転換に伴い、「与えられた民主主義」としての自治に戸惑いながらも、わが国は試行錯誤的な近代自治への歩みを展開することになった。そして、その後の産業構造の変動に対して、日常的勤勉さをもって取り組み、その優れた対応によって、めざましい経済発展と都市化という結果をもたらした。

　ローカルな視点では、1960年代頃から、都市住民の自立的活動など、戦後の本格的な新しい近代化の芽が生じたと思われる。これらの文脈を吟味しながら、近代化については、伝統性との新たな融和・協調性を含む総合発展の道筋を探ることが、重要になっているのではないだろうか。戦後70年を概括し、歴史的伝統主義との相克と止揚を踏まえつつ、その後の調和ある近代化への道筋と意義を探りたい。

　また、たとえ民主化に即応的でなくとも、生活相応の地道な活動が地域で進めば、生活権としての自治の意味[3]が生じている。そこには、地域自治の新たなステージが含まれており、「生活権としての自治」をうまく位置づけられれば、近未来に大きな期待をもつことができるし、その意義があると信じている。

## 2　日本の伝統的地域構造の形成

　農耕社会であったわが国に関する歴史認識として、周知されてきたのは、「ヤマト政権以降、律令時代には口分田体制の農村集落が生じたことである。しかしこの律令時代の地方（国衙）体制はやがて崩壊し、中世室町時代の14世紀には、動乱多い不安定な政権下となる。この時期に農民は惣村形成に辿り着く」[4]という概容であろう。そこで、具体的な中世室町時代に生じたといわれる日本の自治的惣村・村落（ムラ）からの考察に際し、次の二点からアプローチを試みたい。

　中世室町時代に生じたといわれる日本の自治的惣村＝村落（ムラ）は、近世・近代を経て、統治に利用されながら崩壊することなく、一定の生産とムラの「統治に対応する自治」を継承してきたと確認できるのであろうか。もしそ

うだとすれば、わが国においても、本来的なその自律性継承の意義は大きいのではないか。また、この文脈で、明治維新や昭和にわたって、多くは地域自治会に進展するとみなすならば、その近代への歴史的な地域自治の系譜や、中世から継承するその伝統的構造の本質は、どういうものなのか、という視点が肝要と考えている。

1) 中世＝室町後期の惣村自治

中世史家の清水三男の研究では、「守護大名は郷という惣村の上に成り立つ」と次のように述べる。「奈良時代の郷里制から存在し変質した郷と、新しく社寺の周辺の直轄地としての郷が、それぞれ平安末より発達・発生し、武士内への色彩化や寺社の保護の下に、郷民の自治制を育む。この両種の郷に対して、吉野時代の頃より、名主百姓自治の郷が荘園公領を通じて発達し、室町時代には村と共にほとんど全国に蔓延する。守護大名は実にこの郷の上に築き上げられたものである。郷はその自治制と文化性、領主との親近性にあり、自治防衛において優れていた」[5]と記している。つまり、守護大名は実に郷村の上に築き上げられたもの、自治制と文化性、領主との親近性ということが、室町の惣村自治、伝統的生活文化と併せ、清水により如実に確認できるのである。もちろんその研究者は清水一人でなく、福田アジオなども、ムラ（村）が社会組織として意味をもってくるのは中世後期の惣村制の展開によってであると述べる[6]。

さらに、中世に特に詳しい歴史家の網野善彦は、「室町村落の自治は、耕地管理だけでなく、用水、山林、河海の漁場にも及ぶ」と次のように述べる。「14世紀（室町時代）、守護の台頭により荘園・公領の経営の多くの部分は、代官らが能力ある増形などを活かして円滑経営を図り地域権力となったが、15世紀、貨幣経済、信用経済の発達に対応する、荘園・公領の公文、田所のような下級荘官、百姓名の名主クラスの人びとも身につけるようになっており、村落自体が請負の業務を独自にこなし、年貢・公事などの負担を自律的に請け負う動きも各地にあらわれてくる」。このように、地域百姓の農業が自立に結びつく由縁を述べ、「当時の数々の動乱のなかで、百姓は、ときには一

味神水、一揆して不当な代官の追放を求め、ときには集団的に逃散を試みるなどの積極的な行動に出て、自らの立場を主張し、村落自治の強化が、広く見られるようになった。」[7]と説明するのである。この武士や王朝の権力闘争時代、統治支配は比較的ゆるやかな構造であったにせよ、特に村落自治が如実に拡大した様相が強い論調でうかがえ、自律・自治 Autonomy の明確な展開であったと確認できよう。

また、蛇足であるが、現在の日本の基本的伝統文化や建築様式はこの室町時代に創造されたものであることは、よく周知されていると確認しておきたい。

2）中世からの自立・解放の思想

網野善彦の中世の王土王民思想研究について、奥井智之は、網野の「基本的に仏教は、輪廻思想に立つため個人を一個の独立した主体として析出する思想傾向である」ということに注目し、自立・解放の側面から評価している。その具体は、「鎌倉新仏教による易行の強調によって、はじめて複雑な呪術的技法の修得を要さない救済方法が呈示され、急速に大衆に波及していったとみられる。」[8]とするものと、その際、「天皇制は、総じていって、国家という一ヨリ上位の集団への帰属意識を喚起することによって、マルクスのいわゆる『人間精神をありうるかぎりの最も狭い範囲に閉じ込めていた』アジアに特有の農村共同体から、たとえ観念的であるにせよ、大衆を解放する役割を果たした。」[9]という中世における仏教と天皇制が民衆の思想に大きな影響を与えたと論ずる部分である。これについて奥井は、「中世の王土王民思想は、商人のみならず、元来、荘園の下で不安定な請作に従事していた農民が、在地領主の支配を超えて、自己の耕作地に対する所有権を確立していくさいにも重要な根拠となったとみられる。」[10]と、この思想の背景のもと、百姓の耕作と自立を結び付けているのである。

3）近世、領主・百姓間の依存とせめぎあい

太閤検地と刀狩りによって、村が支配（行政）の単位として把握され、幕藩体制の基本となっていくことはよく周知されている。庄司俊作は近世の村に

ついて、「単婚直系家族の小百姓が家族単位で独立して生産・生活を営む小農民経営の自立と発展、それに伴い村落は村請制に媒介され共同体として成熟していく。こうした時代から今日まで、村落は人びとの『生活の枠組み』、『支配の単位』であり続けてきた。」[11]と説明する。

水本邦彦は、「豊臣氏の検地は石高制と村請制に画期的」であったという。「やり方にばらつきがあったが、列島全土にローラーがかけられる次元のもので、徳川政権が継承した検地のもとづく石高制と村請制の原理が、列島の津々浦々までに行き渡った」[12]ということがポイントであると説明するのである。さらに、「領主と百姓の依存とせめぎあい関係」については、「近世村において百姓たちは、村の掟を定め、村社会の秩序維持と生産活動に勤しんでいた。公儀領主の側は、百姓の力を前提に領主支配を推進した。それは特に広域的な土木事業や裁判行政など、公共的業務の面において優越的であり、この側面において百姓たちも、これに多くを依存していた。武士身分の存続と安定的領地支配とを課題とする公儀領主と村民生産を第一義とする百姓らとの関係は、『依存とせめぎあい』の両側面を持ち合いながら展開していた」[13]と説明している。

すなわち、近世において、領主は石高制と村請制を百姓に頼らざるを得ず、農民は大掛かりな土木工事など、領主の公共的事業には依存せざるを得ないにせよ、自律的な側面を崩さず、多くの一揆の事実を含め、領主とのせめぎあう姿勢を貫いたのである。

これら中世からの自治・自律の継承という文脈は、普遍的な日本人の一面とみることができるであろう。

## 3　ムラの概念と歴史的構造

### 1) 自然村と農村構造論

1940年鈴木栄太郎は、「日本農村社会学原理」の第3章で、農村構造の要点を鋭い視点で述べている。次の通りとても格調高く感銘あるものと思う。

「農村の広がりは、大小3重の規模で構成される。小さいものから第一社会地区、第二社会地区、第三社会地区と呼ぶ。第一社会地区は小字とか組、

第二社会地区には大字や部落が属する。第三社会地区は今日の町村と同じ行政上の地域である」[14]。このように、まず、農村社会の3層構造の枠組みを説明するのである。

さらに村落内は、次の事情により極めて強く団結（集落も集村的に）せざるを得なかったという。「それは灌漑排水のために協力。水田耕地のための労力や耕地執着による地縁と血縁の重複。安全保障上の共同防衛。江戸時代の村治制度における一村連帯など。一地域とは自然的結塊としての第二社会地区上の社会統一である。（中略）第二社会地区は、結束の固い集団累積体あるだけでなく、氏神祭祀、入会慣行、共同祈願の慣行、道切り、虫送り、雨ごいなどの村行事などに及ぶ」[15]と記し、自主性自律性を有する存在の側面を著わしているのである。以上を考えると、「第二社会地区の上に存する社会統一は、単に手段や社会関係の累積体との認識でなく、むしろ一つの自律的存在者として認めることができるであろう」と主張し、「第二社会地区（大字や部落）の上に存する社会統一を自然村と呼ぶ」[16]と名付けたのである。

ここに日本的な力強い自律的な伝統や文化をみることができるのではないだろうか。鈴木のこの著書に筆者がある感銘を覚えるのは、上記を踏まえつつ「農村社会の集団には大小3重の規模の地区」という区割りや、「村は自律的であり、また発展し一個の精神であり、行動原理である」[17]などの論点からにある。第2章で詳細に述べる1993年から宝塚市において提案したコミュニティ政策は、この著書を全く知らず、筆者は同じ発想し、大中小の三つのコミュニティエリアを同心楕円構造で描いた（p.111、図2-12）ことにある。そして、住民の新しい結束は二番目（中程度）のエリアでの活動の自然さや自律性にあるとするものである。50年以上前の農村社会の自立的農村研究の成果には驚きを禁じえない。

2)「村とムラ」、構造と変遷

1889（明治22）年の町村制施行は、町村合併でもあった。村落は生産組織であるが、共有の山林や墓、氏神を祀る神社など実質をそなえている生活組織でもある。鳥越晧之によれば、「行政村はあくまでも村（村落）の連合にすぎず、

この傾向は現在までも続いている。」[18] という村落論に至る。そして、「研究者たちは行政村を『村』と漢字で表記し、江戸時代から続いている村落にあたる村を『ムラ』とカタカナで表記する人ができているが、この村落を経済学との対話を可能化するため、『村落共同体』として把握しようとする考えの人もいる。その場合の共同体とは、土地の共同占有を基礎にした組織体を意味する。」[19] と説明する。

また、福田アジオは「村落の領域をムラ（集落）・ノラ（耕地）・ヤマ（林野）三者の理念の同心円的構成である」[20] と著わした。すなわち、「むらは中世から近世にかけて小農の家を構成単位とし、その生活・生産の共同と連帯の組織（惣村）として登場し今日まで存在してきたものである。江戸時代の支配単位としての村が明治以降も解体することなく存続したのがむらである」[21] と説明する。

さらに福田の研究は、「ムラを構成する家々はすべて同等同質でない。耕地の所有規模や経営規模に大小があり、家の成立に新旧があり、家に固定的な格づけがあって、ムラの諸組織での権利や義務に差がある。またその家々の間に個別的に上下的社会関係が存在することも多い」と上下的社会関係を述べ、意思決定については、「むらは、寄り合いを開いて村としての意思を決め、各家の生活・生産に必要な用水の配分、道路の管理、共有の林野の利用規制などを行い、さまざまな生活、生産上の問題について申し合わせをし、各家を規制する」[22] と記している。

## 4　ムラの変貌と地域自治会の形成

さて、その明治22年の市制町村制に基づく自治体の再編成について、西尾勝は江戸から続いてきたムラの自治が分解する様子を次のように述べる。「明治政府は国民国家による近代化政策を施行し、村落共同体に町村会を設置した。町村長の選任は町村会議員による間接選挙とし、自治体として再編成された市町村長には、従前からの村仕事等の自治事務に加え、機関委任事務制度によって、戸籍や小学校設置といった『国の事務』の執行を義務付けた」[23]。

この政策によりムラの自治は大きく変貌するのである。さらに「村寄合や村民の賦役の役割は低下し、年貢米に代えて税金等の金銭を納めることが村民の義務になる。また直接民主制が間接民主制となり、村仕事に従事するのは役場の職員や請負業者等になるが、町村役場が担わないものはムラの部落会・自治会や農事組合などに分解され、二重構造ができていくのである」[24]。ここに如実なムラの自治の分解と地域自治会成立の実態がみられるのである。

明治以降の実態について、別の視点から、東京・名古屋圏や関西圏などの都市に町内会ができる様相を倉沢進が調査をしている。倉沢によると、「明治になって学制がしかれたが、ムラ衆や町衆がその学校建設の資金集めをした。それは、町内会・部落会またはその連合体である区であった」。また「愛知県刈谷区―現在の豊田市の市街地の町内の連合体―の記録によると、シトカ道路をつくる土木工事をしていた」。倉沢はこの二例を指摘し、「つまり、土木・建設・教育さらには清掃・衛生などの事業を自分たちで意思決定し、自分たちで費用や労力を出しあって処理する。そのような最小規模の自治体として内実その実態が備わっていた」[25]と述べるのである。

そしてさらに、「町内会が遂行している機能は、ここに橋を架けてほしいという圧力団体機能、できた橋の修繕や清掃は住民がやりますという行政末端機能である。圧力団体機能や行政末端機能を遂行するために、それを目的としてきたわけではない」との町内会発生論を続ける。そして「このような自治体的な活動の中核的な部分は行政が税金を使ってやる仕事となり、町内・住民はその中核的部分から手を引いて、周辺的末端部分のみを分担するようになった」[26]という歴史的経緯を指摘している。

鳥越は、「江戸時代の村落の代表者は庄屋・名主であったが明治に廃され、明治22年町村制で区長が生まれる。その区はむらの単位であり区長が代表者であった。1940（昭15）年、政府の『部落会町内会に関する訓令』によりそれ以降、区長は部落会長となり現在は自治会長と呼ばれている」[27]と村落が地域自治会に名称変更するあり様を記している。

また1940年以降、上意下達機構として部落会がむらを単位として編成した時期がある。生活・生産の組織としてのむらは絶えず支配や行政のために

利用されてきた（福田）。1941（昭16）年、第2次世界大戦が進み、町内会・部落会とその連合会は、大政翼賛会の下部組織として位置づけられ、国民の戦意発揚・食料物資配給・徴税事務・防空防火等々、戦争遂行を支援国民組織として機能することとなった暗い時代は周知の事実であろう。公認の行政末端機構として、役員は任命制になり、官僚統制の下部組織として自主性は全く失ってしまい、上意下達機関と化してしまった。敗戦後、GHQの指令により、地域自治会町内会は解散となったこともよく知られている。

　戦後、住環境など、自分たちの権利を主張する必要から、「町内会としての発足の契機の1つとなったのは、近隣における住宅建設に関し、その建設会社等との住環境を守るための自律的な条件交渉であった」と倉沢は述べる。また倉沢は「一面的にとらえるのではない、歴史の中でできてきた」と補足しながら、「やがて、住民たちは、都市化のなか、郊外などに独立したマイホームをもてるようになり、地域の開発から、その住環境を守るために、住民らは、まとまって自主的な地域自治会の結成が多くなる経過があった。」[28]と述べるのである。

　上記と同様な事象を筆者も実務経験している。地域自治会は自分たちの住環境を守る課題があって、地域や自治体からの意見を参考に、自律的な行動と調整を行うという実態がみられた。そして自治体の立場からは、自治会の空白地があると、行政サービスの公平性が保てないなどの現実的指摘を市議会から受けることがあったのである。これらの背景が、自治体行政の意向となって、宝塚市や川西市などでは、開発（建設）会社にも協力要請し、開発地の自治会結成の促進を図ってきた経緯がある[29]。

　戦後、GHQの解散命令ののちも屈せず、不死鳥のように、地域の住環境などを守ろうとしてよみがえる地域自治会の姿をここにみることができる。近世において、公儀領主と村民生産を第一義とする百姓らとの関係は、「依存とせめぎあい」の両側面を持ち合いながら展開していた時期があったが、行政は立場として直接できることと、できないことがあり、地域自治会の立場は、行政の支援を借りなければできない事項がある以上、相互依存しながらも、せめぎあいの側面が現在まで続いている実態がある。これは自立性が

ないという論議ではないであろう。

　基本や建前としてだけでなく、歴史的事実を踏まえた自立性 Autonomy を上記のように確認することができるのである。統治体制や行政の都合により、一時的に縮小が繰り返されたとしても、引き継いできた民の自治は皆無でなく、確固として歴史的に存在しているといえるのも事実であろう。

## 5　地域自治会の評価・位置づけ

　地域自治会は地域において、近世のムラの構造にもみられたように、歴史的に自治体(統治者)とは、支え支えられの相関関係をつくりやすい状況にあり、いわば、それなりの相互補完的な権力構造を呈する。こういった権力構造の意味や位置づけを考察することは重要であり、当該論考を進めるにあたっては、もちろんこのこととは無関係ではない。

　鳥越皓之は、国家権力のつくりだした「通俗道徳」という権力論から、地域自治会の「行政の末端機構」の位置づけを説明している。「歴史を振り返るとき、町内会などの地域自治会がこの一つのイデオロギー的支配をつくってゆく『通俗道徳』と呼ばれる国家の意思を、直接、地域住民の各家庭に及ぼす役割を果たしてきたことは、否定できないだろう。もっとも、国家の意思＝悪と単純化はできないが、現在も地域自治会は、他のさまざまな地域集団に比べ、この組織が国家の意思を反映しやすい組織である点は変わりないと考えられる。」[30]と説明している。

　また鳥越は、「地域自治会においては、ある種の領土意識をともなう共同占有権がある」という。つまり、「たとえば乱開発反対を自治会が決めると、その決議が市町村役場や業者に強い拘束力を持つ。それは住民たちが保持しているこの『共同占有権』という権利が効いているからである」と述べる。さらに「地域自治会は公的属性をともなう」という。というのは、「土木、都市計画など実際の利害をともなう担当課においては、地域自治会を全面的な交渉相手とせざるを得ない実態があり、この実態に沿えば、地域自治会は公的代表性を失っていないということである」[31]と指摘するのである。

　鳥越がいう地域自治会は、上述の福田アジオの旧来型(村落共同体)のムラ

が原形であり、財産区財産(第2章1節で説明)をも指す。これら共同占有権(所有論)とともに、この主体性論と公的代表性に関しては、都市化などに伴う住民(国民)の意識の変容などによって、地域自治会単独とする実態が将来変化するケースがあるかもしれない。しかし、仮に地域自治会単独の実態が、例えば地域の協議会などに拡張されても、含まれる元の歴史的財産部分の権利が、厳密に継承される限り、鳥越論の本質は変わらないと解することができるであろう。

このように、現代の地域は、時代に合った形態で変質しつつも、14世紀の室町時代から続く村落共同体の占有的内包性などが確認でき、近代を経て現代に継承され、主体的権能をもつ位置に息づいているということであろう。そして、さらに時代が進んだとしても、この地域自治の伝統性の文脈は、伝統文化と同じく、主体的権能の基礎に立って、隠然と存在するのではないだろうか。

## 第2節　都市化と地域自治の歴史的構造

### 1　戦後70年の社会的活動の位置づけ

#### 1) 戦後50年評価とその後の近25年

戦後74年を時系列的に連続した経過としてとらえて概括し、地域を権力構造論の視点でみつめてみたい。戦争のための厳しい統制・抑圧から解放された戦後、新しく平和主義、国民主権、基本的人権など、近代主義・民主主義の憲法制定という革命的な大改革が占領軍GHQ主導で断行された。都市部では、大政翼賛にあった地域自治会に対し、GHQによる解散命令が施行され、その後わが国では、労働運動や学生運動など、新しい社会運動で騒然となる様相がみられた。しかし地方においては、まだ多くは村落(ムラ)で構成され、伝統的かつピラミッド階層型の意識がしっかりと根を張り続けている状況にあった。

つまり、新憲法が発布され、革命的な制度改正が実施されたからといって、地方には、その自由平等など近代主義による新しい自治がすぐに浸透すると

いう変化はなかった。むしろ、1950年代後半からの経済の高度成長や社会産業構造などの変化、その後の都市化の大規模進展とさらなる社会変動などが重なり、この複合的な側面から、人びとの内在する自律性発揮への発現がおもむろに、また着実に進むことになったのではないだろうか。

次いで、概ね1960年以降、経済成長によって徐々に余暇ができ、高学歴化が進んでいくが、このことは特に注目すべきであろう。人びとの自由で多様な学習活動が始まるが、その学習がさらに様々な自己実現（自己解放）の活動に結びついたのではないだろうか。それらによって、地域の諸活動が波のように広がっていく様相となったのではないだろうか。例えば次の**表1-1**の社会活動や市民活動である。しかし、この市民活動といわれる次元に届くには、そこにはまだ若干の距離があったと考えられる。国民主権、基本的人権など、近代主義・民主主義の現憲法の本質的価値を、多くの日本人が体現し始めるまで、さらに、かなり長い年月を要したのではないだろうか。

ところで1994年前後、戦後50年の評価がなされたが、この50年間、国民・市民のインパクトある主張や行動があったにもかかわらず、後述するように、その後に継承できる体系的近代には届いていない、という識者意見で一般化しているようだ。しかし、たとえ多くの試行錯誤があったとしても、その間、人びとの多面的献身的な活動があって、列島全体の経済高成長とともに、地域を覆う歴史的な差別を無くし、自由平等を謳う地域政策などが大きく進展したことも事実であろう。とにかく、この概ね50年の多面的な社会活動は、新しい近代への土台となるエネルギー塊（内在マグマ）となったと思える。

そこで、戦後74年を時系列的な連続としてとらえることを基本としつつ、この試行錯誤と苦悩のような戦後50年と近年の約25年を分けて論することに意味があると思われる。それは、ボランティア元年といわれた1995年辺りの時期、その時期以前とそれ以降との社会活動に、次元の違いがあるのではないかというのが一つの理由であり、二つ目には、市民活動進展など潮目が変わり、地域自律性や分権必要性を強く感じた識者や政策関係者による、大々的な制度改革論が昇華する実態があったことであろう[32]。

つまり、戦後50年については、次のステップへの土台となる内在マグ

**表 1-1　戦後 70 年余の社会活動**

| |
|---|
| 1994 年までの戦後 50 年～試行錯誤と苦悩の社会活動の文脈 |
| ・戦後の社会運動（階級闘争などを掲げる労働運動や学生運動ほか） |
| ・公害への弾劾活動 |
| ・安保闘争 |
| ・革新自治体の盛衰と論壇活動「地方の時代」 |
| ・部落解放運動と地域の学習・ボランティア活動～市民活動の兆候 |
| 1995 年以降（近年の約 25 年）の地域市民活動 |
| ・地域福祉活動やボランティア活動の活性 |
| 　（1995 年ボランティア元年の神戸とその前年の宝塚など） |
| ・まちづくり活動（運動） |
| ・NPO や環境活動の活性 |
| ・地域での協働活動など |

出典：筆者作成

マとしての社会活動期であり、それに連続して積み重なるそれ以降の 20 年余は、次元の違った市民活動の始まりの期間ではないだろうか。それが 2000 年の地方分権一括法という改革に至ったとするならば、戦後 50 年ともども、意味深い評価となるのではないだろうか。

2）大衆活動から市民活動へ

戦後の激動期、わが国では、政治イデオロギー絡みの階級闘争を掲げる労働運動や学生運動など大衆活動が起こったが、それらを含め 1960～70 年代の学生運動、環境運動、平和運動、差別撤廃運動などを「新しい社会運動」の波と解釈できるであろう。その後、アメリカでは公民権運動やベトナム反戦運動などの社会運動が起き、これらは国際的に大きなインパクトを醸し出す状況となっていた。地域によっては革新・左翼的な風潮がみられる時期もあったが、そのほかにも、幅の広い社会運動や住民運動、平和運動などが高まったと考えられる。

これらは一面、戦後の民主主義憲法の理念を理想とし、それとの落差を縮めようとする活動の芽吹きであるとも解釈できるのではないだろうか。象徴

的事象としてあるのは、公害運動、安保闘争、革新自治体の盛衰と地方の時代の論壇活動、部落解放運動、そして一般市民の諸々の学習活動、およびボランティア・まちづくり活動などの例である。近代社会へ向かう色彩が、徐々に濃くなっていく代表的な例であろう。その中のいくつかを考察したい。

　⑴公害運動
　1950年代から1960年代の高度経済成長の陰で、日本では水俣病やイタイイタイ病などの四大公害病をはじめ、全国各地で公害問題が深刻化した。当時の行政や企業では環境対策が重視されず、対策も不十分であった。
　例えば、八幡製鐵所（現新日本製鉄所）や石炭による製鉄用の大火力発電所があった北九州市の場合、1950〜60年、戸畑婦人会がシーツやワイシャツを干して大気汚染の実態調査や記録映画「青空がほしい」の上映などの公害反対運動を展開し、公害克服の歴史を動かすアクターとなった。後の日本の環境対策活動や多様な社会活動に影響を与えたのである[33]。

　⑵安保闘争の評価
　国の安全保障に関する国民（市民）の考え方は多様であるが、地域活動においては、個人の政治的主張はどのようにあるべきか、常に考えさせられるのではないだろうか。
　丸山眞男の安保闘争の評価は、「いわゆる六〇年安保闘争を総括して、戦後、日本の『臣民』が『私』化した農民や小市民グループと、相変わらず『滅私奉公』的なものを残している革新運動のグループとに分化し―支配層は、前者の政治的無関心をいいことに、後者の『封じ込め』に成功してきたが、安保闘争は両者の相互交通を拡大させる一歩を踏み出したものである。」[34]というものである。この評価について、奥井智之は「中世以来の日本社会に通説であり、特筆すべき事柄ではない」と、次のように述べる。「現代日本における自由主義と個人主義の台頭は、それ自体としてはいささかも特筆すべき事柄ではなく―戦後復興から高度成長を通じて、すでに戦後社会に内在していた一つの側面が、前面に表現されたものにすぎず、のみならず、それは、中世以来

の日本社会に通説する一面のあらわれともみなされるべきもの」[35]と、当節上で記した中世以来の日本人の歴史的な自律性について述べ、内在的な意味で自由主義と個人主義は、普遍的進展が続いているという。日本人の民主化に関し注目される論考であろう。

### (3)革新自治体の盛衰と地方の時代の論壇活動

1950～60年代の国土開発政策の成果をめぐり、60年代後半～70年代に論争があった。その成果が一般国民・住民や地方労働者に大きくは浸透せず、企業活動が公害などをもたらすなど、悪影響が拡散したという主張が声高に繰り広げられたのである。そして、あっちこっちで革新自治体が目立って形成されていた。この時期の革新自治体の政治的展開について、宮本憲一は、「これは、経済的成果を一般国民・住民や地方労働者に、という趣旨のシビルミニマム論を掲げた多くの革新自治体が誕生、という社会現象。」と説明し、「そこに草の根住民運動を伴った一定の盛りあがりがみられたものの、そのシビルミニマム論には産業政策や財政政策が抜け落ちという弱点があり、また革新自治体での住民参加の未成熟性が露呈され、結局、これらの活動は衰退した。」[36]と評価しながら、財政政策と住民参加の必要性が急務であると説いている。

なお、革新自治体では、町内会・自治会の連合体などの評価を「上下社会関係を含む権威主義的な古い価値観の団体」として、それらを地域政策の窓口としないなどの政治を実施してきた形跡があるのではないだろうか。革新自治体は多く出現したが、例えば、武蔵野市、横浜市、豊中市、川西市、美濃部都政そのほかにその例がみられるであろう。

また、1970年代からの「地方の時代に関する論壇活動」は、中央集権、画一社会、巨大主義などの社会傾向について批判しつつも、日本の針路について建設的に語る議論展開があり、人びとの関心を呼ぶものであった。次々と発生する様々な矛盾や限界を克服するために、地方自治体が中心となって、住民の福祉向上のための主体性発揮を促す論議でもあったのである。この論壇活動の文脈は、後々の宝塚市長などにも影響することになるのである。

⑷部落解放運動（差別撤廃人権運動）

1946年の部落解放人民大会での宣言では、「全国に散在する6000部落300万の兄弟諸君」と呼びかけたが、1965年の同和対策審議会答申では、日本全国の同和地区数を4,160、同和地区人口は111万3,043人と記されている。村越末男の著書『部落解放運動』によると、「部落民自身による自主的な運動として出発した解放運動は、戦後の運動の発展のなかで、国民運動として大きく飛躍し、併せて他の反差別運動にも影響し推進された。」[37]と記されている。改革的成果として、列島や地域を覆う歴史的な差別性を無くし自由平等を謳う戦後政策や社会活動が大きな要素となったことは事実であろう。

⑸市民の学習活動・ボランティア・まちづくり活動などについて

1960年代後半になると、経済高成長があって徐々に余暇の活用になる。その余暇活動としての文化スポーツ活動を含む個別学習は、現実社会での諸々の改善への気づきや自己実現のエネルギーともなった。市民の学習からボランティアやNPO活動の発現となって、個人としても集団としても、地域社会へのセクター形成となっていく側面がみられるようになったのではなかろうか。そしてまた、人びとのエネルギーは地域からの呼応と相まって、地域活動・ボランティア活動に広く展開されていく姿がみられた。宝塚市では、1970年前後以降、多くの人びとの地域での幅広い学習活動や文化・スポーツ活動の展開があり、それらは多様な市民活動として拡大していったのである。

3）日本型大衆活動総括と市民活動

さて、注目されるのは戦後50年を節目とする評価である。戦後の日本社会の形成について、後藤道夫は、日本型大衆社会と題し、市民社会としない日本型大衆社会という規定を次のように指摘する。

「大衆社会が形成される以前の『社会』が西欧型の『市民社会』ではないということである。それは名望家社会ではあるものの、明治の開発独裁型の国家

によって強力に上から再編・形成されたものであり、個人主義、自由、内発的な公共心、絶えざる国家との境界争いの意識、などの諸価値・諸関係を前提としない社会であった。したがって、日本では『市民社会―大衆社会』という議論がなりたたない」[38] というもので、自律性と責任ある市民が、この時点では、まだ育ってない見解であるといえよう。

　後藤は、これら日本型大衆社会の見方については、1950年代以来の藤田省三、丸山眞男や日高六郎など諸家の議論も、この特徴を正面から問題とし、病理（政治的アパシー、周囲への激しい同調主義、個人のアトム化など）の深さに警告し続けたと述べている。

　しかしながら、松下圭一は、1966年の「市民的人間型の現代的可能性」という論文[39] で、都市における大衆社会の成熟という回路を通じて市民的人間が日本でも初めて大規模に登場し始めたとの主張を紹介し、「日本型」たるゆえんは、農村でも企業社会でも、「性格を変えつつもなお存続する集団主義をたくみに組みこみ機能させている」点にあるとつけ加えている。

　松下圭一について、道場親信は、「1960-70年代の『市民運動』『住民運動』の歴史的位置と題し、『市民運動』概念を最も洗練された形で担った一人が松下圭一であった」[40] と述べる。松下は、自治体に焦点を当てて、「市民の論理」に基づく政策公準の設定と、これに基づく政治選択の必要性を提起した。また、市民的「自治」を担う「〈市民〉的人間類型」においては、「個別的要求としてのエゴイズムを自治の出発点として評価しながらも、より高い次元の政策的思考を『市民』自身が身につけることによってこれを調整・克服することが目指されていた」[41] と説明している。

## 2　都市化の浸透と住民意識の変化

### 1）村落の縮小

　都市型社会への移行は欧米先進国では、概ね20世紀半ばであり、日本では農業人口が1960年に30.1％、70年に18％に縮小し10％をきるのが1980年である[42]。

　ムラが縮小して、次々市町村合併が行われることについて、庄司俊作は、「高

度経済成長を経て村落社会の比重は減退した。」と次のように述べる。「農協と市町村の合併のもつ歴史的意味が大きく、村、地域社会から農協と役場が消えた、または消えようとしている。農協・役場自体がなくなるわけではないが、生活の枠組み、暮らしの拠り所が人びとが暮らす村、地域から奪い取られようとしているのである。」[43]と、生活の拠り所としての地域の役場や農協が身近になくなる危機を訴えている。

　村落の最も伝統的な産業である農業や小規模な工業から、近代産業へと、地域・国の産業の主役が変わると、都市に立地する工業や関連する商業は、その存続のために人口を広い範囲から引き抜くようになり、また様々な資源を製造業のために集めるようになる。こうして農村は人的・物的資源を都市に差し出し、都市から各種のサービスを受ける構造変革が起こる。

　つまり、大量転入の進んだ都市の地域では、知らない人どうしのまちの再編やコミュニティづくりが求められ、昭和や平成の合併による行政枠組みの肥大化のなか、村にもまちにも空洞化や形骸化懸念が発生するのであった。

　大都市郊外では交通機関の発達もあって、住宅地が広がり、例えば歌劇を軸とした宝塚市のような一見近代化された近郊都市が次々生まれた。江戸時代からの寒村は、都市化の波に呑み込まれ、都市の中の小村のような状況を呈することになる。しかし、近郊の村落の人びとは、農地に代表される土地所有者であり、共同体の農業用ため池や山林入会地など、以前は共有地（コモンズ）であった土地も、永年の管理実績が認められて、その村落の財産となっている箇所（財産区）も多い。大都市や近郊では、その土地価格は破格に高騰化しており、その人びとや共同体は都市づくりに隠然とした力をもつことになる事例も多い（第 2 章で宝塚市例を示す）。

　　都市とムラの違い

　都市とムラの違いについて、冨永健一は、「生態学的には、村落の条件は限定された地域の上に人びとの社会関係が封鎖的に集積し、都市では、集積される社会関係が開放的である」[44]と述べるが、宮本憲一は「都市の住民は多様な出身地から集まり、職業や出身学校も皆違って、同じ地域に住み生

活している。人びとは一定の社会的契約で結ばれなければ慣習では秩序はできない。これが都市の特徴です。農村生活から自治体というのは出てこない。農村の共同社会は共同体なのです。」[45]と説明し、都市という新しい地域に地縁も血縁もない者どうしが結びつくには社会契約的な必要性を指摘する。

2）都市化とまちづくり
　　1980年代からの「まちづくり」の登場
　高度成長期以前から、仕事を求めるなど様々な事由で都会へ出ていく人は非常に多い。都会やまちの生活は、例えば、古くから続くムラの檀家・氏子の負担からの解放の意味でもあり、明らかに濃密すぎるムラの付き合いからの解放感を味わう。また都市化が進むと、プライバシー保護は重要と認識され、ムラでの個人行動の制限から、自由の幅が大きくなり、これらが快適で自然であるとの意識実態が大きく広がるのであろう。言い換えれば、身勝手でなく、慎ましく適度な付き合い方を、スマートという意識でとらえる人が増えるのである（第4章〜国民生活白書「絆の希薄化・深い近隣関係を望まない人の増加」でも指摘がある）。

　一方からは勝手だという見方ができるものの、古い因習を超えて、地域で個人の主張が許されることは、自発性や主体性がさらに発揮しやすくなることであるともいえよう。つまり、一住民としての近隣との関係は、近隣生活上のゴミ出しや美化などの役割分担はあっても、上下階層的関係をつくらず、さらりとした付き合い方を主流としているのであろう。その中にあって、個々の学習などを通し、地域での仲間づくりや、自己実現の活動を可能とするものであり、新しい人間関係の中で「新しいまちづくり」に参加する人達が生ずるものと考えられよう。

　都市においての「まちづくり」は、新興団地開発やニュータウン開発とか、再開発などといった外形的な意味でとらえる場合が多いが、内在的な意味では、むしろ、「新しい仲間づくりやコミュニティづくり」とか「都市の中の新しい人間関係づくり」、「新しい地域自治づくり」といった意味でも理解されるのではないだろうか。

20年近く以前であるが、宝塚のある新興地の人びとのまちづくりやコミュニティづくりへの参加の意思を聞く機会があった。集約すると、プライバシーが制限され窮屈で嫌な残像あるムラでなく、少し距離があっても、べとつかない新しい人間関係づくりを望んでいる人が多いことが分かることになった。このことは、新しい住民自治づくりとなる核心的な意識でもあって、1980年代、すでに、奥田道大が「都市型社会のコミュニティ〜従来の都市─農村に代わる座標軸」として著わしたフレーズでもあろう[46]。コミュニティという用語には、目標とする理想に近い人間関係の地域、という意味を指す概念を含み、それは上記の意識と一致するのである。

まちづくりやコミュニティに関連するが、R.M. マッキーバー[47]は、コミュニティとアソシエーションということばをつかってコミュニティの定義について説明していることはよく知られている。

中川幾郎は、コミュニティ系集団とアソシエーション系集団について、**表1-2**[48]に分類しながら、「この二つの集団はタテ糸ヨコ糸の相互関係にある」と述べ、「旧来の自治会・町内会と、基盤において同一であり、その脆弱化

**表1-2　コミュニティ系集団とアソシエーション系集団の比較**

| | コミュニティ系集団 | アソシエーション系集団 |
|---|---|---|
| 思考傾向 | 共和主義的 | 自由主義的 |
| 集団と個 | 集団主義 | 個人主義 |
| 取り組み課題 | 総合的 | 専門的 |
| 紐帯の性格 | 宿命的（地縁） | 契約的（志縁） |
| 時間軸 | 全日的 | 定時的 |
| 意志の形成 | 全員一致、暗黙承認 | 多数決 |
| 行動誘因 | 地域共同感情 | 共同課題認識 |
| 重視する価値 | 共同生存、安心、安全 | 幸福、自立 |
| 団体の事例 | 自治会‐町内会 | NPO |
| 現状と問題点 | 高齢化、後継者難 | 不安定、資金不足 |

出典：中川幾郎「地域自治のしくみと実践」p.41による。

と旧守化とは表裏一体である。各種の社会教育団体や福祉団体等も、これらコミュニティ系団体集団はその地域に居住している人を構成要素とし、地域に関する課題、日常的な公共サービスに、関与しなければならない恒常的集団である」と説明する。

さらに、今後のまちづくりの概念に関しては、「①共同生活の空間の使用価値の向上、②それらの利用のルート形成、③地域アイデンティティ形成、④コミュニケーションの活性化、⑤住民によるこれらの空間・ルールの自主管理などを目指す営みの総体」という5点を挙げているが、「この点における主体性の確立が、地方分権の基底をなす『地域分権』であり、地域コミュニティ団体の位置について、共同生活空間の直接当事者である」と地域住民の主体性を含めた団体自治の確立の重要性を指摘する。また、1990年以降、個人市民を基礎とした、コミュニケーションの民主性、団体経営の新たなノウハウをもって登場したNPOについては、「NPOがもたらす社会的に有益な機能は多様にあり、これらを包括した特に都市のコミュニティ再生機能に注目し地域自治が拡大していくことは、きわめて有益であろう」[49]と、住民自治に中核的な重要位置を強調している。宝塚市での地域住民による「まちづくり活動」には、個々人の自己実現に沿いながらそれが広がる、地域創造的な自治活動が目標とされることに期待があり、これら中川論と概ね同じような考え方ですでに実践していた。筆者は具体的展開に効果的説明であると後に実感した。

## 3　1990年代からの地域市民活動

### 1) 1960年代からの潮流と90年代以降

さて、1994年は終戦からちょうど50年目である。その50年の総括の後も、もちろん、多様な社会活動の継続があり、1960年代からの市民活動がパラレルに重なって、それぞれ徐々に芽を吹くなど進展するという文脈になるのである。それも90年後半から顕著に発現されるのであるが、その現れ方は一見すると、突如、内在されていたマグマが急に噴き出した様相にもみえた。とにかく、市民社会への明確な一歩を示し始めたのではないかということで

ある。その経緯の概略を時系列的に箇条書に表すと下記になるであろう。

1966 年代　松下圭一は農村型を脱した都市型市民の出現を主張。

1969 年以降　国民生活審議会は方向理念として「人間性の回復」を掲げ、コミュニティの目標は、自立した民主性ある共同の地域づくりであるとの認識等が示された。

1980 年代　分権に向けた議論が多くなる。

1980 年～2000 年　国民市民意識に大きな変化がみられる（国民生活審議会報告[50]）

1990 年以降　多くの自治体では、市政が保守であろうと進歩的リベラルであろうと関係なく、協働政策でのまちづくりや分権への高まりがみられる。

1994 年　20 万人口の宝塚市で、延べ 8,000 人を越える福祉ボランティアが、日常的に活動していると正司市長が発言。

1995 年　阪神淡路大震災に際し、1 万人のボランティア参加があった。

2000 年　分権一括法成立（次項で説明）。水平性を加える政策の推進が徐々に広がる。この流れにのり市民のまちづくり活動とその概念が広がることになったのである。

2）市民のまちづくり活動と活性化

1960 年～70 年代、余暇を活かした学習活動が生じ、文化活動やボランティア活動の活性化が進み、そしてまちづくり活動や NPO 活動などの市民活動に進展するという文脈となっていたことは上述した通りである。従来の地域自治会などの活動はやや義務的な当番制であり、組織力はあるが、その地域自治会活動よりも、もっと自分自身にピッタリする具体的目的をもった活動をしたいと思う人びとが、さらに大勢に広がっていたのではないだろうか。それは個別的に目的の同じ仲間と行動を起こすことになっていく文脈でもあったであろう。

1980 年代以降、①地域福祉活動やボランティア活動の活性化は、徐々に波状的な高まりとなっていくのであるが、この時期に重なるように、②まち

づくり活動（運動）の始まりや、③広域での環境活動の活発化となり、そして90年代に、④地域での協働活動への呼応などにつながっていったのではないだろうか。90年代はこれらがさらに着実となっていく文脈であり、総じて市民活動として確実に積み上げられようとする様相があったのではないだろうか。震災前年（1994年）の宝塚市では、福祉的ボランティア全員集合のイベントが開催され、延べ8,000人を数える福祉ボランティアが日常的に活動していると（資料：134頁）、A市長が語る場面がみられたのが象徴的に思えるのである。

3）突如でない1万人ボランティアの出現

1995年、阪神淡路大震災の折、注目されるべき突発的な大きな事象が起こった。不幸な大震災に際し、1万人のボランティア参加がみられたのだ。この大震災後、これらボランティア活動が津々浦々の地域に日常化し、NPO活動が生じていくという文脈の現象が起こっていく。その本質を見極めれば、外見上は突発的にみえる震災に対応して、1万人のボランティアが突発的に生じたのではないといえよう。戦後50年間に積まれて内在し、かつ土台となってきたエネルギーの団塊がパワーを蓄え、震災を契機として噴出した事象という見方ができるのではないだろうか。大震災の非常時とはいえ、1万人のボランティアが立ち上がるという事象は、かなり大きな社会的インパクトであり、目的をもった責任ある市民活動が「大きく有効な活動となる」という評価が生じた「その時（ジャストタイム）」でもあったであろう。

1995年以降、わが国の多くの自治体においては、濃淡こそあれ、このボランティア活動が、国内で日常的に活発化することになった。ボランティア元年といわれるのもその由縁であるだろう。この文脈に沿いながら論ずれば、突発といった不自然性でなく、ごく自然な文脈でこの新たな局面が誕生したのである。

4）市民活動へのターニングポイント

つまり、90年代半ばを迎え、大きなうねりのようなボランティア活動が

方々で発生し、地域における住民活動が自律性を発揮し始めるという意味において、明らかに戦後社会活動＝日本型大衆社会論は、その次元が昇華・変質したのである。1990年代後半～2000年代初頭、この10年程度の時期に明確な市民活動へのターニングポイントがみられ、そのように位置付けられるのではないであろうか。

これら上述事項と神戸市での震災時の市民活動の始動が、日本の市民社会出現という明確な認識となり、その後の多様な発展になっていくという見方ができよう。これら市民とのまちづくり活動における協調と補完が、地域エリアでは有効となっていくと認識されても不自然さはないであろう。

宝塚市の場合は、次章の記述となるが、80年代からの福祉活動を中心とするボランティア参加が先行し、1993年よりこれら上述の認識を踏まえたまちづくり協議会政策が展開されたのである。その政策が緒についてのち、あの大震災が起こり、当該政策は不幸に立ち向かう構図（＝追い風）となって、市民活動が躍動する～このようなターニングポイントであったのである（第2章に詳細）。

(1)神戸市の市民活動

神戸市には、1965年頃から先行する市民活動の二つの事例があった。公害追放運動が契機となった長田区真野地区と、幹線道路などの整備をめぐり激しい住民運動となった丸山地区の事例である。そして双方とも、市の対応により、後の都市計画に関わるまちづくり住民活動の展開に至っている。この展開は神戸市まちづくり条例（1981年12月）の制定に継承され[51]、1995（平7）年までの事業認定は、真野など12件であったが、阪神淡路大震災後はその10倍に進展し拡大している[52]。

神戸市にはもう一つ別事例がある。1990年からの地域福祉系の政策「神戸市ふれあいのまちづくり協議会」（1990年3月条例制定）である。概ね小学校区をイメージしながら、地域特性を活かした市民活動を行っている。社会福祉協議会や地域自治会、民生委員協議会のほか、多くのボランタリーな諸活動や団体が参加する組織活動として、今や180か所を越える全地域の地域福祉

センター協働事業として、着実に地域ニーズに沿った展開がみられている[53]。

(2)日本の市民活動の位置

さて、松下圭一は、わが国の市民活動とその概括的な潮流認識を述べている。「都市型社会の基本概念」とその中の「政策課題の歴史展開・理論特性」を**表1-3**の図式におきながら、日本の市民活動の位置を著わしているのである[54]。

1966年松下はその市民活動の芽の出現と将来の可能性を指摘しており、さらに政治文化としての市民性の成熟《市民文化》の形成は、当然ながら一朝一夕にできないとしている。日本型大衆社会論は、地域において住民活動が自律性を獲得し始めるという意味において、この1995年辺り以降から、その後の約10年間の時期をターニングポイントと確認できるのではないであろうか。また、大きな視座においては、今なお松下がいう「転換期の過渡的段階」であり、政治文化という市民性成熟の前段階の次元域である。それは都市型社会の一部分にみられても、ほとんどのところについては、まだま

**表1-3 政策課題の歴史展開・理論特性**

| 伝統政治段階<br>(農村型社会) | 近代化(過渡段階) | | | 《市民政治》段階<br>都市型社会 | |
|---|---|---|---|---|---|
| | Ⅰ型課題 | Ⅱ型課題 | Ⅲ型課題 | | |
| 支配の継続 | 国家の構築<br>(国家統治) | 経済の拡大<br>(経済国家) | 生活権保障<br>(福祉国家) | 政治のスタイル転換 | 世界共通課題 |
| 貢納・徴税政策 | 国家統一政策 | 経済成長政策 | 福祉政策<br>都市政策<br>環境政策 | 分権化<br>国際化<br>文化化 | 国際人権　核危機<br>南北調整＋侵略<br>環境保全　テロ |
| 伝統的理論 | 一元・統一型理論構成<br>(国家統治) | 二元・対立型理論構成<br>(階級闘争) | 多元・重層型理論構成<br>(大衆政治) | 分節政治理論 | |

歴史展開　　　　　　　　　　　　　　　　　　　　　　　現代的累積
　　　　　　　　　　　　　　　　　　　　　　　　　　　　現代的再編

出典：松下圭一『市民・自治体・政治』公人の友社、2007年、p.33

だその域に達していないのは明白であろう。

## 4　分権方向と足元の課題
### 1) 分権の潮流と課題

　1970年以降の、国民生活審議会や関連の調査結果[55]が示す通り、筆者も地域住民と接する多くの機会があって、90年代以降、近年に至るまで、加速的に住民意識の変化が起こっていることを感じないわけではなかった。国民(住民)の意識変化が、2000年の分権改革につながるのは、1960年以降の文脈であり、さらに特に1990年以降の住民意識変化と合致する。これらの文脈とともに、国民・市民の多様化が割合早く進行しており、中央集権的なシステムには合わない大きな社会変化となったのである。それに適合する新たなシステムを求める声が強くなってきていたのは周知の事実であろう。この潮流に関し、佐々木信夫らは「2000年に地域分権一活法が成立し、地域がクローズアップしてきているが、①中央集権的な政策や手法が機能不全となった。②弱者を含む個人尊厳の高度福祉社会の建設が必須となった。③個性重視の多様な生活が求められるようになった。」[56]と説明しているが、この三点は、当時は広く行政関係者に周知され、筆者も実務の中で、脳裏に強く刻まれ認識したものであった。結局、古い集権的なシステムはむしろ足かせになって機能せず、中央による画一的・普遍的なコントロールに対して、各地方の独自性や特徴を重視・尊重する考え方が台頭してきたことの潮流として広汎に受け止められていたのではないだろうか。

　この潮流に関し、制度改正などの事実のまとめを概括的にみてみたい。総じて、地方分権の第1期分権改革については、各大臣から知事や市町村長に委任していた561項目にわたる機関委任事務の全廃によって、①7割近くを自治事務(各自治体の固有事務化)に改正、自治体の行政裁量権が大幅に拡大となったのである。そのほか、②地方への関与縮小・廃止、③自治立法権の拡大、④国と地方の新たな係争処理には新たな第3者機関を置くなどのルールを定めた。⑤地方財源の充実については、法定外普通税の許可制廃止、法定目的税の創設、個人市町村民税の制限税率が撤廃されるなどの改正があり、

自治体は借金の自由を手に入れることになった[57]。

　しかし、この制度改正の意味について佐々木信夫らは、「歳入の自治は拡大したが、歳出の自治をめぐる補助制度は遅々としている。2004～06年度に行われた三位一体改革でも、法的な規制を残したまま補助金を減らし、税源移譲をした結果、歳出の自治は拡大していない。その後、第2期改革として、地域主権一括法が修正されて成立したが、部分的に自治体の自由度は拡大し、また部分的には自治体の新たな負担を伴うもので、自治体の所掌事務の範囲を拡大する改革である」[58]と指摘している。現実の行政関係者からは、中央政府は握っている地方交付税などの配分権を駆使して、相変わらず中央方針を地方にのます締め付けがあると、異口同音に唱え、この佐々木らの指摘と符合する側面が注目されるのではないだろうか。

　制度的な議論や大きな足元課題を残しながらも、こういった一定の分権の潮流があり、その発展は、大いに期待されるのであろうが、地方や地域の自治には、国政との力学的な視点において、別視点での大きな落差があるという指摘がなされており、この足元の落差については、次節で述べることにしたい。

　また、多様化や個性化が進み、これら、分権の動きで国からの地方の権限が、名目的には拡大されたはずである。そして少なからず、水平性の理念を取り入れる方向性をもってきていることになったといえるであろう。これらは、歓迎される民主化の可能性であろうが、次のような指摘は、地域政策にとって、足元の大きな落とし穴のような構造にも映るのではないだろうか。

2）きずな希薄化の足元課題（2007年、国民生活白書より）

　近年の国民・市民の意識調査に目を向けたい。下記は2007(H19)年度内閣府の国民生活白書において、地域のつながりの希薄化をもたらした意識変化の記述である。

　10年前と比べて地域のつながりが弱くなったと回答した人は38.3%いた。その人たちの理由は、①人びとの地域に対する親近感の希薄化、②近所の人びとの親交を深める機会不足、③他人の関与を歓迎しない人の増加などである。

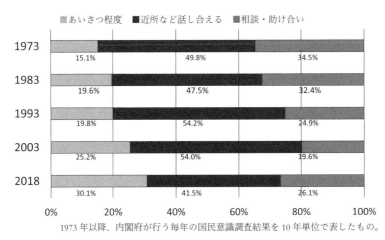

1973年以降、内閣府が行う毎年の国民意識調査結果を10年単位で表したもの。
図1-1　近隣での望ましい付き合い程度

　地域のつながりが希薄化していると考える人の多くは、地域に対する親近感が希薄化していることをその主要因とするが、その具体的要因については、「深い近隣関係を望まない人が増えている」という指摘である。隣近所との望ましい付き合い方について尋ねたところ、「なにかにつけ相談したり、助け合えるようなつきあい」と答えた人の割合が、1973年の34.5％から2003年には19.6％にまで低下している。30年間に15ポイントの低下という意識変化である。そしてその一方で、「会ったときに、あいさつする程度のつきあい」との回答割合が15.1％から25.2％に高まっており、人びとの求める地域のつながりが、深いものから浅いものへと変化していることを意味しており、意識面からも地域のつながりの希薄化が進んでいるといえる（図1-1）。以上、これらは今後の大きな地域課題であろう。

## 第3節　落差ある地方自治と展望への道筋

　当初に若干の説明を加えたように、本書の趣旨は、基礎自治体といわれる市町村の領域と、さらに狭い地域エリアの自治に焦点を当てることである。
　多様な変遷を経、近年は分権改革の文脈があって、従来からある地域自治

会だけでなく、それとは並列的に、自由意志で参加する地域（1万人程度や小学校区程度のエリアなど）での自治活動にも関心が向いている実情に注目すべきであろう。

しかし、その狭い地域エリアでの自治は、当然、従前からある地方自治の領域でもあり、地方自治の本旨と謳われる住民自治と団体自治が交差する最先端として関心が注がれているのである。2000年からの分権改革の文脈に沿いながら、この住民自治と団体自治という、現実の政策展開との関連性や課題などを考察することが重要であろう。

さて一般に、社会に何らかの課題がある場合、課題解決の原因や要因を見出した段階では、次の解決策など、展望の糸口を見出すことが肝要になる。宝塚市例の伝統と近代をめぐる二項課題の場合、二項の歴史的構造それぞれの解析を通すと、一つの解決展望の枠組み部分がぼんやり見え始めているのではないかと思う。つまり、住民自治パワー創出（充実）の創造的地域づくりの要点は、多元的主体のかみ合わせ（協調）という構造のあり方になると思うのであるが、その創造的構造法式ともいうべき考え方へのアプローチを試みたい。

ただ、この創造的構造法式を述べる前に、前節末に記した地域の落とし穴のような課題のほかに、現実の地域に横たわっている大きな構造的問題があるという指摘についての課題認識が大切であり、その分析や考察も必要になる。それは、憲法理念や国政から距離ある実態＝地方自治の国政との大きな「落差」である。国政と同じく日本の活力の重要基盤である地方自治の大きな落差課題については、看過できないであろう。その「地方（地域）構造の落差」の本質とは何か。現実全体の概ねをまず把握するアプローチを試みなければならない。

## 1 落差が大きい地域自治実態の構造課題

### 1）脆弱な住民自治・団体自治と落差現実

地方自治と国政との大きな落差については、内閣に設置されている地方分権改革推進本部が疎敵を行っている。

「自治体と国では政治力学的関係でみた場合の落差は大きく、団体自治にとって住民自治の拡充により、国との落差を埋めることが肝要である。住民自治と団体自治の拡充によって、国と地方の落差を埋めるという認識はとても重要である」という指摘である(2007年1月)。2006年12月の「地方分権改革推進法」成立に合わせた、地方分権改革推進本部の「団体自治・住民自治に関する中間のまとめ」について、地方分権改革推進本部の地方自治権確立対策協議会は下記項目を加えている[59]。

○自治体にとって、住民意思・ニーズや当該地域特性に基づいた政策・施策を行うということは、全国画一的なものになりがちな国の政策・施策に比べて住民に身近な自治体が国より有利な点でもある。

○国に対しては直接請求制度のような住民による直接的なコントロール機能が制度的に保障されていないことを考慮すると、自治体の自己決定権を拡充することにより対応する方が、住民自治の観点からは優れていると言えるのではないか。住民自治の拡充のためには団体自治の拡充を図ることも必要であると言えよう。

○地方分権推進の背景と住民自治の拡充 地方分権の推進の背景は次のとおりである。

①変動する国際社会への対応、②東京一極集中の是正、③個性豊かな地域社会の形成、④高齢社会・少子化社会への対応といった、国内外の環境変化に対応するためには、中央集権型行政システム(中央省庁主導の縦割りで画一的な行政システム)は制度疲労を起こしており、これを地域社会の多様な個性を尊重する「住民主導の個性的で総合的な行政システム」に変革することである。

○「国は本来果たすべき役割を重点的に担い、住民に身近な行政はできる限り地方公共団体にゆだねることを基本」とするとして、国の役割が純化されるとともに、国は「地方公共団体に関する制度の策定・施策の実施には、地方公共団体の自主性・自立性が十分発揮されるようにしなければならない」との配慮義務が規定された。

2)　地方自治の落差と構造課題

　わが国の国家体制と並立し、その血肉でもあるはずの地方自治(地域自治を含む)の大きな比較落差については、すでに多くの研究者や全国知事会・市長会などが認識して課題としてとらえている。地方自治(地域自治)について、地方六団体(全国知事会・全国市長会・全国町村長会と同都道府県議長会・同都市議長会・同町村議長会)は、2007年から地方分権改革推進委員会や地方自治権確立対策協議会のメンバーであり、地方分権改革推進本部と同じ落差認識を述べている。また、研究者なども多様な視点でとらえ、2007年以前から課題を指摘し改革を説いている。

　例えば、佐々木信夫、外山公美、牛久久仁彦、土居丈朗、岩井奉信らは、「変わるべきは自治体自身である」として、概括的に大きく四点を指摘する。

　一点目は、首長が変わることであり、その任期は長くても3期12年までで、「マニュフェスト(政権綱領)」という公約実現の請負人感覚が求められるという。第二点目は議会改革であり、従来のチェック機関としての議会ではなく、立法機関を目指すべきという。それは、アメリカ議会のように、「もう一つの予算案」を編成し予算教書として首長に送る方法を指している。第三は職員が変わることであり、大過なく地位にしがみつくサラリーマン根性を捨て去り、首長の政策スタッフとしてプロに徹すべきであるという。第四は住民が変わることであり、「お任せ民主主義」「観客民主主義」はダメで、自己決定・自己責任など主体的行動は究極、住民にも求められる。地域主権は「参画民主主義」であり、住民が決めるべき領域は、思い切ってコミュニティレベルに分権化する「地域内分権」も不可欠である、と指摘している。

　佐々木らはまた住民協働のまちづくりを強く主張するが、このテーマについては第2章に詳しく説明することになる。そのほか、自治体の政策や財政のあり方、また、行政への民主的統制とアカウンタビリティ(説明責任)をも論じている[60]。

　なお、建林正彦、曽我謙悟、待鳥聡らも議会改革を唱えている。わが国の地方自治は二元制であるが、首長権限が圧倒的に強く、議会が弱いという制度的な課題を指摘し、議会の強化などを唱えているのである[61]。

これらのほかの課題について、筆者は、次の二点を加えたい。一つは、みえない地域自治の課題＝地方自治における透明性の課題も大きいと考えている。例えば、豊洲移転問題の本質に表れるように、地方行政上には透明性と情報公開の大きな欠如があり、さらにこの豊洲問題は、地方自治政治に関する日常的な情報公開や報道が極端に少ないことを示す象徴的な意味を含んでいるのではないだろうか。また二点目は、3割自治といわれていた国対地方の財源比率は、三位一体の改革で、3対1が3対2に改善されたといわれるものの、地方交付税や国庫支出金は100％地方に任されるのではなく、未だに国の支出には国の意図が大きく入っており、地方は国に従う部分が少なくない実態も続いていると考えられているという点である。

上記は大枠的な概括の課題指摘であり、派生的に詳細な課題にもおよぶと膨大な文量となる。地方自治に関しての落差や課題の詳細な列挙には、枚挙にいとまがないが、これらの落差や課題を如実に映すデータがある。地方自治の首長や議会議員などの下記の選挙投票率であり、その推移のグラフである。首長や議会の選挙の低い投票率は、象徴的なデータとしてみえるのではないだろうか。国政に比べ、低い数値のように、住民や国民には地方自治に関心なく、落差がみられる。

落差の典型「低い地域選挙の投票率」を示す図表について

図1-2や表1-4および表1-5をみるとこれらの投票結果は、当該地域の住民の地方選挙への関心が薄いことの表れでもある。それらの地域では、民意が本当に反映される形で自治体が運営されるのか疑問であることを意味しているばかりか、50％を割る実態については、選挙そのものの正当性をも問われることになりかねない。多くの首長や議員が選挙では、選ばれないことを意味するといわれても致し方ない状況にある。しかも地方議会は、一般的に平日の日中に行われ、政策論戦などがあって、議会中継がモニター放映されているわけではなく、関心をもてるようなものになっていない。これでは、有権者や住民の地方議会への関心は下がるばかりだ、との指摘も聞かれ、とにかく投票率50％割れは問題が大きい。

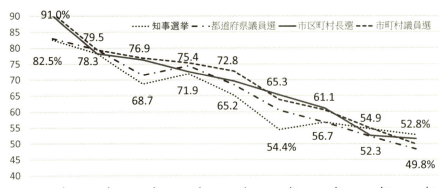

公益団体法人明るい選挙推進協会ＨＰ（閲覧日：2015 年 3 月 29 日）のデータを 8 年単位で表したもの。

図1-2　地方統一選挙の投票率

表1-4　宝塚市における近年の選挙投票率

| 期日 | 選挙の種類 | 有権者数 | 投票者数 | 定員 | 立候補者数 | 投票率% |
|---|---|---|---|---|---|---|
| 2013.4 月 | 宝塚市長選挙 | 183,974 | 84,515 | 1 | 5 | 45.94 |
| 2013.7 月 | 参議院議員 | 187,960 | 100,688 | 2 | 7 | 53.57 |
| 同日選挙 | 兵庫県知事 | 184,883 | 100,455 | 1 | 2 | 54.33 |
| 2014.12 月 | 衆議院議員 | 187,529 | 98,392 | 1 | 4 | 52.47 |
| 2015. 4 月 | 市議会議員 | 184,445 | 76,165 | 26 | 33 | 41.29 |
| 同日選挙 | 兵庫県議会議員 | 184,540 | 65,928 | 3 | 4 | 35.73 |
| 2016.7 月 | 参議院議員 | 192,714 | 106,980 | 3 | 7 | 55.51 |

注：2013 年の兵庫県知事選挙は、参議院議員選挙と同日だったので、投票率が高い。
出典：宝塚市選挙管理委員会

表1-5　宝塚市議会議員選挙投票率推移

| 1991 年 | 1995 年 | 1999 年 | 2003 年 | 2007 年 | 2011 年 | 2013 年 | 2015 年 |
|---|---|---|---|---|---|---|---|
| 45.80% | 45.35% | 50.49% | 50.40% | 44.08% | 41.26% | 45.88%<br>（補欠同日選挙） | 41.29% |

宝塚市では、国政選挙の場合の投票率は概ね 55% 前後であり、地方選挙の場合の投票率は、概ね 50% 以下（35% 台～ 50% 台）である。

## 2　地域自治の概念について
### 1）地域への住民参加構図

　憲法 92 条は「地方自治体の組織及び運営に関する事項は地方自治の本旨に基づいて法律でこれを定める」とあるが、憲法条文にはそれ以上の説明はなく、一般には非常に難解になっているのではないだろうか。この地方自治の本旨とは「住民自治と団体自治の総合の自治である」と、加筆説明された場合でも、さらに「団体自治と住民自治の総合」の理解にも、一般にはさらに説明が必要になるのではないだろうかとの現実課題が推測されるのである。

　明治憲法からの歴史的な継承を踏まえ、「参加」概念が乖離するこれらの表現はやむをえないという経緯もあって、地方自治の概念は、わが国において理解浸透していない現実があるのではないだろうか。多くの住民にとって地方自治は行政の問題であり、住民自身の課題ではないととらえる人が多いという実態は、分かりやすい解決が望まれるのである。

　素直に住民の立場に立つならば、**図 1-3** が示す通り、地域での「住民参加」によるパワーが、自治体の団体自治に反映され、それが総合的な自治（自治力）になる構造である。もし、このように図式化すればよりわかりやすくなるであろう。つまり、多くのシステムの現実として、地域の住民自治パワーが、自治体の団体自治力に充分反映されていないということにも気づくのではないであろうか（**図 1-4**）。ここに地方自治（地域自治）の落差や課題解決の原点があるのではないかと気づくのである。

　下記の単純な図式によって、国と自治体との力学的落差の抜本的原因をクローズアップできるのではないかと筆者は考えている。「地域や地域住民の自発参加力・住民自治力とその結集システムが弱いために、国や行政府の統治力が圧倒的に大きい」という見方もでき、現実の基礎自治体システムを別の図式（図 1-3）から分析すれば、住民直接参加のしくみが小さいという閉塞的な現実が浮かび、住民自治を伸ばし、大きくする方策が求められると気づ

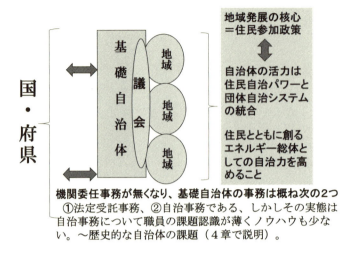

図1-3　自治体自治の構造と課題

現実の選挙制度・パブリックコメント制度などだけでは、住民参加枠は小さく、行政と住民間には壁や距離がある

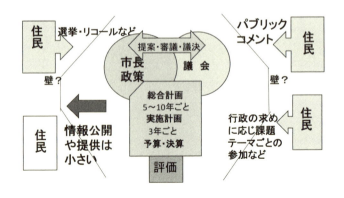

図1-4　自治体行政と住民参加民主主義への課題

くのではないだろうか（詳細は第2章〜第4章）。

　結局、現実の基礎自治体システムには、日常の直接住民参加とその結果に閉塞性（図1-3）があり、住民は住民で、地域自治は行政側の問題であって、住民自身の課題ではないととらえる人が多くなるということではないだろうか。逆に、もし少なからぬ住民の人たちに、地方や地域の課題は、身近な問題であるとの認識や住民意識があるとするならば、例えば「住民は地域自治に参加する権利がある」ないしは「地方自治は住民参加が本旨である」が率直な住民の立場（主権在民）であり、そして、住民にとっては「地方」という概念よりも身近な「地域」という表現が適しているなど、我々はもっと地域の自治について、身近に感じずるような対応策を考えねばならないのではないだろうか。

### 2）ニアイズベターについて

　都市化が大きく進展し、村では縮小、統合などによって役場や農協が身近からなくなっていく様相や、逆に大量の移住（転入）が進んだ都市では、知らない人どうしは身近なコミュニティづくりを求め求められることは、前述した通りである。

　そのように、住民の立場や目線では、人はいつどんな場合でも常に「自分の住む身近なところはよくあって欲しい」と自然に思うものである。つまり、この「身近なところはよくあって欲しい」という人の思いは、普遍性のある一般人情である。視点を逆にすると、身近なところを思う心が、「身近な自分の地域はよくしたい（地域自治への参加）に至ること」への大きな可能性であろう。つまり、このニアイズ・ベターは、地域自治への重要な考え方（理念）でもあろう。そして、住民には「地方」よりも「地域」への住民参加が身近な表現として分かりやすいのではないだろうか。

### 3）地域自治の概念

　人口が十万人を超えるなど行政枠組みが大きくなれば、身近な地域において住民が希望する、きめ細かな住環境整備や福祉施策などが届きにくく、ま

た住民の声も届かなくなるという欠陥発生の自明原理がある（前述の自由民主主義の欠陥と同じ原理）。この原理は、すなわち、①自分の住む身近なところは、よくあって欲しいと自然に思うことや、②身近な自治に参加する枠組みがあり、行政との接点の末端のしくみとなっていることなどを通し、原点的かつ潜在的な住民自治の意識（=「ニアイズベター」）が恒常的に機能し、地域発展することに求められているのではないだろうか。

つまり、統治されるという意識でなく、住民自身が主役で、自分たちの身近な生活エリア（例えば、地域自治会エリアや1万人単位の小学校区エリアなど）においても、その身近な自治に参加し、大きな行政枠組みの欠陥を相互補完するという考え方（近接性の原理と補完性の原理）は自然な成り行きでもあろう。

地方自治は市町村エリアだけでなく、都道府県レベルやさらなる広域にもおよぶ概念であることに対し、本書においては、市町村エリアを含み、住民のこれら身近な生活エリアにおける自治を「地域自治」と規定することにしたい。

## 3　住民自治パワー創出法式

### 1）住民自治高揚の論理と法式

ここで、住民自治高揚を図ろうとする構造論理を考えてみたい。どうすれば地域での個々人が活かされ、どうすれば住民の地域での活動は、その創出が発揮され、パワーとなって目指す自治や地域づくりが進むのであろうか。まず論理上に住民自治パワー創出のメカニズムを考案（仮説）する課題があるであろう。

人の心には「自分の住む身近なところはよくあって欲しい」という気持ちがあり、この普遍的な精神は「自分の身近な地域はよくしたい」という行動への可能性である。この人の心が自律的に、また地域で自然に発揮・発現され、人の輪になって広がることは、従来は地域自治会だけのマターにみられていた。しかし、地域での多様な学習活動やボランティア活動、またはNPO活動の発現にみられるように、地域自治会やその連合組織の枠組みを超えて多様に波及している。

当番制などの地域自治会だけでなく、それらを活かしつつ、それとは異なる次元や発想のボランティア活動を含めた住民自治が大きく展開・発揮できる枠組みの構造論理とは、何であろうか。住民自治の発展課題を考えると、これらの自律性アップの発展型には期待がかかるであろう。

　基本的に、一般社会人には、多かれ少なかれ社会で生きていく素養（基礎的な力）があるという原点からの視点にも目を向けてみたい。つまり、地域における個人が、地域社会人として、「自分の身近な地域はよくしたい」という行動への可能性とか、行動に移しやすい地域環境や行動契機を考えるということも必要であろう。

　経済産業省は2018年3月、わが国の産業における人材強化にむけた研究報告をしている。その報告書によると、次のような3つの能力と12の能力要素を示している[62]。

①前に踏み出す力（action）〜1歩前に踏み出し、失敗しても粘り強く取り組む力
　・主体性（物事に取り組む力）・働きかける力（他人に働きかけ巻き込む力）・実行力（目的を設定し確実に行動する力）

②考え抜く力（thinking）〜疑問をもち、考え抜く力
　・課題発見力（現状を分析し目的や課題を明らかにする力）・計画力（課題の解決に向けたプロセスを明らかにし準備する力）・創造力（新しい価値を生み出す力）

③チームで働く力（teamwork）〜多様な人びととともに、目標に向けて協力する力
　・発信力（自分の意見を分かりやすく伝える力）・傾聴力（相手の意見を丁寧に聴く力）・柔軟力（意見の違いや立場の違いを理解する力）・状況把握力（自分と周囲の人びとや物事の関係性を理解する力）・規律性（社会のルールや人との約束を守る力）・ストレスコントロール力（ストレスの発生源に対応する力）

　これらを例にとれば、多くの素養と「自分の身近な地域はよくしたい」というエネルギーを原動力とし、自分自身または複数者が相互に奮い立てると

すれば、そして、さらに(自分の好きな関心事などへの)学習と自己実現契機が相乗されれば、目指す法式の論理(例)が成り立つのではないだろうか。すなわち、地域での創造性が構築される可能性は、次のような論理(例)で実現されるのではないだろうか。

(論理例) 地域をよくしようとする精神行動(個別)×社会的基礎力×参加者
＝住民自治パワー創出(充実)の個別的法式

このように、初期的には自己か他者からの契機があって、これらの個別の自治パワーは発現される可能性があるであろう。しかし、発現創出された住民自治パワーは、もともとの価値観や着想の次元などの違いから、やがて複雑に多様化し、また分化する可能性がある。前述のように歴史的経過を経て、近20年余には、伝統主義と近代主義の二分化の潮流がみられるのも現実である。

この2分化の潮流に関し、1993年、宝塚市では、地域のその二分化よりも逆対置(アンチテーゼ)としての協調が発展エネルギーになる(近隣では多様な考えがあっても同じ土俵での協力が切望される)と考え、この協調効果を相乗的に狙う枠組みで(政策)である。そしてその当初15年間は、分化が進むどころか、協調は可能であり、予期した以上の協調結果がみられたのである(第2章)。

当初の15年間は二分化・分離ではなく、前向き協調と相乗効果があったという事実であり、その相乗効果の事実は、伝統主義と近代主義との相克と融和が醸し出す前進(止揚)のエネルギーであろう。そして、そのエネルギーは、相乗的な住民自治パワー創出(充実)を醸し出す法式であり、それは日本流の民主主義として再確認される可能性を秘めていることであると思う(第2章から4章で説明することになる)。

この考察のメカニズムは仮説である。すなわち、住民自治パワー創出法式の一つは伝統主義と近代主義との相克と融和が醸し出す前進(止揚)のエネルギーであろう。両者を取り持つ特別の指導者や、自治体仲介者などによる加味された提案や創意工夫での相乗効果もありうるが、この方式の本質は、価

値観の違う両者の相互の困難な協議を通し、その相克を乗り越えて、長所や短所を補完しあう自律性である考えられる。仮説ではあるが、新しい領域への創造的前進エネルギーになる可能性があると考えられるのではないだろうか。

2）伝統主義と近代主義相乗による方向性

ところで、本論には近代主義と伝統主義の二項の対立課題のあることを序説的にすでに挙げている。ここで、中田實の「共同管理の地域社会」と「近接性の原理」に意義を見出したい。中田は共同管理の地域社会という視点で次のように述べる。

「人々の流動性が高まっている現在の地域社会は、それは人々の多様な生活関係がつねに維持再生産されている場であり、統合を強める動きと弱める動きとがダイナミックにぶつかりあっている一つのシステムである。そしてそのつねに維持再生産されている過程に注目すれば、地域社会の特質は、地域を共同の力で管理運営する仕方（機能の果たされ方）に集約されている。」[63] という説明であり、地域での機能の果たされ方に集約される共同の管理の効果を強調している。

そして、日本の近代化がはらんでいた欧米的なものと、アジア的なものとのアンビバレンス（二つの相反する面が混ざっていること）および、「近接性の原理」について、中田は次にように述べている。

「自立した市民が共同生活を営むには、何らかの『社会契約』が必要であり、また社会契約がなりたつためにはその前提として『非契約的なもの』（E. デュルケム[64]）である両者の相互理解が成り立っている必要があるために、それなりの試行錯誤の時間（歴史）を要するのである。自立した市民といっても、何の準拠点もない住民というものは存在しない」[65] と説明し「近接性の原理」は近隣であるがゆえに築くべき相互の関係があることを示唆しているのである。つまり、例えば都市において住まい生活が近接する近隣地域では、非契約的な関係であったとしても、運命的な相関関係の必然性があって、試行錯誤をいとわず相互理解形成（努力）が必要であることなのではないだろうか。

3) 二項融合と相乗の住民エネルギー創出法式

　第2章以下で詳細を述べるが、1993年宝塚市のコミュニティ政策の出発時は、日本型伝統主義のその典型としている地域自治会を中核とし、他団体やボランティアなどとの協調方式である。地域自治会については、その歴史を遡って述べてきた通りであるが、日本型伝統主義のその典型として、現存し一定の評価を得ているのが、地域自治会でもある。

　つまり、近代主義と伝統主義の協調方式については、歴史経過や現実をみながら編み出した枠組みである。それまで外形（ハード）的な政策を中心として使われた「まちちづくり」を、人びとがそれまでと次元の違う参加という内在（ソフト）的な政策に融和する「まちづくり協議会政策」とした。ここに日本流の近代主義と伝統主義の融和の最たる意味と工夫を盛り込んだのである。宝塚市はコミュニティ政策にこの方式を編み出したが、この工夫は1990年頃のほかの施策において、参考となる事例が周辺になかったわけではない。つまり、日本の潮流として、近代主義と伝統主義の融和は日常的に工夫され、複眼的な必要性が生じていたのである。

　日本流というのは、世界の人びとから、治安のよさや清潔な街並み、日本人の細やかなおもてなしなど、日本に対する評価あるアイデンティティを意識したものである。①大災害時でも秩序守る日本人（淡路阪神大震災や東日本大震災でみられた事象）、②国際サッカー場を清掃する日本の若者（2014年ブラ

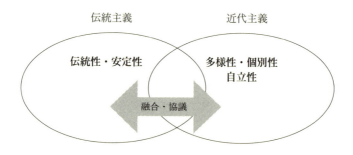

**図1-5　伝統主義と近代主義の相克・止揚の概念**
出典：筆者作成

ジル以降世界サッカー大会でみられた事象)の評価など日本人としての誇らしい徳性はまだまだ活かせられるであろう。

　また地域自治会と同じように、日本には古来の歴史伝統に基づくその文化や精神が息づいており、日本人の生活には相手を慮る儒教・仏教のよい影響が随所にある。

　わが国において、1945年以降の枠組みにおける民主性(近代主義)は、今後もゆっくりと進化するにしても、2,000年にもおよぶ歴史を考えれば、全面的な西洋合理主義にはならないだろうし、これら歴史的な伝統主義の保全・継承が望まれている点が多々あることは周知の事実であろう。

　そして、上下関係や階層的な共同体からの解放などの民主化は、自然ななりゆきで達成されるべきと思うのであるが、日本の近代化は、上述の伝統性が活かされる点においては、西洋近代とは違った工夫で進歩していくのではないだろうか。相手を慮る地域福祉活動などにも支持される例は非常に多くある。現実に合わないストレートな近代論理は強調しても支持を得ないように、西洋合理主義のみでなく、わが国の地域では複眼的な見方を必要とする場合が多々あるのが現実である。日本流に市民活動の「よいところをさらによくする」などの選択の多様さを、調和させながら進む必要性が現実ともいえるのではないだろうか。

## まとめ：平等参加・住民自治構造への方向性

　人には本来的に自発性・自立性 Autonomy の性質(人間性)があり、自治 Autonomy という概念と同一である。歴史的な支配(統治)と自治の関係において、わが国では、原点(原始)的な時期を除き、室町時代〜戦国時代において、百姓や町人が自立性や自治性 Autonomy を発揮し、惣村という自らの公をつくってきたことが指摘されている。諸外国からは我々日本人は自己主張が弱いといわれるが、伝統的に自立性や自治性 Autonomy を発揮し、惣村など自らの公をつくる歴史をもつアイデンティティがある。近世以降にその惣村の自治性は継承される。一方、これらと異なった文脈で1960年代、未熟

な段階ではあるが、松下圭一による日本における市民活動の始動も注目される。前者は伝統主義的な枠組みとなる Autonomy であり、後者は近代主義的なそれであろう。

近代主義の市民活動の文脈で、90 年代以降、多くの住民の自律的な地域活動の活性化がゆるやかに続いている。この姿は第 2 章以降で著すが、市民的活動に自分の生き方を「公への参加」の姿として見出せるのである。

これら自発性・自立性 Autonomy（自治）が「発揮できる構造」を政策に活かすことが重要な視座なのであろう。現実の地域社会にもこの二つの Autonomy の表し方が存在する。この視座で、今後の参加自治への道筋論を念頭に、構造のあり方や制度設計を考えるとき、都市化の中ですでに経験済みの伝統性と近代性の自然な混合化、そしてその中での融和・調和と地域自治の現実化・確実化が核心とになっているのではないだろうか。

## 1 伝統主義的な地域社会の規範

長い歴史を経て、幾重にも改革を重ねてつくられ、地域の財産や住民の幸せに守ってきた安定的な規範があるとすれば、それは年年歳歳、評議を重ね役割分担から生じているものであるだろう。それは組織的なものであるから、地域の財産や住民の幸せを安定的に守るため、経験が豊富で強いリーダーなどの役職者が求められる。得てしてこの伝統的枠組みは上意下達になりやすい。だが、このような伝統的共同体の地域であっても、現憲法下や都市化の中にあっては、水平的な運営が求められており、また平等参加など民主的な学習が積まれていることを実態とすることが肝要であるのではないだろうか。

## 2 近代主義と地域参加の運営法式

地域での自主的・自律的活動は身近な参加を意味する。その意識はボランタリーな活動と同質であろう。この参加は誰でもどこでもできるという原則が求められるであろう。

誰でも地域の参加ができるには、平等の原則が必要であり、個人の意思が尊重されるという規範が自明の理であろう。組織活動は上下階層のヒエラル

キーという概念ではなく、システム上、上位的な役割と下位的な役割が存在するという考え方が基本ではないだろうか。つまり、特別な場合を除き役割分担主義で、日常から運営に関し、平等な立場での意見交換や連絡などのコミュニケーションが大切にされるということであろう。これら平等社会が構造的に実現され、それが保障されることが望まれる。

　自主的・自律的活動を尊ばねばならないが、その自由主義的なところは、勝手を認めることではない。責任ある社会行動が常に表裏一体をなすのは当然であろう。

## 3　二項の協調・融合の法式（仮説）

　都市の中での上記二項の潮流はあるが、人びとの考え方や価値観は様々であろう。概してムラ社会を脱し、新しい居住地で多様な人たちとともに新しい秩序をつくる人びとと、概してムラ社会を守り育てようとしてきた人びととの違いはあって当然であろう。

　しかし、旧来からであれ新しい転入であれ、同じ隣保や地域に住む限り、同じ小学校や中学校に通い、一緒に運動会を楽しみ、親は子どもを守るため同じ活動をともに行う。安全・防災活動・地域緑化や公園保全活動・祖父母へのデイケアなど福祉活動も共通し、同じ利害がある。地域課題への対応とボランティア活動は一体化が望ましいであろう。一人ではできないが、地域自治会など、地域と連携すれば困難ではないという考え方は依然多くあるであろう。この自治会活動を含み、多くの個々人が、自分の得意な分野・関心のもてる分野、または使命感での自己実現をテコにして、地域に社会参加する。この個々の自然な実体の積み重ねがさらに大きな実体となっていく、その受け皿が求められているのではないだろうか。システム法式は単純性から段階的に多元複合性[66]となるが、これらが統合され、統合していく同じ道筋上に、地域自治の落差を解決・前進できる展望がみえる総合システムになると考えられるのである。言い換えるとすれば、「まちづくりの市民活動」の段階的な盛り上がりや発展や大きなうねりのような市民運動になることは考えられるのではないであろうか。

長い歴史を経て、幾重にも改革を重ねつくられてきた枠組みや制度は、そこに至った経緯や理由などがあって、関係者はこの経緯の正当性などを強く主張し、岩盤のようにガチガチに固くそれを守ろうとする場合がある。伝統主義には保守に陥りやすい面があるかもしれないが、それをさらによくしようという働きかけは、固く守ろうとするエネルギーを越えて、さらに上回る強さや大きさ、もしくは万人が納得できる核心的なものを明確に示さねばならないであろう。

近代主義と伝統主義は上記のように簡単に表されるものではないが、概ね、この二つの考え方の相互理解と調和が大きな課題となり、とにかく同じ地域エリアで宿命的・運命的に住んでいる限り、同じ現実の地域運営にあたることとにある。

肝心なことは、多様性や相違点を認め合うことが重要であり、この二項の相互理解と調和への努力があると、大きなエネルギーが生じるという権力構造(**図1-6**)が仮説法式として成り立つのではないだろうか。まちづくりの市民活動はこの法式構造が核心であると思う。この法式がうまく作用する長期展望には、住民自治が充実し発展して、それが団体自治に活かされるのではないだろうか。この実証的各論は本著の第2章から第4章になる。

政策の基本は、個人の学習や自己実現をし易くする構造づくりや、それらの支援をすることにある。これらの充実強化であり、一方では、まちづくり

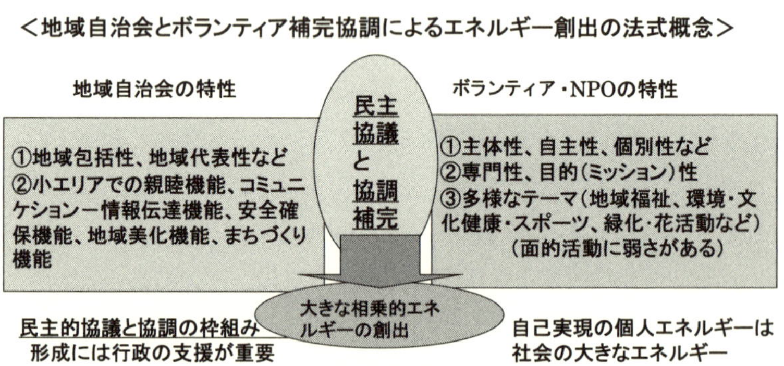

＜地域自治会とボランティア補完協調によるエネルギー創出の法式概念＞

**地域自治会の特性**
①地域包括性、地域代表性など
②小エリアでの親睦機能、コミュニケーション－情報伝達機能、安全確保機能、地域美化機能、まちづくり機能

**民主協議と協調補完**

**ボランティア・NPOの特性**
①主体性、自主性、個別性など
②専門性、目的(ミッション)性
③多様なテーマ(地域福祉、環境・文化健康・スポーツ、緑化・花活動など)
　(面的活動に弱さがある)

民主的協議と調和の枠組み形成には行政の支援が重要

**大きな相乗的エネルギーの創出**

自己実現の個人エネルギーは社会の大きなエネルギー

図1-6　二項の協調・融合の法式(仮説)

の市民活動＝協働のシステムの推進強化であり、結局は住民自治と団体自治の強化を図ることであろう。

## 注

1 例えば、三内丸山古墳が1992年に発掘され、ドングリを蓄える土器や住居跡が発見されたことによって、縄文時代から定住志向が高まった時代という風に、狩猟採集の原始的社会認識を変えることを余儀なくされた。そもそも聖徳太子なるものは実在しないし1万円札の聖徳太子像は太子の実像の厩王子とも別人であることが有力になっている。(山本博文『こんなに変わった歴史教科書』新潮文庫、p.31、p.52)。また2013年、栃木県の下古舘遺跡とその付近、および愛知県春日井市下市場の遺跡の発掘から、双方とも中世の都市的な場あるいは市場として考えられる遺跡が発見されている(網野善彦『日本の歴史を読み直す』ちくま学芸文庫、pp.16-18)。

2 例えば網野善彦の『日本の歴史を読み直す』(ちくま学芸文庫、pp.13-14)で、今や忘れ去られようとしている社会、古くなって消滅しつつある我々の原体験につながる社会はどこまで遡れるかというと、だいたい室町時代まで遡れるというのがこれまでの研究の常識になっているという。

3 宮本憲一は(『地方自治の歴史と展望』自治体研究社、p.15)、自治の意味について、第一は、統治機構上(組織上)、国と地方という形で地方自治の必要性があり、第二には、地方自治は、生活権というものを確立する理念であり、第三は、民主主義の根幹として、地方自治は必要である、と記している。

4 口分田制から惣村に至る農村社会の歴史として、教科書風にごく一般に周知されている例には『もういちど読む山川日本史(2015)』の律令国家時代から惣村形成の記述がある。

5 清水三男『日本中世の村落』岩波書店、pp.154-155、p.209

6 福田アジオ『日本村落の民族的構造』弘文堂、1983年、p.11

7 網野善彦『日本社会の歴史(下)』岩波書店、1997年、pp.37-40

8 網野善彦『日本中世の非農業民と天皇』岩波書店、1984年

9 石井紫郎「中世天皇制に関する覚書」『日本国制史研究Ⅰ―権力と土地所有』東大出版会、1966年所収。石井紫郎、談話「所有の思想」司馬遼太郎対談集『土地と日本人』中央公論社、1980年所収。

10 奥井智之『近代的世界の誕生―中世から現代へ』弘文堂、1990年、pp.26-28

11 庄司俊作「村落研究とコミュニティ―現在からの問いかけ、近現代村落史研究序論」『同志社大学社会科学』86号 2010-02、pp.150-160

12　水本邦彦『村〜百姓たちの近世―日本近世史②』岩波書店、2015年、pp.35-36
13　水本邦彦『村〜百姓たちの近世―日本近世史②』岩波書店、2015年、p.123
14　鈴木栄太郎『日本農村社会学原理』鈴木栄太郎著作集1、未来社、1968年、pp.99-101
15　同上、 pp.99-101
16　鈴木栄太郎『日本農村社会学原理』鈴木栄太郎著作集1、未来社、1968年、pp.104-106
17　同上
18　鳥越晧之『家と村の社会学』世界思想社、1993年、pp.22-23
19　鳥越晧之『家と村の社会学』世界思想社、1993年、p.75
20　福田アジオ『日本村落の民族的構造』弘文堂、1983年、pp.37-38
21　福田アジオ『日本村落の民族的構造』弘文堂、1983年、pp.10-23
22　福田アジオ『日本村落の民族的構造』弘文堂、1983年、pp.74、p.95-111
23　西尾 勝『自治・分権再考』ぎょうせい、2013年、pp.22
24　西尾 勝『自治・分権再考』ぎょうせい、2013年、pp.23
25　倉沢進『コミュニティ論』2002年、放送大学教育振興会、p.39-41
26　倉沢進『コミュニティ論』2002年、放送大学教育振興会、p.42
27　鳥越晧之『家と村の社会学』世界思想社、1993年、p.104
28　倉沢論について小滝敏之が『市民社会と近隣自治』公人社、pp.286-331で説明。
29　川西市地域分権の推進に関する条例(案)要綱、7条『住宅業者の役割』
30　鳥越晧之『地域自治会の研究』ミネルヴァ書房、1994年、p.25
31　同上
32　1993年10月、第3次行政改革審議会の最終答申があり、大胆な地方分権の推進が明確に提言された。それを受け1994年12月に閣議決定があり、1995年度の行政改革大綱に基づき、村山内閣のもとで法制化が進められた。そして、地方分権一括法の制定となった経緯がある。
33　公益財団法人アジア女性交流・研究フォーラムの神崎智子は、『アジア女性研究』第25号(2016.3)において、この戸畑婦人会活動は多くの人びとの共感や協力を得て、行政と企業を動かし、またほかの活動に連動されていくなど、なぜ、北九州の公害克服の歴史を動かすアクターとなり得たかを報告している。
34　丸山眞男『日本政治思想史研究』東京大学出版会、1952年、p.40
35　奥井智之『近代的世界の誕生』弘文堂、1988年、pp.39-40
36　宮本憲一『日本の地方自治 その歴史と未来』自治体研究社、2005年、pp.157-178
37　村越末男著作集第6巻時評『部落解放運動』明治図書出版、1996年、pp.13-14
38　後藤道夫、シリーズ『日本近現代史4―戦後の改革と現代社会』岩波書店、1994

年、pp.260-265
39　序章注2に同じ。1966年、『思想』6月号。
40　道場親信『社会学評論』57巻（2）257号
41　松下圭一『シビルミニマムの思想』東京大学出版会、1971年、p.168
42　農業就業人口は国勢調査結果によると、1960年30.1％、1970年17.9％、1980年9.8％。
43　庄司俊作『近現代村落史序論』社会科学86号、2010年、p.160
44　冨永健一『近代化の理論』講談社学術文庫、1996年、p.143
45　宮本憲一『地方自治の歴史と展望』自治体研究社、1986年、pp.42-43
46　奥田道大『都市型コミュニティ』勁草書房、1983年、pp.159-160
47　R.M. マッキーバー 1882-1970。アメリカの社会学者。社会と社会関係をコミュニティとアソシエーションの概念で分析し、テンニースのゲマインシャフト、ゲゼルシャフトの概念とともに、それらは社会類型論の基礎概念となっている。代表的著書『コミュニティ』。
48　表1-2は中川郁郎が鳥越晧之論を参考に加筆作成したもの。
49　中川幾郎『地域自治のしくみの実践』学芸出版、2011年、p.46-47
50　1969年、自治省所管の国民生活審議会において中間答申『コミュニティ―生活の場における人間性の回復』があり、コミュニティ不在に関する問題（青少年の非行増化、鍵っ子問題、孤独老人問題など）について指摘を行い、コミュニティ計画の必要性などを報告している。その後、30年余にわたり、下記の地域課題などの指摘や提起を行っている。社会の大きなトレンドや国民意識の変化を広く伝え、進歩的次善策を共に考え、促そうとしている試みなどは大きく評価できるであろう。
　　①古い共同体束縛からの解放、②機能集団の増加、③社会的連帯の喪失、④地域社会における人間性の回復とコミュニティの必要性、⑤コミュニティの役割、⑥地域社会の生活充実、⑦住民欲求統合の場、⑧地域活動と多元的な集団形成
51　倉田和四男『都市コミュニティ論』法律文化社、1985年、pp.274-285
52　中井検裕は『神戸市まちづくり協議会の活動と課題』(2011年) と題し、次のように評価している。「住民代表としてのコミュニティ政府性と行政エージェント的な二つの性格が求められ、また、都市計画の実施には多くの権利関係や、公有と市有の再配分などデリケートでジレンマ含んだ合意形成や協働などが必要であった。行政とかみ合わない展開もあったが、一定の成果を収めている」（神戸市資料）。
53　2017年神戸市資料
54　松下圭一　『市民・自治体・政治』公人の友社、2007年、p.33

55　51に同じ
56　佐々木信夫ら『現代地方自治の課題』学陽書房、2011年、pp.20-21
57　総務省公表資料
58　佐々木信夫ら『現代地方自治の課題』学陽書房、2011年、pp.21-22
59　地方自治の基本―内閣府、地方分権推進本部（中間まとめ）―資料3。このほか政府（内閣府）の地方分権推進本部の近年の保存文書にはこの趣旨の記述は多く存在する。
60　佐々木信夫ら『現代地方自治の課題』学陽書房、2011年、pp.24-25。
61　建林正彦・曽我謙悟・待鳥聡（著）『比較政治制度論』有斐閣、2008年、pp.193-195で指摘。また、佐々木信夫らは『現代地方自治の課題』学陽書房、2011年、pp.30-31で指摘。
62　2018年3月経済産業省は、わが国産業における人材強化にむけた研究報告書＝「人生100年時代における社会人基礎力」と「リカレント教育」を提示している（社会人基礎力とは―3つの能力/12の能力要素などの内容）。
63　中田實『地域分権時代の町内会・自治会』自治体研究社、2007年、p.157
64　E. デュルケム 1858-1917。フランスの社会学者。代表的著作『社会分業論』『社会学的方法の基準』『自殺論』。
65　中田實『地域分権時代の町内会・自治会』自治体研究社、2007年、pp.25-29
66　宇野重規『保守主義とは何か』中央公論社、2016年、pp.51-56（バークの『フランスの革命省察』）。

# 第2章　宝塚市コミュニティ政策の変遷

## 第1節　宝塚の地域史と自治会

### 1　宝塚の地域史

　宝塚市は、大阪・神戸間の北部に位置しており、北は長尾山系が広がり、西は六甲山系、平地の都市部はこの二つの山系に囲まれて、中心部を北西から南東に武庫川が流れている。阪急阪神東宝グループの創始者・小林一三が手がけた宝塚歌劇団の本拠地である宝塚大劇場があり、『歌劇の街』として全国的に有名である。

　かつては、阪急電鉄経営の宝塚ファミリーランドや宝塚映画製作所などを有して、阪急東宝の一文化拠点としてのイメージが強かった。ただこのように知名度の高い宝塚市であるが、明治初期まで政治の中心から離れた寒村であった。以下に、『宝塚市史』および『宝塚市制30年史』などに依拠しながら、宝塚市の歴史的変遷を短くまとめておきたい。

#### 1）江戸時代の旧村が宝塚を構成する

　宝塚の「塚」は、「盛り土の墓（古墳）」を意味する。宝塚は文字通り古墳に由来する地名である。江戸時代には「宝塚」という地名がすでに使われていた。6〜7世紀の古墳群が長尾山や仁川旭丘周辺で発見され、豪族がいたことが判明している。また、700年頃の須恵器の窯が長尾山で発見されている。893年清澄寺（清荒神）が、またそれ以前に中山寺が開創された。これらは京阪神でよく知られている比較的大きな寺である。

図 2-1　宝塚市位置図

　宝塚地域内では山本荘、平井荘、米谷荘、小林荘などが中世荘園地としてあったものの、古代・中世は、近畿圏域でも政治の中心とはいえず、中心から離れた寒村であった。温泉地である有馬への天皇行幸の通り道にすぎなかったのである。
　中世〜近世には、現在の宝塚市域 30 か村が形成され、さらに幕末期には、幕府直轄領として、一橋領、田安領があった。また、近くの篠山、尼崎、小泉、飯野、麻田の諸藩に属する村々に分かれていた。
　1871(明 4) 年に廃藩置県があり、1878(明 12) 年には、現在の宝塚市域と重なる下記 28 か村が行政村として認識されている。
　　鹿塩、蔵人、小林、伊子志、見佐、川面、(以上、兵庫県武庫郡)

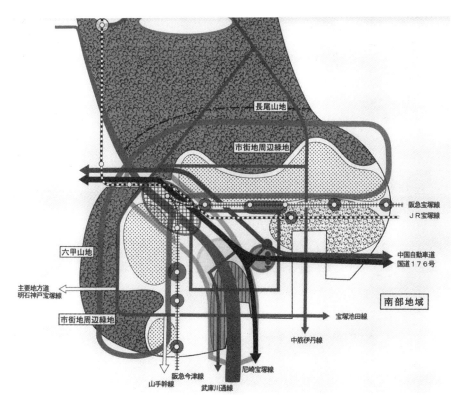

図 2-2　宝塚市都市計画図

　安場、小浜、安倉、米谷、中筋、中山寺、平井、山本、(現在伊丹市の荒牧、荻野、鴻池)切畑、玉瀬、境野、芝辻新田、長谷、大原野、下佐曽利、上佐曽利、波豆、香合新田(以上、兵庫県川辺郡)

以下、箇条書きに経過を記す。

1885(明 18)年　宝塚温泉〜浴場・旅館が開設(伊子志村)。

1888(明 21)年　市制・町村制の制定で、上記 28 村は明治 22 年 4 月、4 か村に合併となり、川辺郡には小浜村、長尾村、西谷村が、武庫郡には良元村ができた。この行政区域が 1954(昭 29)年宝塚市制施行の直前まで続く。28 か村は大字となった。

1889(明 22)年では、4 か村の人口は 14,091 人であった。

この4村を構成する28の明治の旧村（大字）は、それぞれの大字名で地域自治会を称し、数は若干減少しているが、現在も約25が存在する。かつての行政単位であった大字は、ほとんどが江戸時代やそれ以前からの開墾地を継ぐ財産区財産を所有している。それは農業を営むための共有の山野、ため池や墓地などの村の財産である。また付随して農業用水路（水利権）や農道が管理されて、それら旧村が宝塚市の地域的構成要素となっている。

2）4町村合併による市制発足とその後の発展

宝塚の第2次大戦での戦災は軽微であった。そのおかげで、戦後の混乱期を脱した頃、宝塚は関西圏の文化・娯楽の拠点となり、歌劇や大型娯楽施設は大賑わいとなった。大阪や神戸へ阪急電車で30分という利便性により、宝塚は歌劇・温泉の観光地、モダンさを兼備した静かで瀟洒（しょうしゃ）な近郊住宅地として人口増が続いていくことになる。

1951（昭26）年、大字の安倉、米谷、川面の村々を合わせた小浜村は、町制を施行し宝塚町を名のった。

この宝塚町は、1954（昭29）年、川辺郡西谷村と武庫郡の良元村との合併で市制（人口は40,581人）を敷くことになった。翌30年、そこに川辺郡の長尾村が加わる合併で、現在の宝塚市制となったのである。市域を半分に割る武庫

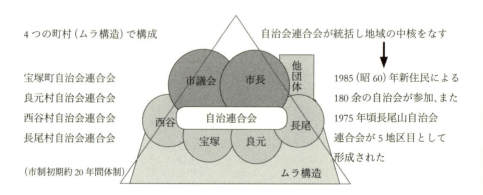

図 2-3　昭和の合併構造と地域自治会の位置

出典：筆者作成

川を挟んで、東西の二つの郡（川辺郡と武庫郡）からの合併であった。4町村の合併による宝塚市制発足式典には、旧町村それぞれの地域自治会長が式典に参列したとの記録がある。

3）市制発足当時の構造と政治課題　（1955～60年代）

この時期の地域の権力構造は上図（**図 2-3**）の通り、基本的には合併前の四つの旧町村勢力の上に成り立っている。そして、それは合併以降の歴代市長の出身地域にも明白に表れている。1954年から1991年までの37年間の歴代市長は次の通りである。

1. 田中九右衛門（1954年5月8日～1956年5月14日）良元村出身
2. 田中詮徳（1956年6月10日～1968年6月9日）西谷村出身
3. 北俊三（1968年6月10日～1970年12月23日）宝塚町出身
4. 友金信雄（1971年2月7日～1991年2月6日）良元村出身　（すべて保守系）

当初の田中九右衛門、田中詮徳、北俊三の3市長は、それぞれが、良元村、西谷村、宝塚町の議員出身者である。市政は、地元生え抜きの議員や旧町村勢力である地域自治会や商工会などの各種団体で構成された。

その後、宝塚市に流入してきた"新住民"からも議員が生まれるようになってきた。生え抜きばかりでなく、市外からの職員採用も徐々に増員しつつあったものの、各種団体である商工会、民生委員協議会、消費者協会、交通安全協会などの行政関係団体は、4町村合併方式であった。そのため、多くは顔見知りの地元の分野別団体でもあった。新憲法に沿う議会制民主主義によるスタートであったが、市政構成の幹部は、各地域内で選ばれた有力者であり、旧4町村の有力者（エリート）[1]による権力構造を呈していたといえよう。

一方、初期の宝塚市政は、合併でできた直後の赤字再建団体としての財政問題や、国とは長尾山自衛隊演習場問題（全国同様、宝塚市でも全市的な市民反対運動の対象）などがあった。また、宝塚市に限らず、日本のほかの地域でもよくみられたことではあったが、市庁舎をはじめ、1,000人収容の市民会館設置や支所などの位置が、川の東側か西側か、などという形で各地元からの施設のとりあいとなった。これらの課題をクリアしつつも、その後60年代

には人口増が進んで住宅開発や道路・水道などのインフラの整備、学校建設、福祉充実などが重要な市政課題となっていく。

4) 1970年代の人口急増と住民参加への市姿勢

1970年代は日本の高度経済成長期であった。その頃、宝塚市の人口は市制発足時の3倍＝12万人を越える(**表 2-1**)。71年から5期20年続く4代目の友金信雄市長(以下、E市長という)も、生え抜きの保守系であった。

この頃からの市政は、もはや人口割合が1/4以下しかない地元の生え抜きばかりに重心をおく時代ではなくなった。新住民である議員や市職員も多くなり、旧来の自治会組織や商工関係者、民生委員、青少年育成委員、消費者協会、交通安全協会などの行政関係団体・組織にも、新住民が多く加わってきた。さらに新住民による文化・スポーツ団体・グループや、学習活動グループが活発化してきていた。

表2-1　宝塚市の人口推移

| 5年毎の刻み | 人口(単位人) | 備考 |
|---|---|---|
| 1945(昭20)年 | (4町村) 43,143 | 市制発足時は40,581人(3町村) |
| 1950(昭25)年 | 48,405 | 1960(昭35)年〜1970(昭45)年の増加率は37.6% |
| 1955(昭30)年 | 55,084 | |
| 1960(昭35)年 | 66,491 | 1965(昭40)〜70年39.0%10年間は最も高い増加率 |
| 1965(昭40)年 | 91,486 | |
| 1970(昭45)年 | 127,179 | |
| 1975(昭50)年 | 162,624 | |
| 1980(昭55)年 | 183,628 | |
| 1985(昭60)年 | 194,273 | |
| 1990(平2)年 | 201,862 | 1989年人口20万人超え |
| 1995(平7)年 | 202,544 | |
| 2000(平12)年 | 213,037 | |
| 2005(平17)年 | 219,862 | 2015(平27年)23万人超え |
| 2010(平22)年 | 225,587 | その後は停滞〜微小減 |

出典：宝塚市情報(備考は筆者の注釈)

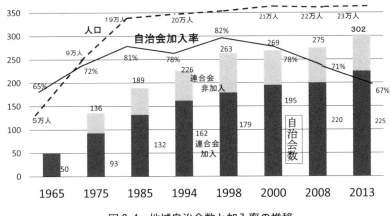

図2-4 地域自治会数と加入率の推移

出典：宝塚市資料を基に図式編集したもの。

　そうなると、市長選挙・議員選挙においても、特定政党は別として、旧四つの町村の主たる自治会連合会や行政関係団体などを基盤としていたものの、多様な新興のグループや団体についても無視できなくなり、それらが徐々に中核の位置を占める構造を呈する場合も生じ始めた。

　しかしながら、それはまだいわゆる「市民参加」の概念とは明らかに違った次元のものであった。E市長市政は、新住民が市の権力構造へ政治的参加をすることについては慎重な姿勢をとった。

　1980年代、庁内職員のコミュニティ研究会において、当時の助役から「コミュニティ政策のように市民参加を認める政策は、さらなる混乱を招くおそれがあって時期尚早であり、とても賛同できない」と、その慎重さを如実に語る直接口頭での示唆があったことを、筆者は印象深く記憶している。つまりそれは、多様な市民に、自治への参加を任すことは、すでに起こっている多くの個別的な市政要望への対応や、新旧住民間の小混乱多発などに拍車がかかるなど、市政に不安定要因を持ち込むことになる、とのトップ判断であった。この助役の認識は、責任ある市政を担当する立場に立てば、当時は常識的判断であったと思われる。

　1969年、国民生活審議会小委員会から「コミュニティ～生活の場における

人間性の回復」[2]に関する見解が発表され、それ以降、広く国民の間でコミュニティについての関心が高まった。しかし、「市民参加」という認識になると、大都市では可能であったかもしれないが、当時の宝塚市にとってそれは夢物語であった。宝塚市では、コミュニティ政策に関心のあった職員20数名が集まり、コミュニティ研究会がなされたが、研究の「まとめ」はお蔵入りとなってしまう経緯があった。

### E市長時のコミュニティ構造の側面

①村落時代からの、生え抜き地元住民中心の
　地域自治会・行政関係団体との関係
　（四つの町村での合併構造＝ムラ構造）　　　旧来の権力構造
②東地区（旧川辺郡）vs　西地区（旧武庫郡）　　　↓
③転入新市民（中間層）が徐々に台頭する⇒芽生える新市民・新興自治会への気遣い

・文化スポーツ関連の市民団体や多様な活動グループ、学習グループの増加
・地域福祉推進のボランティア活動グループの増加

　経済高成長時の1970（昭45）年から20年間は、ニュータウンができるなど、大規模な宅地開発完成が相次ぎ、1995年には人口が20万人を超え、数珠状に10か所ある阪急電車の各駅周辺の商店開発が進んだ。人口急増に伴う開発推進や、生活道路などを含む関連インフラ整備、および市民文化・福祉向上施策、学校づくりなどに躍起となる時期が続いた。比較的高学歴の転入中間層などによる自治会形成、市民音楽が活発になり、80年代は先駆的な音楽専用ホールができるなど、文化・スポーツや学習活動が盛り上がり、また地域福祉活動などへのボランティアが大きく増えた時代であった。

## 2　自治会連合会とコミュニティ権力構造

### 1) 調整機関としての自治会連合会

　1955（昭30）年4万人で市制が発足した当時、1町3村を構成する江戸時

代から続いていた集落（大字＝ムラ：1章2節説明）は、概ね地域自治会として、そのまま旧4町村単位の地区自治会連合会を構成し、全体的に市自治会連合会として市政に組みする構図となった。

### 市制発足時の市自治会連合会は旧4町村構造

①良元地区自治会連合会
②宝塚地区連合会
③長尾地区自治会連合
④西谷地区連合会

→ 1970年頃人口増加に伴う新興山手住宅地が長尾山自治会連合会（⑤番目連合会）を結成。その後1995年、全域を7ブロックに編成替え、以降7地区自治会連合会となっている。

その後の開発と人口増により、1968（昭43）年をすぎる頃には人口も10万人となった。そのうち概ね60％余を占める新住民は、約200〜300世帯を単位として150余りの自治会をつくり、各単位の自治会は四つの地区の自治会連合会に加入となった（地区連合会は概ね各々30〜40程度の単位自治会で構成）。しかし少数であるが、自治会をつくらない地域や、自治会連合会に入らない地域が20か所程度も現れた。また開発が山林部や小高い山間近くにおよんだせいで、平野地帯にあった旧4町村がおよばない丘陵山系の新住宅地（長尾山地域）が飛び地のようにできた。これらは、新たに長尾山地区自治会連合会として、1975（昭50）年頃に組織化された。この時点から市自治会連合会は、次の1996（平8）年改制まで、概ね21年間、5地区体制であった。

ところで行政関係団体などの活動は、旧4町村単位の枠組みで運営されていたが、その枠組みは、人口の大幅増加などで実態に合わなくなってきていた。とりわけ地域福祉活動分野のニーズ増に充分に応えられないとの声が主因であった。地域現場での福祉関係者と地域自治会との連携強化の必要性により、古い4町村体制を拡充し再編成すべきだと、特に民生委員などから強い要請がなされたのである。

そこで1996（平8）年、その要請を受けた市コミュニティ担当は、市庁内調整を図りつつ、自治会連合会や社会福祉協議会および民生委員協議会などとの協議を重ね、これらの連携強化を図るため、市域を7ブロック化し、関係

者に広くその賛意を得ることになった。その賛意のもと、自治会連合会も新設した7地区で再編成となった。これが奏功し、まちづくり協議会政策とともにその福祉活動が活発化することにった(後述)。

1992(平4)年の時点に至ると、連合会加入自治会数は250程度に増加していた。この自治会連合会は、日常的には共同体社会としての調整機関的な性格にあるため、さほど主体性発揮は目立たなかったが、(市長や)市行政との相互補完的構造によって、陰に日向に隠然としたサブ権力構造を形成し、市政策推進やローカル課題解決への支えになる状況が続いてきていた。なお、自治会連合会の公式外での活動として、市長選挙や地方選挙戦などに関わっていることは充分考えられた。

2) 二元代表制を補完するサブ権力構造

自治体の首長と議会議員は地方自治法にいう「二元代表制」にある。一般論としてサブ権力構造とは、(全国的に多くみられ、首長側に濃く補完がおよぶ)その二元代表制の地域自治を補完する構造をいう。第1章第2節で説明した地域自治会が、行政末端機能や圧力団体機能などを有し、主として回覧版広報の機能に顕著に表れるが、市から各種の地域役割の委託契約などにより、一定の権限や機能を付与されている状態を指す(法や条例によるものではなく、地方議会承認の形態)。

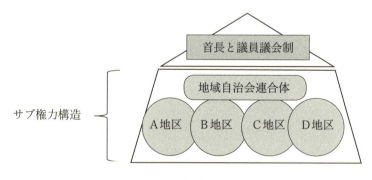

図2-5 サブ権力構造

もちろん、地域自治会以外に商工関係者など経済関係者や、農業協同組合、労働組合などもこのサブ権力構造を呈する場合もあると考えられる。

3) 財産区と住民組織

　旧来からのムラ(集落、大字)は、それぞれ地域自治会を称し、数は若干減少しているが現在も約 25 存在する。かつてのほとんどが江戸時代やそれ以前からの開墾地を継ぐ財産区財産[3]を所有し、農業を営むための共有の山野、ため池や墓地、また付随して農業用水路(水利権)や農道が管理されて、ムラから興った宝塚市の原点となっている。

　そしてそれら旧来地域の住民は、これらの財産を管理する組織である財産区をつくっている。各家を基盤とした農業活動は家ごとに自律的であり、また用水路管理や共有山林の管理は原則として、ムラごとに自律的であった。原則として財産区と地域空間として重なっている地域自治会は、自らのリーダーを選んで、農業活動や財産区財産を背景に隠然とした力を構成するような様相がある。また、各地域では歴史的に氏神を祀り、その地域祀りごとの「だんじり」は、文化的意味において宝塚歌劇とは違った次元で貴重である。ローカルな歴史的伝統性の意味ある市の看板的要素として、市政の中核を呈するのである。

　宝塚市の財産区財産は、現在、公式的には 11 か所であるが、戦後に関係法ができた際、比較的大きな大字 2 か所(旧良元村の小林・伊子志)は、早くから別途に株式会社化している。都市圏では大きく膨らむその財産価値は大きいが、法制上、自由に処分できるわけではない。財産の果実などは、当該財産区域の管理活動の名目で公益活動に使われる。例えば「だんじり(山車)保存」活動など、集落全体の活動費にも当てられ、当然その結束した組織は集落の大きな力量になっている。他方、大きな入会地、山林や池・水路の保全が必要であり、草刈りなどの手入れや補修費などには、自前の大きな労力を要する。かなりの規模の財産管理運営となるが、ここに強い自立性を見出すことができる。この活動の組織はムラを守るために堅固であり、歴史的に連綿と強固なものに育まれているのである。そして財産管理には、その性質上、

ピラミッド型の大きなリーダーシップが必要であり、その地域では、ピラミッド型運営が活き、このような人材(この意味ではエリートといえる側面がある)が育てられているといえよう。

ただ財産区財産の恩恵を享受できる旧村落の住民は限定される。集落の大小もあるが、その人口を多めに推計すると、市の西側区域で約3千世帯程度(約1.1万人程)、東側で4千世帯(1.4万人程)とすれば、合計人口が2万5千人程度になる。宝塚市の総人口20万人とすれば12.5％。将来人口25万人とすれば、10％である。いま述べたように地域に貢献する長所があるものの、実態としては権利ある人達の閉鎖的な社会という見方もできる。

## 3 自治会連合会のピラミッド構造

### 1) 自治会長の決まり方と自治会連合会

自治会連合会を構成する250を超えるそれぞれの単位自治会(1990年頃)では、基本的に推薦があっても役員(会長)を引き受ける人は極端に少ない。その実態は、次のA～Dのタイプにあると思われる(以下の単位自治会の連合会構成記述内容は、筆者の長年の会合立ち合いや懇親などで、聴聞した分け方と数値である。第3章に掲げる「住民自治組織に関する調査専門委員」に市から提出された内容と概ね一致する)。

- A 役員(会長など)のなり手がなく、概ね65～70％の各単位自治会では、近隣での順番やくじ引きによる当番制で役員が決まる。つまり、居を構えた近隣づきあいなど、義理か義務感により、逃げるわけにいかず、1～2年ごと交代の条件により、やむを得ず引き受けるタイプである。
- B 地域自治会活動をある程度理解し、積極的ではないが、近隣の強い推薦に押し切られ1～2年は、やむなしとして引き受ける(概ね15～20％)タイプ。
- C 地域自治会活動を積極的に引き受け、会長や役員は長くなっても、やりがいによって続ける(5～10％)タイプ。
- D 旧村落地域では、自治会長など役員は当然必要と認識し、比較的円滑に、任務として受諾する(5～10％)タイプ。

これらA、B、C、Dタイプの各単位自治会長が混在し、その自治会長の集合体が自治会連合会を構成している。また一面では、地域の苦情や運営の悩みの解決を、市につなぐ役割をもって臨む実態もある。しかし、概して住民は自治会連合会に大きな期待を寄せるわけでなく、慣習的な引き受けが主流という面があり、意義を認めるCとDタイプが連合会のリーダーとなり、運営をすることになる。概ね65〜70％のAタイプが多数であり、かれらは能動的とはいえない状況がある。CまたはDタイプのリーダーや市の指導的サポートを仰いで、受動的に動く弱さや欠陥が潜む実態がある。

そのCまたはDタイプの自治会長の中に、多くはないが、尊敬を集め地域に貢献する立派な人材が、時々選出される実態もある。したがって、よいリーダーによって、地域の自治活動自体の発展的継続が図られ、長所が生かされる有効なしくみとなる場合がある。ただ、常に尊敬されるリーダーが選出されるとは限らない。その反対の場合は、独善的になって運営弊害や市政に悪影響が生じ、「地域のボス」などとの陰口をたたかれて複雑なリスクとなる。

さて自治会連合会のピラミッド構造は、単位自治会長の各地区での集合体＝地区自治会連合会によって形成される（西谷地区以外は都市圏にあり各30〜

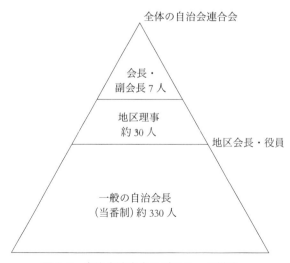

図2-6　自治会連合会のピラミッド構造

40人構成、山村の西谷地区はその半数での構成。)

　地区自治活動連合会は活動組織というよりは、市全体の自治会連合会の役員や理事＝数人(西谷地区は約3人)の選出と懇親の場という色彩が濃い。またその中の代表1人は地区会長であり、市全体連合会の副会長を兼ねる(本書での自治会連合会は市全体の連合会を指している)。

　市全体の自治会連合会において、年1回開催される総会は、各自治会長全員が出席を呼びかけられ開催される。平素の運営は30～35人で構成される年4～5回の理事会によってなされる。その理事は前述の各地区の3～5人程度の代表によるものである。

　市連合会の役員は総会で決まる。会長など役員の任期は2年(再選可)により4年程度(特別の場合8年)続ける実態がある。会長の選び方は総会前の理事会で議題となり、理事会での事前案(各地区代表による互選も多い)が総会で決定される方式である。副会長には各地区自治会連合会代表が着任する。

　全市の自治会連合会は、市のサブ権力構造の形成に重要な役割を担い続けていた。そのため理事会などは、比較的自治意識の高い単位会長の会議となる傾向がある。その運営は通常は民主的である。単位会長は近隣の当番制などで決まるから、自治意識は低いが、全体会となると意識の高い意見も出て、その影響を受けて、市としても自治会連合会は頼りになる実態がある(前述の通り、そうでない逆の場合もある)。

　日常は、全体代表の連合会会長や役員・理事などでの連絡調整を行うが、実務的には、市との相互依存関係にある。全自治会長研修会など年間事業計画を進捗管理し、総会時などの事業報告と次年度計画、それに伴う会計資料づくりなどの事務局機能は、長年、市に任されていたのである(後にこの事務担当のあり方は自立的な方向で議論になる)。その担当の責任ある立場にいた筆者は、10年を越えてこの会合実態に立ち合い、実情を詳細把握していた。

2) 自治会連合会の機能

　自治会連合会の仕事としては、①親睦と情報交換、連絡調整、②市と共催での自治会長研修の実施、③市からの多様な地域住民への伝達業務などや、

行政関係の委員などの推薦、選挙時の立会人の要請などである。これら市からの業務として、事前協議し、委託契約で受けてきていた（なお、自治会連合会は市の環境衛生協議会を併設し、それと表裏一体組織である。兵庫県内では県域全体の環境衛生組織を構成している）。

　自治会連合会の会長・役員などが、強い使命感や責任感をもって、指導力を発揮すれば、それはサブ権力として、市政や地域自治の大きなサポートとなる場合がある。住民意識も、この構造については自然な地域のあり様として、90年代頃まで長く支持される実態にあったのではないだろうか。

　しかし、1969年の国民生活審議会指摘（後述）[4]などで示す通り、その古い上下関係的な"しばり（義務的慣習）"が徐々に住民間で否定的に認識される状況となってきたのではないだろうか。それは、個人の自律性の尊重や人間性回復の議論との相関関係が推察される。（宝塚市でも自治会結成率低下傾向があった）。

　前述の通り、単位自治会長の決まり方や、その連合会役員の決まり方の実態を明らかにしたが、例えば、仮に自治会連合会に独善的な姿勢の強いリーダーが現れた場合など、相互依存にある市政や住民自治組織間に悪い影響を与えるというリスク問題が改めて課題となる。ここに市が自治会連合会と契約する委託事業には、本質的な危うさがあるのではないだろうか（この現代的危うさは第3節で改めて述べる）。

　さらに大きな特徴として、第3者などへの透明性はごく小さく、前述のように少数エリート構造を含んでいる。1993年からの平等参加と透明性に基づく後述のまちづくり協議会政策、およびブロック別連絡会議による「ローカルガバナンス構図」や、その新しい権力構造とは対照的にみえるかもしれない。

## 第2節　宝塚市まちづくり協議会政策の進展（1993～2007年）

### 1　コミュニティ政策掲げる市長の登場

　1954年から1970年までの市長3人（田中久衛門、田中詮徳、北俊三の各氏）の

市政は、旧4町村の体制を基盤としたものであった。ハンターやダールなどの権力構造論を参照し、それらの民主主義論と比較すれば、もちろん、日本の伝統性と素朴さや泥臭さはあるものの、欧米の古い未発達時期における地域構造が少数エリート体制だった部分など、遡れば類似するのかもしれない。

1971年から、次の友金市長（E氏）の安定した20年間の市政においては、急増する中間層の新市民を受け容れる都市整備を導き、確かに外観は近代都市の発展を呈した。

80年代以降の宝塚では「音楽のまちづくり」などの文化活動が際立った。加えて、スポーツ活動や、公民館・地域会館での数多くの学習活動の展開が広がり、その後、ボランティアや市民活動におよんでいった。それは高度経済成長と住民層の高学歴化の背景が如実に集約化された一例とも分析された[5]。

また、「新宝塚音頭」での盆踊りが多くの自治会によって地域に広がり、新しいコミュニティ結束がみられたが、マンション建設反対運動などに象徴される住環境の劣悪化に対する地域自治会の抗議活動も散見された。また村落が都市化されると、旧来の集落の田畑が新市民の犬の散歩や子どもの遊びなどで荒らされるなどの抗議もみられていた。

しかし一方、内在的な意味での「市民参加」はほど遠い夢物語であった。制度として二元制民主主義を標榜したとしても、これら市政運営の内実には閉鎖性があり、以前と同じ村落自治時代（行政村：p.144注で説明）を反映する泥臭い少数エリート統治といえるものであったのである。とはいえ、それはわが国では多くあった一般的な保守政治であったのではないだろうか。

1992年に登場した正司市長（A氏）の市政は、市民参加を積極的かつ開放的に推進するなど、一面、地域民主主義の発展に寄与することになる。2003年に登場した次の渡部（B市長）市政も、A市長と同じ保守系であった。B市長はこのコミュニティ政策には積極的ではなかったが、これを継承し、結局、この15年間は市民参加を推進する市政となり、開放性や民主性はその歩を進めるのである。そして、それらの背景や政治スタンスの構築、政策などについては、以下のような展開と推移がみられる。

1) 新住民比率増、多様な構造に

　宝塚市の地域では、都市化・住宅地拡大により新住民流入が増大が続いた。人口比では旧町村民1に対し新住民は7以上になる。ただし、中間層の新住民の高学歴が多くみられるものの、地域選挙の投票率(60頁)にもみられる通り、住民の中に空洞のアパシーが存在することは明らかであった。

　1991年2月から保守系のA氏が、前E市長との激戦の選挙に勝ち、生え抜きでなく新住民の市長として登場する。70%を超えた新住民たちは、新しい都市感覚のリーダーを求めていたと解釈できる。この市長選の結果の意味は大きい。

　A市長は60年代から芽生えた、多様な住民団体をいっそう後押しし、それまでとは全く違った新しい住民参加による、多元的な権力構造の構築を目指していた。文化・スポーツ活動および学習活動グループやボランティア団体を含めた多様な住民に加え、特に新しい女性グループを含め、住民参加でのコミュニティ形成を目指す呼びかけを行い、ここから、市政が構造変革を始めたのであった。それは同時に、地域自治構造もこの時期から大きく転換し始める政策になるということである。

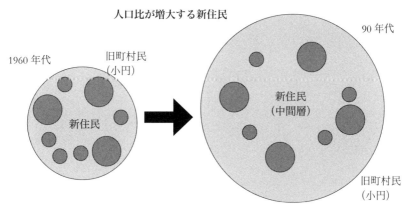

図 2-7 「人口構造比 60 年と 90 年 (推定)」

2) 新住民の自治会連合会長誕生と新権力構造

　市政の協力要請に応えるためにも、市自治会連合会は、陰に日向に隠然とした権力を維持し、その中でも旧村地区からの自治会長は、比較的力量を発揮している実態は再三述べてきた。しかし、新住民層の急増によって、旧村落と新住民層の人口構成比 (**図 2-7**) や自治会連合会の構成なども、数としては明らかに新市民層が圧倒的に多くなり、その構造に変化がみられた。このような背景の中、新住民層に強いリーダーが現れ、この中の 1 人 G 氏が地域でのキーパーソンとして市自治会連合会長になった。そこに、さらに新住民層の A 氏が市長として登場することになるのである[6]。

　保守市政では、選挙に勝てば、勝った市長に自治会連合会も政治的に靡(なび)く実態が伺えるが、かつての全国の革新市長の登場の場合は、古い地元の組織である市自治会連合会を住民自治の窓口とせず、結果としてその連合会組織が崩壊となっている (例：武蔵野市、豊中市、川西市)。

## A 市長が描いたコミュニティの政治構造

① 多様な住民団体・文化やスポーツ関連の市民団体　　　　　　　　　　┐
　　・福祉関係団体・商工会議所・交通安全協会　　など　　　　├ 従前のもの
② 伝統的な地域尊重と新興地域自治会 (地域自治の関係重視)　　┘
③ ボランティア活動、学習活動の活性化と隆盛
④「モダン文化馨る美しい都市」めざす「まちづくり活動」　　　　　　　┐
　　「宝塚市を一流のまちに」(1991-2003)
⑤ 市民参加で築こうとした新しいコミュニティ構造
　　「まちづくり協議会」政策の展開　　　　　　　　　　　　　├ 新政策
　　・主に新興地域、新興中間層の取り込み多元的構造へ
　　　閉塞性や物足らなさ～直接参加できる枠組へ
　　　市政参加への人材発掘 (100 人委員会)
　　　女性が輝く政策 (女性ボード)　　　　　　　　　　　　┘

## 3)「新しい地方の時代」に共感理念

90年代、20万人になるという急激な人口増と都市化があり、新しい都市生活と活動に見合う行政整備が進むと、村落時代に育った青年団・消防団・婦人会は山村部（西谷地区）を残し、解散となる現象が起きた。また縦割り行政や人口急増の影響があって、自治会活動や福祉活動、青少年育成活動などの地域リーダーの各々の名前や顔が、リーダー相互に認識できないなど、一部に混乱も生じていた。「隣は何をする人ぞ」ということばが当時流行し、密接な人間関係がなくなる兆候が、宝塚市にも生じていた。図2-4で示す象徴的な自治会結成率低下は、市の地域政策担当職員には強い危機意識となっていたのである。

つまり、ライフスタイルの変化で、文化・学習などやボランティアグループは飛躍的に増えた。しかし一方では、地域自治会の組織率低下や活動の停滞、きずなの希薄化がもたらす地域の閉塞感、また縦割り行政の弊害についての市民の潜在的な不満、これらが要因となって、市がコミュニティ政策に着手する契機になったのである。

このような状況下で誕生したA新市長は、転入した中間層とともに歩む政策発想を打ち出した。お仕着せの行政のまちづくりでなく、住民の主体的参加によるものにしようという理念を強調したのである。それらは明らかに「新しい地方の時代」の文脈から生じた政策の流れであった。折しも、1992年当時、日本新党の党首の細川護熙の出現の時代であった。地方からの行動や手法で政治・行政の改革を進めようという発信である。

また国政の手法で同じ次元の議論「制度改革論」があり、細川氏はそれを「鄙の論理」[7]として著わしていた。地方の主体的改革力で国政を変えるとの主張でもあった。地域にとっては住民の根源的自発性や自律性を引き出し、平等参加による自治活力を生み出す、という進歩的な理念でもある。そして、登場したA市長（1991〜2003年）が、日本に芽生えた自由主義的な空気の中で、その自由主義的な声を上げたことから政策展開が始まった。

4）学習からの市民活動進展

　再三述べてきたが、宝塚市では70年代末からの学習活動興隆から、80年代には個別的な市民活動が始まり、これらの活動は、地域での文化活動や地域福祉活動を含めた多様なボランティア活動に進展する兆しであった。これらの自律性を重んじながら、これから述べるまちづくり協議会政策により、それらが地域で多元的に連携できるよう、その拡充支援がポイントであると考えられたのである。

　さて、A市長の"市民主役策"は、市民自ら学習したことを、市民自身が地域提案できる方策へと導く手法であった。その学習テーマも市民が選ぶのである。例えば、「地域での健康づくり」「防災防犯」「子育て支援」「環境課題」など10テーマを提起し、テーマごとに100名ずつ（うち既存組織から50名）を募集する方策であった。この目的は、学習と活動促進はもちろんであるが、自律的学習者やボランティア人材を大幅に増やして、地域参加を加速的に促すものであった（この施策を「テーマ別100人委員会」と称し、1年目に学習、2年目に提案発表とした。また女性に特化した「女性ボード」は毎年50人募集で2年周期で10年間開設した）。

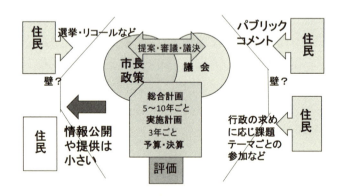

図2-8　自治体行政と住民参加民主主義への課題（再掲）

今までの地方制度やコミュニティでの自治会・その連合会では閉塞性があると感じ、その閉塞性を打ち破りたいとA氏や筆者は思っていた。**図2-8**は直接参加主義を加え活性化させる前の、（その当時の）自治行政システム（間接民主主義）の図式である。

なお、この構図にある、パブリックコメントは2000年以降のしくみであるが、このパブリックコメント制が加わったとしても閉塞性が残ると考えられる。それは、市民の直接参加の間口が小さいため、ダイナミックではないという考え方である。

## 2　段階的水平性を目指すまちづくり協議会

### 1）まちづくり協議会成立の課程

#### ⑴小学校区エリア方式

1980（昭55）年、次代に備え、庁内の職員でコミュニティ研究会開催があったが、（中学校区エリア方式での）その報告書を作成していた。この研究会報告は、当時、内々の助役談話があって、E市長時代は決済されず、陽の目をみなかったのである。この80年代に蓄積された政策案などを加え、A市長方針により小学校区エリア枠組みに切り替え、実施することになった（筆者はA市長と政策理念を共有し、政策の直接担当となり、理念の具体実行の指示を受けた）。この二つ学区方式の大きな違いは、概ね下記にある。

　　中学校区エリア方式：市職員が地域の事務局となり、地域を管理的に支援する方式。

　　小学校区エリア方式：地域住民自身が事務局を担い、住民主体で地域運営する方式。

　　　（顔と名前が覚えられる「面識社会」としてのエリア規模が小学校区であり、中学校区規模では、細やかなコミュニケーションには適さないという考え方である。）

ところで当時は、まだ公に地域が関与する組織の事務局を、新しく住民自身が担うという例は、全国でも珍しく未経験であった。それで、この住民主権の具体化が住民に理解されるには、この市の地域協議は大変ハードであり時間を要した。幸いなことに、概してこの協議には、次第に市民として魅力

のあることに気づくことになっていった。もちろん、市民自身が事務局を担う方式は、市民主権での参加が原則であり、参加民主主義の考え方によるものである。現実的には地域の単位自治会を中核に、小学校区エリアでのボランタリーアソシエーションなど多様な市民が参加できるシステムでもある。小学校区ごとの地区協議により、この方式を住民が了解することで、市民自治の「まちづくり協議会」組織設立の準備が進展することになった（下記は宝塚市が最初に示した参加の枠組み図である（図2-9））。

　これら政策展開には、例えば住民自らが、上下関係や年齢・性別などに、分け隔てなく、誰もが参加できる地域自治づくりの全体イメージ図を示すことが重要であった。さらに潜在する自律的行動力に自ら覚醒（気づき）がもたらされるよう、市から分かりやすい魅力的な政策提案を行うことが大切だという認識であった。またその提案には、自治会が中核であり、その連合会も

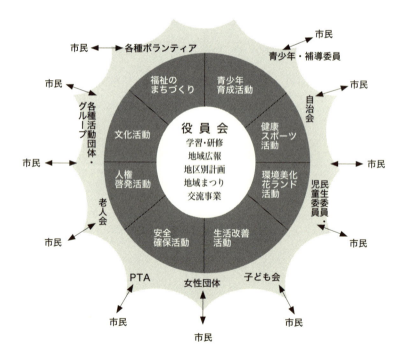

図2-9　1993年に示した地域のまちづくり協議会のイメージ（自治会が中核）

重要であると説明しながら、市報やパンフなどを駆使し、また多様で直接的な会合により、恒常的に住民の参加を呼びかけるなど、市の行動が何よりも重要であった。そして、それらの効果が出るのを見計らい、住民の地域討議(ラウンドテーブル)への案内支援を、順次行うことを開始したのである。

### (2)段階的目標

「新しいまちづくり」とはいっても、まちづくり協議会政策は、自治会連合会に支えられた構造の政策展開が現実であった。市の担当は、もちろん自治会連合会のトップ役員にその理念と政策を説明し、理解を得ることに努めることにもなった(この当時は自治会連合会自体が、当該政策に積極的姿勢であった)。

輪番制の地域自治会役員や、地域自治会を土台とするその連合会、そして民生委員協議会・青少年育成組織など従前の地域関係団体だけでなく、新しいボランティアなどさらに多くの人材を、小学校区単位に掘り起こすことも大切であり、上述の100人委員会との連携もみられた。そしてこれら「大勢の市民参加と共にある地域自治のしくみ」の呼びかけには、A市長が自ら先頭に立った。そして総力を尽くして、多くの住民層の意識喚起に向かって、一歩ずつ段階的に進め始めたのである。それは、地域ごとに順次、的を絞って集中的に協議会の立ち上げ呼びかけを粘り強く進める行動でもあった。

段階的というのは、協議会が立ち上がった直後の初動期において、市民活動は祭りなどのイベントで結束や連携を主眼に始まる。次段階では、子育てや高齢者対応などの地域福祉や生活環境、まちの花壇づくりなど、多くの地域テーマ(課題)に取り組むことに徐々に進む。そして、成熟段階に合わせ、市の総合計画・まち計画・福祉計画づくり参加が目標となるのである。それは全市民に対象を広げ、種々のプログラムに自律的参加が進む方策である。これらは、**表2-2**に示す内在的理念的な目標を含め、段階的推進をイメージしていた。

表 2-2　まちづくり協議会政策の段階的推進のイメージ

|  | 主要政策目標 | 平等参加など内在的目標 |
|---|---|---|
|  | まちづくり協議会の形成と充実<br>まちづくり計画 | ①平等参加（水平性）<br>②多様性（認め合う）<br>③自律性・自発性などの喚起 |
| 第 Ⅰ 段階<br>(提案・参加の<br>呼びかけ初期 5 年)<br>1993〜1999 | 20 地域全域で自治的コミュニティ組織の立ち上げ〜完成<br>地域イベントが主流 | 概念の図 2-9＝同心円図を示す。政策実行状況を慎重に見定める。各地域の独自新聞やパンフにより、市民のことばで自発的 PR を促す |
| 第 Ⅱ 段階<br>地域活動進展と<br>その活性期 5 年<br>1997〜2004 | 地域福祉活動などテーマが加わり市民活動の隆盛。地域別連絡会議の開始。まちづくり基本条例設置。内外から評価。 | 多様な活動を通じ、平等参加（水平性）や多様性（認め合うこと）が徐々に実行される。 |
| 第 Ⅲ 段階<br>地域活動実践と計画<br>参加の初期的集大成<br>2002〜2007 | （総合計画づくり参画）　2,000 人規模で地域別まちづくり計画への参加促進と創作・策定実現。 | （初期の段階として）平等参加（水平性）や多様性を認め合う。また自律性・自発性などがノーマルな概念に定着し始める。 |

出典：筆者作成

(3)自治会連合会が後押し

　小学校区単位に新しい地域参加型「まちづくり協議会」の形成促進のために、前述のように、当時の自治会連合会（約 30 余人の理事構成だがその代表である特に G 氏など 7 人のトップ役員）とは、政策理念などについて一致し、理解されるよい関係にあった。これには、当初から A 市長の権力基盤によることが大きかった。

　自治会連合会長になっていた新住民の G 氏は、A 氏を新市長候補として推していた。A 氏が当選すると、政治的には A 市長に近い存在の自治会連合会長 G 氏は、政策推進に力を奮うことになるサブ構造の権力座にあった。当初、筆者は選挙に勝った A 市長の勢いを感じ、この政治的にパワフルな風が吹けば、政策推進は円滑になる構図であると感じていた。

　その後、出身地域が新旧に関係なく、概ね 4 年ごとに次々と自治会連合会

長は代わっていくことになるが、まちづくり協議会政策に彼らは賛同し、政策は継続されていく。結局、A市長とともに12年余、この基本体制が継続されたのである。G氏から数えて連合会長の4人目は前任と同じ旧村生え抜きの人物であり、その人物が会長になったとき（A市長登場から概ね13年後）から、当政策とは齟齬が起こり、混乱の予兆が始まるのである（真逆の事態になることは、この時点では全く想定できなかった）。

## 2）自発性を喚起する平等参加
### ⑴古い共同体束縛からの解放

さて、1969年の『国民生活審議会』コミュニティ問題小委員会においての中間報告は、「コミュニティ～生活の場における人間性の回復」と題されたものであった。

コミュニティの定義については、「市民としての自主性と責任を自覚した個人および家庭を構成主体として、地域性と各種の共通目標をもった、開放的でしかも構成員相互に信頼感のある集団」と規定している。

重要なのは、この報告の中での「旧い共同体束縛からの解放」についての認識である。この認識を含めた報告の始めの要旨としては次のようになる。

「日本経済の急速な成長は、産業構造変化および地域構造変化を通じて生活の場に対しても重大な影響を与えたが、その端的な現われとして滔々とした都市化が進んだ。新しい生活においては、まず過去の桎梏から脱却することが必要となった。かつての農村社会に普遍的に存在していた生産および生活の構造を軸とする村落共同体や都市の内部に存続して来た伝統的隣保組織は、新しい生活の場に対して適合性を欠くことが漸次明らかになってきた。これらの地域共同体においては古い家族制度を基盤とした閉鎖的な全人格的運命共同体的性格を特色としており、個人は共同体の中に埋没し、その住民の自立性は表面化しなかった。したがってその拘束性、わずらわしさからの解放に大きな価値が見出されることとなった。」と記している。

この「旧い共同体束縛からの解放」の認識について、多くの研究者や関係者および市民は、その指摘を概ね肯定していると思われ、現実にはその趣旨

の通りの解放が永い時間をかけて進んでいるのではないだろうか。しかし、筆者はこの肯定的現実を認めつつ、これが全てではないとも考えている。

すなわち、例えば中世構造について、網野善彦や清水三男の説明に記した伝統的文化性の価値や、財産区財産の現実的保持など、連綿と引き継がれている硬質的部分がある。その伝統的文化を含めた硬質的な考え方（イデオロギー）は、一定の大切な日本の固有性であって、その部分は相対的に小さくなっても、現存保持が実態的に必要とされているのではないかと思えるのである。硬質的イデオロギーの説明を含め、この部分は第3章で詳細に論考を記すが、地域政策においては、この硬質的なイデオロギー部分にも向き合う現実と必要性があると考えている。

(2)平等参加をめざして

このまちづくり協議会政策は「自発的自治活動が民主的に展開されること」が集約的な概念でもあった。特に新住民層の間には、自分の関心事に沿った活動をするなど、躍動的な動きをする人たちが多くみられた。それはボランティア活動に適合的であった。

住民活動に関する地域の小アンケートでは「身近な地域はよくあって欲しいから参加行動する」、「学習したことを実現したい」という結果もでていた。

しかしながら反面では、新住民の間では、住民の消極性（アパシー）や受動性も多くみられた。多様な活動や地域自治については、「当番でないから、出しゃばれない」、「地域の役員さんの担当です」、「地域自治は行政の領域である」ということばが聞かれ、それも地域規範や住民意識の小さくない部分であると感じた[8]。

ところで、人には自分の能力を引き出し創造的活動する高度な自己実現欲求があるとするマズローの欲求5段階説[9]はよく知られている。しかし、高度なものでなくても、一般的に、目的をもつ人の自発的な行為にはプラスの力が出続ける。特に子どもの教育の場合、小さな達成感などが喜びや充実感となって、子ども自身が成長するものであるとする原理は、多くの人びとに理解されているのではないだろうか。

この素朴で分かり易い原理は、多様で複雑な要因を含む地域社会では、なかなか一筋縄にはいかない実態がある。しかし、少しでも直接的または間接的に、前向きな環境や条件設定（具体的なよい政策など）があれば、住民も素直に自発的なエネルギーや力をだしやすくなるのではないだろうか。それが人間性の回復（解放）の一つの論理であるかもしれない。

　地域政策を設定するについては、わが国には幸いにして誇れる憲法がある。今後も多様な政策議論はあるにせよ、国民主権・基本的人権・平和主義の基本三原則は、70年余を経、現政府主張の類推でも固く守られることは、ほとんどの日本人は確信していると思われる。その憲法に立ち返り、憲法が保証する原理・原則に素直に従えば、平等参加などの概念は、むしろ声高な積極的姿勢で進めねばならないであろう。地域は本来的に平等社会であり、憲法原理がそれを保障している。さらに、「当番でないから、出しゃばれない」、「地域の役員さんの担当です」、「地域自治は行政の領域である。」ということばに示されている消極性にも、励まし対応しうる作用が働くのではないだろうか。

　さらに、「どんな社会にも上下階層はある。だから地域もそうであっても悪くない（地域自治会を束ねる自治会連合会が最上位位置にある）。」ということばは、ムラ社会のリーダーO氏から、直接、筆者が近年聴いたことばである。まだ古い地域共同体（ムラ）の上下階層感覚は、伝統的な自治経緯などにより、公然としたものであるととらえられている。（政治的な意味で）階層的概念は、もはや前近代的な側面である。平等でなければ、明示的にも黙示的にも反発を招き、多くの住民参加は成し得ないのは当然であろう。元来、人としての平等性の原理・原則に近づくよう、私たちは歴史的に一歩ずつ努力し、歩んできたが、さらに段階的に歩を進める文脈で、大切な地域住民の水平的参加構造を獲得できるのではないだろうか。

　現実的には地域自治組織内の協議などで、役割分担などを決めながら協調していくことが重要であろう。そして、この部分は外見的にピラミッド構造にみえるかもしれない。しかし、この役割分担をピラミッド構造と混同・錯覚、または逆転発想などと間違ってはならないであろう。

人間の行動関係における組織や社会について、一つは、利益を追求するビジネス社会（会社など）や、種々の学校や役所などのように、特定目的を目指す実社会（アソシエーションまたはゲゼルシャフト）がある。賃金や給与を支払われる場合が多くあり、また賃金や給与がない場合でも、特定目的や実務遂行のために上下関係を必要としている。構成員の納得（契約）を得て、上下関係あるピラミッド組織を構成する場合も多くある。

これに対し、もう一つは、家族や友人関係、そして地域という社会（ゲマインシャフト[10]）がある。これらの社会は本来的には親密性や愛で結びつく社会であり、平等な社会でもある。さらにゲゼルシャフトと、明白に異なる点は、ゲゼルシャフト社会は競争社会であり、平等なゲマインシャフトの社会には基本的に競争がないということである。競争のない社会には本来的に上下関係はなく平等である、という論理であろう。

3）地域自治会が中核、ボランティアなど参加枠組
　(1)伝統と近代、協調でのガバナンス

1993年からの宝塚市のコミュニティ政策は、地域自治会を中核としている。加えて多団体やボランティアなどとの協働方式である。旧来の地域自治会や上下階層的な意識の共同体と、都市化や市民活動の中で台頭した新しい中間層との意識の差異はあるものの、これらの協調関係（枠組み）ができると、

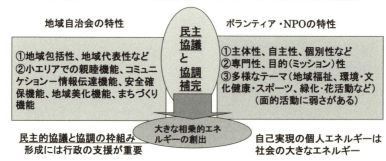

図2-10　二項の協調・融合の法式（仮説）（再掲）

自治会のもつプラス面とボランティアのもつプラス面の相乗効果により、大きなエネルギーや自治力を発揮する仮説的法式がある(図2-10)。この法式は、地域実態と経験に基づく現実性があると思う。

　宝塚市では、1980年代においては非行化防止など、青少年育成のための多様な住民構成の組織活動が中学校区エリアで実行され、一定の成果を得た経験をもつ。また社会福祉協議会でも同様の実績があった。この法式のメカニズムのポイントは、地域の多くの団体などと自治会との協調によるものであり、そのコミュニティワークやコーディネートには市職員などが支援する構図である。

　1960年代後半あたりから、地域自治会の組織率はずっと減少傾向にあったが、1990年代の宝塚市では、市の支援により、なお65%程度の世帯加入があった。ただ前述のように「自治会連合会の現代的危うさ」を孕んでもいた(図2-4参照)。

　前述のコミュニティ問題小委員会の論文─「生活の場における人間性の回復」の文脈のように、村落共同体や都市の内部に存続してきた伝統的隣保組織での生活から脱する人は増えている。差別のない水平的な考え方の理解を広め、その水平性が前提での地域活性化を図る方策と、地域単位の自治会や自治会連合会自体の活性化とは、本質的に同じ根の課題であろう。この伝統と近代の二項の課題を融和・協調という解決・止揚のために、近接者同士が協議しながら取り組むことが、さらに重要となっているのではないだろうか。自治会や自治会連合会とよい関係を保ちつつ、多様なボランティアなどと水平的に相互協力し合い、地域課題に取り組む「ローカルガバナンス(新しい二元制補完のサブシステム)」という考え方はこのこしを示すものである。

　地域自治会とボランティアが連携するあり方は、まさに、まちづくり協議会政策の考え方である。それが3万人ブロックエリアに広がると、さらに多様な連携ができる「共に取り組むローカルガバナンス」のしくみになる。これらは全て水平的な連携といえよう。こうして地域には役割分担や相互補完こそあれ、上下関係はないという概念を推し進めることが、とても大切になってきていると筆者は思っている。

(2) 地域課題解決へのエネルギー結集

　地域では、高齢者対応の地域ケアや、子どもたちへの安全支援、防災枠組みづくりなど、課題は山積みである。まちづくり協議会が行う高齢者向けの食事会サービスは人気があり、ボランティアとして加勢する人もやりがいを見出していると思われた。

　旧来の自治会活動に閉塞性を感じ、もしそれを打破し地域活性を図ろうとすることと、自己実現のための活動とが、うまく適合できるとすれば、双方に好作用して地域躍動する契機となるであろう。地域自治会自体の活性化は、ボランティアとの連携によって、同じような好作用が期待でき、その変革が問われるのではないだろうか。ボランティアやNPO的な活動の人たちにとっても、個別的で孤立的活動ばかりでなく、目的によって、地域自治会と連携ができれば、この2者にとって、協調連携は多様な活動拡充の大きなエネルギーとなるのではないだろうか（例えば、宝塚市まちづくり協議会の中に、自治会とボランティアグループとの連携協調でNPOがつくられ、地域の学童保育を10年以上円滑運営している実績の例がある）。

　この協調連携について、市または中間セクターが、コーディネートする仲立ち支援は、地域に大きな相乗的エネルギーをもたらすという意義がある（図2-10はこのことを意味する）。

(3) 自己実現とそのステージ（地域の人材掘り起こし）

　人びとには本来的に学習と自己実現のエネルギーがある。その個々人の自己実現のステージを、地域社会は提供支援するという考え方が大切である。つまり、自己実現を支援するのが新しいまちづくりであり、「人の掘り起こし」でもある。できるだけ多くの参加がよいのは当然であるが、全ての人にそれほど高い参加意識があるわけではないから、100人に1～2人（1～2%）の人でも、その主体的意識があれば、新しいまちづくりの核ができる可能性は充分あるという経験則を感じている。

　1～2%の人びとの周辺に5～6%の人びとがいて、その人たちは補助的に、

時々気楽に参加したいというタイプの人たちかもしれない。さらに、地域内の 10 〜 20% の人びとは積極性が乏しいが、魅力的プログラムなら参加する人たちかもしれない。数々のプログラム参加から、次の主体参加にステップアップする人もいる。宝塚市のような 23 万都市では、全体的には 2,000 〜 3,000 人の地域意識の高い人がおり (1 まちづくり協議会平均 100 余人程度)、1 万人〜 1 万 2 千人 (1 まち協 500 〜 600 人) のボランティアが控える。2 万人〜 3 万人 (1 まち協 1,000 〜 2,000 人) は積極性が乏しいが時々参加する実態が推測できた。これらは地域に偏りはあるが、ある程度の普遍性も見込める (これらの数値は、1994 年全市での福祉的なボランティア数を担当部がカウントし、A 市長がその結果を発表した延べ 8,000 人の福祉ボランティア数値と符合するものである。(上記は 134 頁データに基づく))[11]。

　都市圏の日常は、この 1 割程度の市民の活動と参加で、まちは元気になり、人の輪や波ができる。その輪や波は、次のうねりとなってまちづくりが盛り上がっていく。これを宝塚市で筆者は経験してきた (なお、10 テーマの課題別 100 人委員会に 1,000 人集まり、毎年 50 人の女性だけの学習と開発会議という女性ボードにおいても、これら地域の人材となり、魅力ある政策に集まる意識の高い人は少なくなかった[12])。


### 4) 参加政策展開の現実

#### (1) 参加と地域づくりの新しい現実

　農業人口が 10% を切るのが 1980 年。農業形態が残る宝塚市の一部のムラ社会＝地縁・血縁が濃い地域は、すでに人口割合が小さくなっている (図 2-7)。新しいまちでは、転入者には親密すぎない人間関係で、自由・気楽さを残し、最低限、防災防犯上などイザという時に孤立を避けたい、という心情がある。それが共通理解となり、新しいまちで'活発活動しない'。しかし、自治会は結成するという側面になる。

　一方、同じくムラの共同体から脱し転入した別の中間層からは、自分たち自身の新しい活動の枠組みが必要だとの声も聞こえていた。1980 年代後半、PTA の OB たちがつくる「生涯学習を考える会」からであった。「いろいろ学

習したことを地域で反映できる公的受け皿がないからつくって欲しい」との声であった。個々の活動が地域に活かされるシステムの要請である。それは参加という契約的なまちづくりの意識であり、市からのまちづくり協議会方式の政策提案は、有効であると確信した。

高度経済成長と都市化で高学歴の転入者が生じ、学習を通じて地域参加する枠組みが必要である。例えば、結婚し勤務しない女性が地域活動をリードすることも多い。また、定年退職後、地位や肩書を外して地域活動に勤しむリーダーのもと、老若男女、平等参加となる新興地も少なからずみられていた。これらは新しい生活に基づいた民主性あるまちを、徐々に自分たちのものとしていく市民活動の流れといえるかもしれない。

個人の勝手な権利主張でなく、自らがつくる新しいルールでの相互関係で、責任ある自治を自らつくることに自覚的な市民の姿である。個別的な「参加」は一定の社会契約的な関係であり、旧来からの慣習的な秩序ではない。これが都市（まち）の特徴である。「地域自治のまちづくり協議体」はこれらを踏まえ、社会契約的な側面を増やしていく枠組みであろう（第1章2節参照）。

⑵施設主義でなく住民自治組織

1995年頃までは、当時の自治省にしても結局は施設整備から始まる手法を推奨していた。社会学者でその分野のオピニオンリーダーの倉沢進も、のちにそのことに関する反省と思われる寄稿文「コミュニティ政策は新しい生活創造へ向けての社会目標としてのコミュニティという認識が大切（関係施設とその運営に矮小化されてはならない）」を関係機関紙に著わしている[13]。宝塚市は自治省政策の基本的方向性には否定的ではなかったが、施設（ハコもの）第一主義でなく、住民自治組織づくりが優先されるという概念をいち早くもち、それをオリジナルに貫き通した。すなわち、まちづくり協議会の初動期については、200人程度を超える集会の機能は最寄りの既存の公的施設活用を勧め、そして地域運営の成熟度に合わせて、特に50人までの会議活動と事務機能を重視し、活動に見合う規模や仕様で、市が小学校区単位で順次その整備を行う方針としたのである（この方針は兵庫県の関連事業とマッチし、10

年後に全小学校域に整備が完成)。

そして当時としては、斬新なコミュニティ政策であった「まちづくり協議会」の全域組織化は、約7年間を経て全域に設置をみることになった。

まちづくり協議会の活動状況

各まちづくり協議会活動関連の活動状況については、本節末尾に18頁にわたり(125頁〜143頁)に掲げている通りである。その活動内容は濃淡あるが、質・量とも予期した以上であり、2000年度と01年度の活動総括表などにその片鱗がうかがえる。情報活動、交流イベント活動、安全防災活動、福祉活動、環境美化活動、健康スポーツ活動、都市問題・まちづくり活動の7分野ほか、その地域の特徴を概ね盛り込んでいる。また福祉活動に特化した活動については、市社会福祉協議会がまとめたボランティア数と参加人数など数値的に表示している。

## 3　3層構造とブロック別「地域創造会議」

1) 3層構造とコミュニティの範囲

3層の構造とは、1層目は単位自治会エリア〈近隣の自治活動〉

2層目は小学校区エリア〈まちづくり協議会活動〉

3層目はブロックエリア(小学校区3〜4域)〈広域情報交換と地域創造会議〉

人びとの日常生活の自治的な側面は、①安全防犯や環境美化などを中心にした活動の近隣自治会エリアがある。概ね平均200〜300世帯単位ごとにつ

〈3層の構造：(1)単位自治会、(2)小学校区エリア、(3)7つのブロック〉

図2-11　コミュニティの範囲と3層の構造図

くられている。②小学校区まちづくり協議会の枠組み(概ね1万人エリア)では、自治会を中核にボランティア参加での地域福祉活動・健康づくりほか多様な活動・交流や情報交換がある。③特に防災や地域福祉団体関係者の連絡会議の必要性があり、地域同士の学びや多様な活動の情報交換など、まちづくり活動進展のため、やや広域のブロック別まちづくり会議＝地域創造会議を設置することになった。概ね3万人のこのエリアの住民生活は、マーケットや銀行などは日常生活に欠かせないにエリアでもある。

## 2）ブロック別「地域創造会議」の役割

### (1)多目的の広域連絡会議

　1995年、発足して間もないまちづくり協議会の関係者から小学校区3～4を合わせた広いエリアでの連絡会議の必要性の声が発せられた。隣どうしの小学校区エリア協議会運営の情報交換の切実な必要性であった。自治会を基軸とし、各種地域団体、ボランティア、NPOの人たちが、情報を交換し合い、自分たちの協議会運営の改善や確認と不安解消を図り、また併せて、防災・地域福祉課題や住環境など多様なまちづくり活動課題と行政政策を調整するオープンな場が必要になっているという考え方であった。これらのニーズがブロック別「地域創造会議」となって実現した(**図2-12**参照)。そして、この場を通して、市も縦割りでなく、多様な支援を一元的に行えるという意義を見出していた。

　特に、地域の安全・防災や子育て、高齢対策などは、地域の課題でもあり、行政の課題でもあるが、情報交換などによってその両者の認識を調整することは、住民のまちづくり活動や行政活動の双方の具体的な展開のために大変重要であると考えられた。

　それら協働の具現化(住民自治と団体自治の整合)を図るため、地域市民が参加するのは、個別のグループや関係団体が主体となる。3～4のまちづくり協議会集合であるが、単位自治会と地区自治会連合会などがこれらに関与する枠組みでもある。さらに、地域課題と行政課題(政策も関係)について、各々の個別地域組織の代表が、情報を交換し合い、交流と連携を深め、その後の

第 2 章　宝塚市コミュニティ政策の変遷　111

住民参加の地域自治システムとして

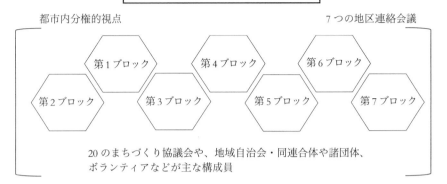

・参加民主主義を実現するローカル・ガバナンス構造図（ブロック別連絡会議の位置）
・開放的な 7 地域ブロック会議と 20 のまちづくり協議会が主な構成
（市長の政策執行補完機関であり、代議制民主主義の議会を参加民主主義で補完する関係）

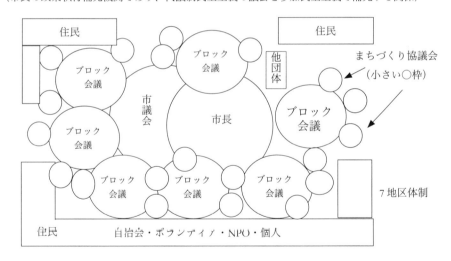

**図 2-12　1997 年開始のブロック別まちづくり会議「地域創造会議」**

課題を調整する場の形成がその趣旨である。

結果としては、相互にとって実践的な学習や研修の場ともなるのではないだろうか。この会議を通して、市はまちづくり協議会のみならず、多様な地域活動と連絡調整ができ、間接的にも支援できるのである。まさにそれは住民自治と団体自治の相互高揚のプラットホームになるものと理解できよう。このように、広域ブロックエリアで、定期的に市民や市から情報発信や情報交換され、その上で展開される協議や討議は、その後のまちづくり計画など地域創生に大変重要となるであろう。このような可能性があり、実施する意義は大きかったのである。

⑵ 3層目3〜4万人ブロックの有効性

元来、都市計画や阪神大震災直後の復興計画など、都市における人びとの生活活動の範囲エリアについては、3〜5万人単位という広さの概念があり、地域福祉計画の拠点設定においても同様の考え方がある。

前述したように、昭和29年からの合併で発足した宝塚市の当初は、旧4町村境界の線引きで民生委員協議会など各種団体が活動していたが、その後、それぞれ目的別の都合で変形し、団体種々相互の横断的連携はなおざりであった。しかし、主に福祉活動を一体的にするため、民生委員協議会と地区自治会連合会など関係団体相互の活動エリアを整合させる重要性があって、市にはやや広い地域連携の実施要望となったのである。その要望に応え、コミュニティ担当が市民活動を広範囲に調整し、庁内関係部局の協議を重ねてそれを実現した経過である。

この7ブロック化の新しい線引きに困難があったのは、ムラ時代から続く財産区とは不整合箇所があり、旧ムラ自治会からは、財産区の分断に懸念があるという指摘をされたとにある。そこで新住民の居住地域では、大規模な自主アンケート調査を実施し、新しい線引きの案に沿う決定をするなど、多くの市民合意を得ての調整であった(財産区とは相互に別線引きという認識で決着)。結局この設定は1996年に行われた。

ところで、地域マターについては、市は小学校区のまちづくり協議会の個

別相談に応じる立場にある。しかし、別の観点からは、市の立場は積極的にその住民主体が近接する領域に立ち入るべきではない原則もある。住民主体への配慮が大切であろう。この意味で、市民活動と市行政が接する距離のとり方がとても大切であるが、このブロック別会議は、住民（個別のまち協やグループ・個人）と市行政が接する場として、適切な距離にあると考えられた。

　地域の単位自治会やボランティア活動グループ、および自発的な地域団体などはそれぞれ独自の活動がある。その活動の性質や種類によって相互協調が必要になる場合があるのではないだろうか。その協調協議の場が、エリア規模の大小によって、小の場合は、単位自治会エリア、中くらいの場合は小学校区まちづくり協議会であり、さらに広いブロック別会議となる。このしくみは連携協調のネットワークになるであろう。

　さらに、地域住民は、市長に対してもそうであるが、地域の声を市議会にも反映してもらいたい場合もある。一方、議員（議会）にとっても、市民の声を聴き、ともに政策を考え、取り入れる立場でもあるだろう。このブロック別会議は、議会関係者もオブザーバーとして参加できる考え方である（基本的に代議制民主主義と参加民主主義は補完の関係：第1章1節）。これらの会議での議題は、当然のことながら地域別計画（まちづくり計画）形成や、実施の協議の場ともなるが、議員も入った政策協議の場となる可能性が充分にあると考えられる。この会議は概ね10年間、延べ140回ほど継続され、多様に活かされた実績がある。この実績内容も本節末尾(138-143頁)に載せている[14]。

## 4　まちづくり基本条例・市民参画条例

### 1）住民主権条例の意義

　阪神淡路大震災では、1万人のボランティアという強いインパクトであった。この震災によって個々の結集の力や自律性の考え方が大きく広がったと想定され、また、ボランティアと参加が大きな市民権を得た出来事であったであろう。市民レベルでは過度の行政依存でなく、個性を活かし自律性が伸びる社会づくりを評価する世論となり、地域課題は地域で解決しようという自治機運がうごめき始めていたのではないだろうか。それまで行政の専任事

項とみられていた、「公共」領域についても、「官と民でつくる協働」の考え方などが広がっていった。

さらに、1998年には、通称NPO法である「特定非営利活動促進法」が制定され、市民自らがビジネス手法で解決するコミュニティ・ビジネス(CB)の考え方が広がり、企業においても社会的責任(CSR)が求められる背景が生じてきていた。

協働のまちづくりにおいては、住民の自発参加による、地域づくりは、「市民参加条例」や、基本的な地域自治の「まちづくり条例」となり、さらに「地域の計画づくり」は的を射た方策になりつつあったのではないだろうか。

### まちづくり基本条例の目的と意義(2002年)

第1章第2節の最初に述べたように、「地域住民が自治へ参加する権利を有する」のフレーズは、憲法では明確に謳えず、「地方自治の本旨に沿う(第92条)」という表現になっている指摘がある。この分かりにくい点を地方自治の現場で明確化する意義は大きいものがある。1990年代以降のわが国の分権改革の動きに合わせて、地域での住民主権は当然という世論や意識が広がり、改めてこれを自治体の基本条例として謳うことは、その認識高揚のためには重要であろう。これが第一の必要性や理念である。

二つ目は、憲法の地方自治の本旨記述を受け、この表現だけでは分かりにくいとの指摘の「団体自治と住民自治」を明らかにする意義である。例えば、住民参加などの住民の権利、責務というように、自治体の団体運営＝団体自治に住民が関わる側面と、自治体と住民との関係を構築しようとする「住民自治」の側面の明確化である。

三つ目には、地域統治(ガバナンス)のシステムとしての根本を定めることになる意義も大きい。

なお、市民参画条例では、①市民参画を拡大するための市長の責務、②付属機関の委員などの市民公募、③市長は重要事項に関し、市民の直接投票で意思を問うことができる、ことを謳うことに意義を見出すものである。

これらの宝塚市の条例は、公募による住民参加により策定され、2001年

に議会で可決、2002年4月施行されるに至った。

　2）参加民主主義の理念優先
　基本条例設置の方法や評価として、基本的に政策の狙いは何なのかを問うことなどを考慮すると、次の二つの設置方式が浮かぶ。
　一つ目は、宝塚市の場合のように、「住民が主権者」、「団体自治と住民自治」を明確化し、「市民意識高揚」を図るなどにより、地域統治（ガバナンス）のシステムの基本を定めて市長の責務を謳うというものである。ただ、住民自治を行う住民組織とは具体的に何かを示すとか、民主的協議の仕方・手続きなどまでは謳わず、理念的な次元部分が残る方式である。これら大まかな理念と市長の責務などを市民に広め、十分な浸透と咀嚼を図って、さらなる住民統治の具体的な組織の形・名称や、民主的協議に至る手続きなどの制定に向け、次の段階で次元アップを目指すという方式になる。
　二つ目の方式は、理念次元を超え、例えば住民自治を行う住民組織とは具体的に何かを示すとか、民主的協議の仕方・手続きなどを当初から謳うものである。そして一挙に住民自治・住民統治の具体的な方式に進む方式である。これは、現実の住民意識との乖離の大きさが問題となり、市民主体意識の醸成の段階を跳ばす懸念がある。一方、地域自治に関する具体的な住民の協議体を、市政に位置づけして条例に謳うなど、形式的には住民自治を強固なものとする方式ともいえる。もちろん、双方とも一定の市民討議を踏まえた市長案が作成され、議会議決によって成立となる。
　共通するのは、地域統治（ガバナンス）のシステムとしての根本を定めることであり、大勢の市民に自治理念を広げることになるところでもある。
　一つ目の方式をとった宝塚市の場合は、経験を積み重ね段階的に市民が盛り上がるように自治に向かい獲得する狙いがある。というのは、条例とは別次元の課題があるからでもある。つまり、自治会連合会とまちづくり協議会の完全一体化などの根底的な克服課題である。まちづくり協議会と伝統的考えの市自治会連合会との共治のあり方や、「平等参加」などの考え方などの課題整理がされていない段階である。この大きな課題克服をとばして、具体

的次元の二つ目方式の基本条例設置に向かうことは、論理的にも実質的にも不可能である。まちづくり協議会を住民自治の実質的な基軸として、課題を克服したのち、次の段階で次元アップを目指すという方式になる。

## 5　まちづくり計画（2002～2007年）

### 地域の特徴とまちづくり目標など

　住民自治を団体自治に反映し地域自治の総合力アップを図る。そして、「自分たちのまちは自分たちがつくる」。これらは住民自治や協働の本質であるが、その趣旨に沿った、まちづくり協議会政策は1993年に開始され、その後の12～13年間の段階的推移は比較的順調であった。その順調推移の文脈での方策として、市総合計画の地域別計画（まちづくり計画）策定の段階に到達したのである。地域のまちづくり計画を、計画づくりから住民自身が担うことは、住民の主体確立のためだけでなく、住民自治を団体自治にリンクするなど重要な意味をもつことになるであろう。

　そしてこれら地域の計画づくりは、2002年、ガイドラインを作ることからスタートした（ガイドラインづくりの決定会議には、まちづくり協議会代表と自治会連合会代表が各7人ずつ参加している）。とはいえ、理解度や積極性も地域差があり、その行程は住民にとって易しいものではなかった。

　各地域のまちづくり協議会においては、50人～200人の参加があり、彼らによる綿密な段取りがとられた。いくつかの地域では住民アンケートをとるような作成手法も展開された。作成の進展とプロセスについては地域によって凸凹の時間差があった。けれども20のまちづくり協議会全てにおいて、2006年に各地域で概ね作成を終え、各計画案は下記（部分記載＝表2-3）の通り完成したのである。そしてこれらは、第4次総合計画の後期基本計画（2008年度から）に反映される段階に入ったのである。

　そこで、まちづくり協議会代表と自治会連合会代表をコアとする「まちづくり計画検討会議」が設置され、（総合計画の基本構想部分は市議会に上程されるという手続きがあって、）その計画案を市の最終的原案となる行程にのせるため、2007年まとめられたのであった。各まちづくり協議会A4紙5頁ほど、20協

議会合わせ、約100頁の力作であった。

⑴まち計画づくりも自治会がかなめ

　まちづくり計画には、責任と継続が必要となるので、自治会の存在も一層重要になる。つまり、まちづくり協議会活動は小学校区単位、まちづくり計画も小学校区単位になる。自治会も小学校区単位でまとまることができ、責任が発揮できれば、計画もしっかりして、安定感が加わる。計画完成後の実践展開も可能になるのである。自治会の役割と責任も増し、自治会としてはやりがいのあることになる。小学校区で自治会が基軸となり、そのほかの民生児童委員やボランティアなどの組み合わせ構造は、有効なのである。

　この原理は、まちづくり協議会と自治会の関係を強固にし、地域発展のための新住民の自治会長だけでなく、見識あるリーダーを中心とすることになった。各単位の自治会もそのほかの民生児童委員などの地域団体・市民や個別的なボランティアも、その自治会が重要なかなめであることを認め、ともに役割を認識し合うことになった。自治会が重要なかなめだということについての複数での直接的証言が3～4か所であり、計画づくりは確かな共感ある強いまちづくり協議会組織で進むことになったのである。

　さて、地域別まちづくり計画については、各まちづくり協議会において、地域市民自身が意見や提案を持ち寄り、協議を積み重ねる方式で原案がつくられる。また地域の多様な分野の課題なども、何度も協議され、自分たちの創意工夫が盛り込まれる。そして最終的に、市予算見込みなどとの綿密な調整を経て集大成するものである。

　このような経緯をたどり、計画づくりが市民のやりがいとなり、また市民が一定の責任と自らの実行性をもつことが期待された。

⑵市議会の案件に至るまで

　次にこれらが、市の総合計画案(地域別計画案)として、その「基本構想」部分は地方自治法に基づき、この頃は市議会の案件になるが(次節に詳細)、それまでには、知識人や各方面の市民代表で構成される審議会にも諮る段取り

となる。担当部が事務局となって総合調整が行われるのである。まちづくり協議会代表と市自治会連合会代表もその審議会の委員席に座り、その会議で修正などを含む充分な意見交換や多角的協議をし、市の最終案となっていくのである。

出来上がった各まちづくり協議会の計画の主な事項の一部を、例示的に筆者が勝手に選んでその一部を書き表してみたのが下表(**表 2-3**) の通りである。後述するが、これらは市民が市担当の調整のもとに、延べ 2,000 人を越える参加によって、数年かけてつくられた貴重な成果物なのである。

政策として、個々のまちづくり計画を総合計画にリンクすることは、住民自治を団体自治にリンクする意味であり、もちろんこれが「協働」の最たる具現である。これまでの目標は、市長が代わり次の C 市長が 2008 年に、この最たる協働の具現を、突如、一切認めない (総合計画にリンクさせない) という驚きの展開をたどることになる。つまり、このまちづくり計画の内容 (この表 2-3、2 種) は、10 年経っても (2018 年 4 月の時点で) 未だに協働という形で活かされていない状況 (市民が作った実績は書庫に眠らせ隠すような参考書) となっている。ここに大きな問題が残存することになったのである。

## 6　権力構造と民主的政策の噛み合わせ

### 1) 政策開始時の政治風土

今日では、総理大臣自らが、日本は民主主義国家であると何度も唱えているが、およそ 25 年前 (A 市長以前) まで、「民主主義」という文言・文語については、学術界やメディア以外では、国レベルではまだしも、地域や市庁舎内では左派的一派や急進的リベラルな人達が使うもの、という保守風土にあったと筆者は感じていた。つまり、民主性やその同義語の「水平」や「平等参加」という概念を直接的な文言にすることは一般的に適切としない (同和事業関連の事務では特別に使用された) 風潮であった。憲法理念があっても、地域では共同体的な上意下達的な構造が主であり、とても近代的といえる状況ではなかったのである。

表2-3 〈まちづくり計画〉具体的な「地域の特徴とまちづくり目標など」と「活動推進項目」について（部分記載）

| | 計画策定地域組織 | 地域の特徴とまちづくり目標など |
|---|---|---|
| 第1ブロック | 仁川コミュニティまちづくり委員会 | 「宝塚市の南の玄関口として、人と自然が奏でるハーモニーが聞こえるまち」を目標。東西道路整備が不充分。六甲山麓の西側住宅地は坂が多く高齢者に住みにくい。駅東側は交通混雑。 |
| | 高司地区まちづくり協議会 | 「花が咲き、人がほほ笑みあふれるまち。みんなの知恵が集まり、活気と熱気のまち高司地区。半歩でも休まず前進のまちづくり」 |
| | 良元地区まちづくり協議会 | 「世代を超えた住みよい良元」を目指す。駅前再開発ができてない。生活密着の公園等コミュニティスペースが要る。 |
| | 光明地域まちづくり協議会 | 「安全で安心して都市生活できる利便性に富んだ永住志向型のまち」を目指す。特に高齢者・幼児に安心な道路整備など福祉政策が緊急の課題。歩いて楽しい公園や緑地、親水空間創造等。 |
| | 末成地域まちづくり協議会 | 「安全・安心・快適なまち。健康で心ふれあうまち。街並み景観の美しいまち」を目標。工業ゾーンと住宅混在。沖縄韓国の伝統文化含めた公園やコミュニティ交流の場づくり。 |
| 第2ブロック | まちづくり協議会コミュニティ末広 | 商業やシビックゾーン玄関口。道路・ビルなどで分断越え「出会いふれあい楽しさあるコンパクトで便利・住みやすいまち」目標。 |
| | 西山コミュニティ協議会 | 桜道や逆瀬川の環境および自然の保全。「ホタルやトンボが飛び交う、美しい丘づくり」を目標。 |
| | ゆずり葉コミュニティ | 昭和40年代からの成熟住宅地。高齢者安心の「豊かな自然・美しいまちなみの中で、健康で安心して暮らせるまち」 |
| | 第一小区まちづくり計画策定委員会 | 市のプロムナード地区含む観光・商業・文化の中心地区。「人をはぐくみ、まちを育てる夢とロマンのまちづくり」 |
| 第3ブロック | すみれが丘小区まちづくり協議会 | 「共生の歌声が聞こえ、花と緑に包まれた眺望のまち・安心と安全のまち」目標。再生自然を大切に守り、公園中心に花・緑を育てる。 |
| | 宝塚小校区まちづくり協議会 | 観光・文化・商業施設多い都心シンボルゾーン。大道路で地域分断「宝塚の顔としての安全・安心・快適なまちを目指して」 |
| | 売布小区まちづくり協議会 | 高齢者や子どもに安心な「美しい住環境と豊かな交流を育てるまち」を目標。清荒神や売布神社など歴史資産を活かすまち。 |
| 第4ブロック | 小浜小区まちづくり協議会 | 旧く門前町・宿場町の歴史的面影。「自主と自立のまちづくり～小浜」子どもの健全育成。義務感ない地域の環境をよくする活動へ。 |
| | 美座地域まちづくり協議会 | 国道で住区が分断。行政施設が立地の地域。「安心で安全に暮らせるまち美座」人と人のつながり重視し、域内小川にトンボやホタルを。 |
| | 安倉地区まちづくり協議会 | 農住と伝統歴史文化、ため池や天王寺川による水と緑のネットワーク空間の拡充。乱開発防止活動。「夢のある安倉のまちづくり」 |
| 第5ブロック | 長尾地区まちづくり協議会 | 田園都市・歴史街道・植木産業が今後も生かされる、まちづくりがあり、安全・安心・便利な「時代に誇れるまち長尾」。 |
| 第6ブロック | 中山台コミュニティ | 自然と眺望に恵みがあるが、高齢化とともに厳しい坂・高台の街にあって、「質の高い生活環境整ったまちづくり」 |
| | 山手台小学区まちづくり協議会 | 快適な山手台生活へのアクセスバスの阪急山本駅前周辺等の整備を含め、子育て支援や福祉ボランティア活動などへの地域づくり。 |
| | 長尾台小区まちづくり協議会 | 大正ロマン漂う洋式邸宅街含めた質高い住環境や自然を保全しつつ、子育て支援や福祉ボランティア活動など心豊かなまちづくり。 |
| 第7ブロック | 西谷地区まちづくり協議会 | 市域の70％占める面積の中山間農地で都市的環境に恵まれず、高齢化進むが、自然と共存の快適ふれあいの里づくりを目指す。 |

## 活動推進項目（部分記載）

| | 市民が取り組む活動推進項目　抜粋 | 市と協働での推進計画　抜粋 |
|---|---|---|
| 第1ブロック | 「放課後 遊ぼう会」ボランティア活動（仁川）。花の道をつくる。サロン活動の充実（高司）防犯・子ども守る声掛け運動（全域）自主防災（末成・全域）地域フラワーガーデンと提携～コミュニティ花壇の整理増設（良元・全域）街区公園の整備・保全（全域）ふれあいサロン増設（光明）地域の小川や緑道イベント（光明）歴史探訪ウォーキング。音楽など文化活動（末成） | バス路線と交通機関充実。バスのさらなる掘り起こし。男性向け講座の充実。子どもを守り育てる体制の充実。公園整備、駐輪場の確保。不法駐車排除。水路の危険個所に「ふた」設置。 |
| 第2ブロック | 人にやさしい道や迷惑駐輪点検。空き店舗活用活動（末広）。子ども見守り防犯（全域）あいさつ運動（全域）川の美化・生垣はみ出し点検（西山）大規模開発者への協力要請活動（西山）コミュニティガーデンづくり（全域）早朝ラジオ体操。地域交流・祭り（全域）散策路・里山管理活動（ゆずりは）子ども交流施設設置運動（逆台）人材バンク（一小・逆台）独居老人見守り（逆台）防災マップ作製（全域）我が家前の一鉢（一小）名物名産づくり（一小）地域遊休地活用（一小） | 防災マニュアルの普及。危険個所チェック。裏山ハイキングコース整備。学校空き教室など活用のスポーツ・コミュニティ活動の充実。バス道の歩道整備。学校連携での安全交通教育。バス停留場の新設。自然の中のレクレーション広場整備。 |
| 第3ブロック | 地域自然マップづくり（すみれ）公園の草花・植樹。高齢者サロン（すみれ）スポーツ楽しむ環境づくり。あいさつ運動（すみれ）福祉の拠点運営（売布）リーダー発掘、タウンミーティング（売布）神島るクリーンウォーク。文化発信の場づくり（売布）地域クラブづくり（宝塚）コミュニティフェア参加促進（宝塚） | コミュニティバスの運行。花壇づくり。公園ベンチ補修。公園工房（すみれ）。空き部屋空き家をサロン活動に活用（売布）リサイクルシステム開発（売布）歴史文化の情報発信。まちのバリアフリー化（宝塚） |
| 第4ブロック | 早朝ウォーク、コミュニティビジネスで健康・福祉推進と学童保育（小浜）有馬街道など歴史文化伝承・あいさつ運動（安倉）地域美化の啓発（安倉）地域水路の復活（安倉）水辺空間・生き物環境づくり。地域広報紙有効活用。福祉マップ（安倉） | 学童保育。歩道の補修、防犯灯設置、郵便ポスト新設（小浜）歴史街道の連続性整備（安倉）親水広場（安倉）武庫川沿いの松林整備（美座） |
| 第5ブロック | 生活マナー向上運動。子供や高齢者への声掛け。宝塚チェリー植栽普及。ラジオ体操・健康教室の開催。 | 街路樹の剪定。子どもを守り育てる体制の充実。公園整備。 |
| 第6ブロック | 地域文化活動・子どもサロンの充実、託児所の開設。五月台公園整備、学校施設やデイ施設の活用。福祉相談の充実（桜台）子どもの見守り、ふれあいラジオ体操、地域安全マップ作成（山手台）防犯連絡会・コミュニティビジネス研究会・ミニバス運行検討会設置。安全歩行のための側溝蓋かけ協力と推進（長尾台） | 美しい街路整備、用水路利用での景観づくり（桜台）山本駅前南側の整備、地域児童館整備。無電柱化検討。景観アセスメント検討。 |
| 第7ブロック | 里山・小川の自然環境の保護活動教室の実践。地域特有のダリア・ボタンの栽培体験。不審者排除の見守り活動。ため池などの水位見守り。ブランド作物の作付けと普及。花いっぱい運動。 | 自然公園都市に相応しい景観維持と開発計画。水源の調査。丸山湿原軍の保護。伝統行事等ふるさと育む教育。不足の医療施設調査。 |

注）市民が要請し市が主体となる部分の計画も、かなりの分量があった。それは、紙面都合で載せていないが、地域の形状的な都市整備的部分（道路や歩道、交通課題、小緑地や小公園づくりなど）であり、大きな市予算を必要とする内容の市民案である。なお、21まち協の計画を合わせると100頁の分量であった。

2) 政策との噛み合わせ

 13年間余りにわたり、権力構造とまちづくり協議会政策が噛み合ってきたポイントは、自治会連合会の位置づけにあったと思う。つまり、自治会連合会は、全まちづくり協議会の立ち上げ推進には、その連合会会長や役員理事がこれらの相談や協議の主役になっており、その後の2代続く会長時も下記のようにまちづくり協議会政策の大きなパートナーであると同時に、当該政策の立役者であった。

　①まちづくり計画ガイドラインづくりには、市自治会連合会の7人の理事がまちづくり協議会代表とともにその策定委員になっていた。
　②7つのブロック連絡会議などの折、交代でその会議の議長に位置した。
　③すなわち政策推進の相談や協議における別格扱いの主役的立場にあり、大きなパートナーでもあった。

 上記の経過があることから、政策の推進体制上における、まちづくり協議会と市自治会連合会との関係や位置づけは、新たな自治基本条例マターであることは間違いない。しかし、大きな参加民主主義を真に展開する方向であるなら、地域自治会やその連合会のあり方や位置づけを含めた、住民組織間の大きな議論が、全市域を挙げて必要であり、新たな自治基本条例設定の段階には、それ相当の実績と年数がさらに必要であると考えられていた。

3) 予期以上の波及的効果

 各地域のまちづくり協議会の事務局自体を地域市民が担うということは、それ自体、当時は大変進歩的な改革だと市民に受け止められた。この方式での実行は容易ではないが、多くの市民に歓迎されて浸透し、遂には市域全域に達した時、徐々に、「平等参加」や「水平性」の目標文言を発することが可能であると思われた。

 そしてそれを粛々と目標にし始めたのであった(例えば表2-2の説明)。これは第1に大きな政策の波及効果であった。このまちづくり協議会政策に、筆者は、当初から目を輝かせ参加した多くの人を目の当たりにしていて、この政策の重要性や意義をかみしめた。市民力発揚と民主性への期待や「ムラか

全世帯調査（85,204 世帯）対象。回収：郵送方式。24,850 世帯から回答（回収率 29.2％）

「地域活動の参加・参加希望状況」、「可能なかぎり参加していきたい」が 12.8％「内容や条件によっては参加したい」46.8％。合計 59.6％の人が参加意向

「まちづくり基本条例」、「市民参加条例」については、「大変進んでいる」、「ある程度進んでいる」と併せて、42％の人が進んでいるとの答。

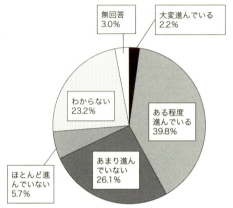

**図 2-13　02 年の市民参加に関する意識調査で市民の政策支持の事実判明**

ら新しいまちづくりへ」の構造転換へ、期待と手ごたえを感じたのであった。やがて、この地域住民の目の輝きは、自律的な自分たちの各々の地域広報やニュースとなって、概ね全地域に展開されたのである（p.126-133 に載せている）。

2 点目の波及的効果であるが、2002 年の意識調査結果（**図 2-13**）にみられる状況であった。一般に都市圏でのこの類の調査では、これほどの政策支持の数字は出ないと予想されたが、市民と市の協働のまちづくりが進んでいると答えたのは 42％（反対に進んでいないは 32％）という高い数値で、政策歓迎と読みとってもよい状況であったと思われる。

3 点目は、国民生活審議会のコミュニティに関する基本的論理である「人間性の回復（解放）」は差別撤廃（部落解放）の概念と一致している。このまちづくり協議会設置によるコミュニティ政策は、永年、被差別処遇を受けてきた人たちが、それまでできなかった隣の地区との多様な交流について、小学校区エリアの中で大きく進展し、多くの交流活動が進むなどの成果を得た[15]。

4 点目は、A 市長が力を入れた女性参加政策と相まって、地域への女性参加が非常に大きく躍進したことである。

5 点目は、まちづくり協議会と社会福祉協議会との地域福祉事業についてである。この二つの組織の関係は、まちづくり協議会の福祉活動（部会）イコール＝社会福祉協議会の当該地域会である。この活動実態は 134 頁に載せてい

る通り、ボランティア数も全体量も相当なボリュームがある。地域ボランティア活動などを心がける人は「身近な地域はよくあって欲しいから参加行動する」などのような考え方や気質である。そして、まちづくり協議会政策の進展により、社会福祉協議会は独自の改革策を開始した。小学校区の枠組みを活用し、新しく参加する人たちとともに、地域福祉事業を大きく拡大させることに成功したのである（134頁）。

　ただ、歳末助け合い運動などの募金運動で集まった募金の一部について、福祉活動への配分策が一時課題となった。集めることに終始した地域自治会への配分が少なく、活発な福祉活動を地域で実質的に行うまちづくり協議会に、大きな配分がされることになって、その配分のあり方についての議論である。この活動実績に比例した配分方法により、自治会の役員などが、まちづくり協議会の活動内容に負けまいと奮起し、自治会エリアの福祉活動を、より上向きに頑張ったという事例が散見される展開もみられた。

　配分金が絡む動機は別として、かくして地域福祉活動がさらに盛り上がり、関係者の多くの人に喜ばれるなど、よい報告が重なった。まちづくり協議会活動が地域を積極的な方向へ刺激している予期せぬ成果であった。さらに、まちづくり協議会政策で、一番得をしたのは社会福祉協議会であるという陰のことばも多く聞かれている。

　これらの事象は、単に福祉事業の刺激に終わらない。自治会を含めた活性化や、自治会とともに地域に民主的な空気が広がり、予期せぬ波及に膨らんだと思われる。

　6点目は参加民主主義とそれによるローカル・ガバナンス（多元的な参加の地域自治）の具体的構図が現出でき、その水平的な構造の道筋がみえたことである。その図式は下記の通りである（図2-14）。


4）市長交代とその後の政策展望

　A市長は2004年4期目の市長選には出馬せず退陣した。筆者もこのまちづくり協議会政策を11年間（1993年〜2004年）直接担当した後の2年後、2006年に退職した。2005年、自治会連合会では、2期4年任期での会長交代が進

**少数による支配的構造**　1990年代前半まで

4つの町村（ムラ構造）で構成

宝塚町自治会連合会
良元村自治会連合会
西谷村自治会連合会
長尾村自治会連合会

（市制初期約20年間体制）

自治会連合会が統括し地域の中核をなす

1985（昭60）年新住民による180余の自治会が参加、また1975年頃長尾山自治会連合会が5地区目として形成された。

**多元的な地域自治**　1997年実現の（ローカル・ガバナンス）

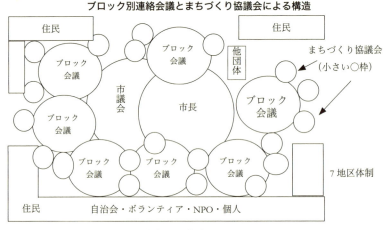

都市内分権的視点と水平的連携視点の複合図でもある。

**図2-14　ブロック別連絡会議（住民参加の地域自治システム）**

みK氏が会長になった。その後、2006年、市長もB氏からC氏への交代が進んで、にわかに真逆のスタンスとなる展開になることは筆者の担当当時は、全く予想できなかった。それは次の状況があったからだ。

①まちづくり協議会政策の円滑推進があって、表立って反対する市民も

議員も見当たらず、むしろまちづくり協議会活動の評価は議会などでも年々上がっていた。

② 3代12年間にわたって、次々交代した自治会連合会会長は、旧村出身者の会長を含め、A市長の政策を支持し、その後、普遍化するという状況と思われた。

③市役所職員の一部やOB職員には、当初、当該政策推進について、かつての中学校区方策と異なるとの指摘はあったが、当該政策が円滑であったため、その意見は表に出なかった。

④住民の中には批判的意見は潜在的にあったかもしれない。聞こえるのは非常に僅少であり問題のない状況にあった。

⑤以上の状況があり、今後の住民自治（まちづくり計画）を団体自治（総合計画）にリンクさせる段階には、大きな障害がないと思われた。

## ○まちづくり協議会活動の実績など関連資料7種

ZH①と② 2000年度および2001年度の20の各まちづくり協議会の活動総括表。

ZH③は、福祉活動に限定し、市社会福祉協議会がまとめた地域ごとの活動数と参加人数を数値的に示したもの。ボランティア数は参加者数の半数と実態を評価している由。

この3図表は、各まちづくり協議会が活発に活動している状況を表している。特にZH③は1994年時点で、市社会福祉協議会が福祉ボランティア延べ8千人を越えているとの発表を類推するデータ。これらの活動状況に照らして、筆者の市民活動展開の広がりを1～2％から10～30％への参加の展開が目標になると記しているもの。

ZH④と⑤は中山台コミュニティの2003年状況を示したもの。活動プログラムが多く、また、このまち協活動費と11ある各自治会活動費の合計がこの時点で5千万円を上回る。これらの活動がさらに伸びたことや、2011年度から図書館出張所運営の委託を受けるなどで、2018年度では7千万円の活動費総計との報告がある。この活動状況をもって、第4章での活動展開やその活動費の記述の根拠としている。

ZH⑥は、ブロック別連絡会議100回を超える開催内容（掲示できているのは全資料ではなく70回程度のもの）。

ZH⑦は、2002年、まちづくり計画ガイドラインとして、市が発表した市と市民の協働図である。住民自治（まちづくり計画）が団体自治（総合計画）に位置づけられる図式でもある（2002年につくられ公表済みのものである）。

## ZH①平成12年度結果　各地域（小学校区単位）のまちづくり協議会コミュニティの活動状況（宝塚市）

| | | 情報紙 | 交流活動 | 安全・防災 | 環境美化・花 |
|---|---|---|---|---|---|
| ① | 仁川 | 年4回<br>仁川コミュニティだより | 花と緑の仁川フェスティバル・とんど祭 | | クリーンセンター見学会<br>ゴミ問題学習会 |
| | 高司 | 年3回<br>ふれ愛新聞 | パソコン教室・しめ縄づくり・高小まつり | | クリーンハイキング・ふれあい公園の水やり |
| | 良元 | 年3回<br>良元コミュニティだより | 良元まつりに協力 | 市防災訓練参加 | 小林駅前・イズミヤ前・第1隣保館・中野公園等の花壇の花植え・管理 |
| | 光明 | 年2回<br>ほのぼの | サマーフェスティバル参加<br>たこ上げ大会 | 周辺地域での放火発生について | |
| | すえなり | 年2回<br>コミュニティすえなり | コミュニティフェスティバル・とんどまつり | | 花壇づくり・コスモス園の種まき・武庫川河川敷公園の清掃 |
| | 末広 | 年4回<br>コミュニティ末広だより | 夏まつり・アピアまつり・福祉バザー・こども会・末広小ピア・ふれあい会 | 夜間パトロール<br>不法駐車、不法駐輪啓発 | 花いっぱい運動 |
| ② | 西山 | 年4回<br>コミュニティ西山 | 西山まつり・クリスマスコンサート・発表会・わいわいフェスティバル | | ゴミ問題学習会 |
| | ゆずり葉 | 年4回<br>ゆずり葉だより | ゆずり葉まつり・もちつき大会・新年互礼会 | 県防災連絡会議 | ゆずり葉緑地公園、白瀬川の清掃<br>環境井戸端会議・講習会 |
| | 一小校区 | 年4回<br>みんないっしょだ | 盆踊り・我楽多祭り・餅つき大会<br>タウンウォッチング・各ブロックごとイベント | | 湯本台広場の美化整備・花壇の手入れ・支多川、一小の美化清掃 |
| ③ | すみれ | 年2回<br>コミュニティすみれ | 盆踊り・秋祭り（御殿山）・ふれあいフェスティバル（ラ・ビスタ団地） | | タウンウォッチング |
| | 宝小 | 年3回<br>宝小コミュニティ | コミュニティフェア・3世代交流会食会・花見・ふれあいサロン・子供工作会 | 川面自主防災事業・消火訓練 | 苗販売・寄せ植え講習会・クリーン作戦 |
| | 売布 | 年3回<br>コミュニティめふ21 | 夏まつり・めふっこ秋まつり協賛<br>ひなまつりコンサート | | |

第2章　宝塚市コミュニティ政策の変遷　127

| 健康・スポーツ | 福祉 | 都市問題・まちづくり | その他（地域関連団体との連携） |
|---|---|---|---|
| ラジオ体操・ニュースポーツ体験・ハイキング | 福祉制度サービス学習会・介護講習会・施設見学・仁川ふれあいサロン交流会 | 総合計画・地域別計画づくり | 仁川小校区人権啓発推進委員会「市民集会」への参加協力 |
| 運動会 | 介護教室・交流会・高齢者との集い | 総合計画・地域別計画づくり | はんしん自立の家との交流 |
| 健康体操・ふれあい運動会 | いきいきサロン（6回）・会食会・施設見学（伊丹協同の苑） | 総合計画・地域別計画づくり | お父さんの料理教室・生活習慣病予防料理教室・イズミヤ盆踊り大会（地元商店街協力） |
| 家族運動会 | 高齢者会食会・介護講習会・施設見学 | ごんじょウォーターフロント整備事業の推進　総合計画・地域別計画づくり | 光明小学校PTA「CAP子どもワークショップ」後援　まちづくりフォーラム等への参加 |
| スポーツ大会 | 高齢者健康体操・会食会・講習会・福祉施設見学・車イス・アイマスク体験 | 武庫川河川敷公園を美しくする会　総合計画・地域別計画づくり | まちづくり代表者会議等への参加・すえなり小学校教師、生徒と越知町の学校関係者との交流 |
| 医師健康講座・ウォーキング | 施設見学・ふれあいサロン・福祉バザー・会食会　学習会 | 総合計画・地域別計画づくり | まつりをとおして他の地区の交流・学校との連携 |
| 健康ラジオ体操・健康講演 | 福祉施設見学・料理教室・会食会・健康講座 | 総合計画・地域別計画づくり | |
| 健康サロン・講座・ハイキング | 高齢者福祉講演会・福祉施設見学会 | バス停改修工事要請・公園フェンス工事・ミニハイキングコースの整備・総合計画・地域別計画づくり | 男の料理教室・ゆずり葉まつり・逆瀬台小学校に協力・フォーラム参加・エコマネーNPOとの連携 |
| 歩こう会・ゲートボール・一小校区スタンプラリー | 福祉部だより・施設見学会（デイサービスなど）・学習会 | 県のグリーンベルト事業検討会参加総合計画・地域別計画づくり | 小学校の総合学習への協力・青年会議所の行事に協力・エコマネー実験参加・各種サークル活動 |
| 健康セミナー | ハンディキャップ体験・介護用品展示・いきいきふれあいサロン・生活体験教室・あいわ苑見学 | アンケート実施（高齢者の意識調査）・総合計画・地域別計画づくり | エコマネー実験参加 |
| バレーボール・バドミントン・バスケット・太極拳・剣道・ゲートボールなど | せいれいケアセンター見学会・講習会・原谷こぶしの里見学会 | 総合計画・地域別計画づくり | 地域フォーラム等への参加 |
| | 介護講習会・福祉施設見学・ふれあい食事会・介護保険学習会 | ミニバス運行要請等の運動　総合計画・地域別計画づくり | まちづくりフォーラム等への参加　エコマネー実験参加 |

|   |   | 情報紙 | 交流活動 | 安全・防災 | 環境美化・花 |
|---|---|---|---|---|---|
| ④ | 小浜 | 毎月1回<br>まちづくりの輪 | 小浜宿まつり・こはまぴあ |   |   |
|   | 美座 | 年5回<br>コミュニティ美座だより | みざっ子夏まつり・とんどまつり・美座寄席・年忘れ会 |   | 美座会館清掃 |
|   | 安倉 | 年4回<br>コミュニティ安倉 | 花と緑のフェスティバル出展 |   | コスモスの種まき・花の植え付けと管理 |
| ⑤ | 長尾 | 年6回<br>ふれあいコミュニティ長尾 | 花見茶会・しめなわ講習会・第3隣保館文化祭・長尾まつり | 消防防災ふれあい広場開催 | 花植樹・ゴミ回収、清掃 |
| ⑥ | 中山台 | 年4回<br>みんな、なかよく、おともだち | コミセンまつり・アートフェスタ・音楽ふれあいフェスタ・イヤーエンド、アートマラソン | 防災用具、耐震貯水槽点検・防火訓練・夜間パトロール | ヤシャブシ伐採・植樹・花壇づくり・勉強会 |
|   | 山本山手 | 年6回<br>山本山手コミュニティだより | 合同新年会・とんど祭・盆おどり・秋祭り・もちつき大会・文化祭 | 合同防災訓練・リーダー研修・自主防災訓練(各地区) | 花壇づくり・果樹の苗木植樹・ペットの飼い方講習会 |
|   | ひばり | 年3回<br>コミュニティひばり | 第4回ひばり祭<br>ヴァイオリン&室内楽コンサート |   | 不法駐輪問題 |
| ⑦ | 西谷 | 年4回<br>西谷コミュニティだより | 第18回西谷ふるさとまつり | 自主防災部会設立・飲料兼耐震性貯水槽の取扱受講 |   |

| 健康・スポーツ | 福祉 | 都市問題・まちづくり | その他（地域関連団体との連携） |
|---|---|---|---|
| みんなでスポーツ・タウンウォッチング | 茶話会・講演会・介護者教室 | 環境学習とハイキング　総合計画・地域別計画づくり | まちづくりフォーラム等への参加 |
| テニス同好会・グランドゴルフ・小浜宿ウォークラリー | 会食会・介護学習会・配食サービス・池の島デイサービス施設見学 | 総合計画・地域別計画づくり | 宝塚中学校「トライやる・ウィーク」支援・美座小学校との連携　FM宝塚に出演・音楽同好会支援・地域フォーラムへの参加 |
| 安倉ふれあい運動会・野鳥の観察とウォーキング | 福祉後援会・いきいきサロン・会食会 | 研修会（市民参加のまちづくり）　総合計画・地域別計画づくり | 人権講演会・サツマイモの植え付けといも掘り・FM出演・まちづくりフォーラム参加 |
| ふれあい日曜歩こう会・スポーツクラブ・スポーツ大会 | いきいきサロン・子育て講習会・交流茶会・講習会 | 総合計画・地域別計画づくり　まちづくりワークショップに参加 | CHPワークショップ体験、講習・青少年問題研修会・ライブ演奏・FM宝塚に出演 |
| 動脈硬化進展度測定・後援会・ふるさと山ハイキング | 会食・配食サービス・リハビリ支援・いきいきサロン・家事援助・研修会・施設見学・ふくしだより発行 | 交通問題（バス路線）・地域フォーラム等への参加　総合計画・地域別計画づくり | 五月台中学OB・OG会と合同の音楽ふれあいフェスタ開催・エコマネー実験参加 |
| 健康づくり（ウォーキングなど）・スポーツクラブ | ふれあい喫茶・高齢者給食会 | 市、第4次計画案の提案・学習会　総合計画・地域別計画づくり | 公民館まつりに参加 |
| 親子でカレー作り・健康体操・男性料理教室・農園（年間） | せいれいの里にて親子でボランティア・車椅子ボランティア・西谷希望のいえ見学・喫茶ボランティア | 阪急雲雀丘花屋敷駅にエレベータ設置　総合計画・地域別計画づくり | 雲雀丘倶楽部と共催でせいれいの里においてダンスパーティ、演奏会 |
| | 西谷ふるさとまつりで「車いす体験と健康・福祉相談コーナー」開設・出前寄席 | 総合計画・地域別計画づくり | 西谷中学校「総合的な学習」発表会にてスライド上映 |

## ZH② 平成13年度 各地域（小学校区単位）のまちづくり協議会コミュニティの活動状況

| | | 情報紙 | 交流活動 | 安全・防災 | 環境美化・花 |
|---|---|---|---|---|---|
| ① | 仁川 | 年4回 仁川コミュニティだより | 花と緑の仁川フェスティバル・とんど祭 | | クリーンセンター見学会 弁天池キレイキレイ作戦の協力 |
| | 高司 | 年3回 ふれ愛新聞 | 寄せ植え教室・しめ縄づくり・高小まつり | | クリーンハイキング・やまぼうし植樹 ふれあい公園の水やり |
| | 良元 | 年3回 良元コミュニティだより | 良元まつりに協力 | 市防災訓練参加 | 小林駅前・イズミヤ前・第1隣保館・中野公園等の花壇の花植え・管理 |
| | 光明 | 年3回 ほのぼの | サマーフェスティバルへの協賛 夏祭りへの協力 | 救命応急手当についての講習会 駐禁指導、歩道点検 | 川の整備・清掃 |
| | すえなり | 年3回 コミュニティすえなり | コミュニティフェスティバル・とんどまつり・さつまいも収穫祭 | | 花壇づくり・コスモス園の種まき・武庫川河川敷公園の清掃 |
| ② | 末広 | 年4回 コミュニティ末広だより | 三世代交流会、夏まつり・アピアまつり 地域もちつき大会 | 地域防災訓練、高齢者交通安全教室 不法駐車、不法駐輪啓発 | 花いっぱい運動 |
| | 西山 | 年4回 コミュニティ西山 | ニューイヤーコンサート わいわいフェスティバル | | |
| | ゆずり葉 | 年4回 ゆずり葉だより | ゆずり葉まつり・もちつき大会・新年互礼会 | 県防災連絡会議 | 散策路整備活動、クリーンハイキング 環境井戸端会議・やまぼうし植樹祭 |
| | 一小校区 | 年4回 みんないっしょだ | 盆踊り・我楽多祭り・餅つき大会 ふれあいバスツアー、お茶会 | | 湯本台広場の美化整備・花壇の手入れ、逆瀬川の自然観察会 |

| 健康・スポーツ | 福祉 | 都市問題・まちづくり | その他(地域関連団体との連携) |
|---|---|---|---|
| ラジオ体操・グランドゴルフ大会・ハイキング・歩き方教室 | 介護教室、車いすとアイマスク体験 老人福祉施設見学 | 地域ごとのまちづくり計画策定についての説明 | 仁川小校区人権啓発推進委員会「市民集会」への参加協力 |
| 高小運動会参加、観梅ハイキング 健康体操座談会 | 高齢者との座談会 | 地域ごとのまちづくり計画策定についての説明 | 高司児童館1周年記念行事参加 高小まつり、夏祭り、運動会、PTAとの交流 |
| 健康体操・ふれあい運動会 健康スポーツ教室 | いきいきサロン・会食会 おとうさんの料理教室 | 地域ごとのまちづくり計画策定についての説明 都市計画マスタープラン見直し説明会参加 | まちづくりフォーラム等への参加 イズミヤ盆踊り大会(地元商店街協力) |
| まちづくり家族運動会 | 「痴呆の正しい理解」バリアフリー施設見学 | ごんじょウォーターフロント整備事業の推進 地域ごとのまちづくり計画策定についての説明 | まちづくりフォーラム等への参加 |
| ニュースポーツ、ドッヂボール大会 市民レクリエーション大会参加 | 福祉セミナー、介護教室、健康教室 | 地域ごとのまちづくり計画策定についての説明 | まちづくり代表者会議等への参加 まちづくりフォーラムへの参加 |
| 医師健康講座・ウォーキング 体操教室 | 施設見学・会食会、アイマスク体験 いきいきサロン | 地域ごとのまちづくり計画策定についての説明 | 武庫川河川敷コスモス種まき、手入れ 武庫川河川敷清掃、美しくする会 |
| 健康講座、ヘルシーウォーキング 栄養に関する学習会 | 福祉施設見学バスツアー・男の料理教室 地域サロン会食会 | 総合計画・地域別計画についてふれあいトーク まちづくり会議参加 | 西山まつり共催 聖天寺盆踊りの協力 |
| 健康サロン・講座・ハイキング 豚汁パーティー | 高齢者福祉講演会・福祉施設見学会 | 遊歩道、水路の橋設置完成 森づくりとしての民間地買収請願活動 | ゆずり葉まつり、逆瀬台小学校に協力 フォーラム・連絡会議に参加、エコマネーNPOとの連携 |
| 歩こう会、ヨガ教室、市民レクリエーション大会参加 | 施設見学会、日赤講習会 ふれあいサロン・寄席・コンサート | 県のグリーンベルト事業参加 まちづくり計画策定 | 青年会議所の行事に参加、北県民局の行事に参加 エコマネー実験参加・各種サークル活動 |

| | | 情報紙 | 交流活動 | 安全・防災 | 環境美化・花 |
|---|---|---|---|---|---|
| ③ | すみれ | 年2回<br>コミュニティすみれ | 老人会を中心に未就園児親子交流<br>すみれサロン | | 各公園の緑化整備 |
| | 宝小 | 年3回<br>宝小コミュニティ | さざんか歌謡会、楽しい手芸<br>ワークショップ | 自転車だいすき | 寄せ植え講習会<br>クリーン作戦 |
| | 売布 | 年3回<br>コミュニティめふ21 | 夏まつり・めふっこ秋まつり協賛<br>ひなまつりコンサート | | |
| ④ | 小浜 | 毎月1回<br>まちづくりの輪 | 小浜宿まつり・こはまぴあ | 校区内危険地域の検討 | 校区内に「やまぼうし」植樹 |
| | 美座 | 年4回<br>コミュニティ美座だより | みざっ子夏まつり・とんどまつり・美座寄席・年忘れ会 | | 美座会館清掃 |
| | 安倉 | 年4回<br>コミュニティ安倉 | 花と緑のフェスティバル参加<br>寄せ植えガーデニング出展 | | コスモスの種まき・花の植え付けと管理、クリーンセンター見学 |
| ⑤ | 長尾 | 年6回<br>ふれあいコミュニティ長尾 | ふれあいコミュニティ長尾の集い<br>しだれ桜茶会、青少年ライブコンサート | | 最明寺川清掃と注意看板設置<br>しだれ桜園地に季節の花植栽 |
| ⑥ | 中山台 | 年4回<br>おともだち | コミセンまつり・アートフェスタ・音楽ふれあいフェスタ、コンサート、お茶会 | 防災用具、耐震貯水槽点検・防火訓練・夜間パトロール | ヤシャブシ伐採・植樹・花壇づくり・勉強会 |
| | 山本山手 | 年6回<br>山本山手コミュニティだより | 合同新年会・とんど祭・盆おどり・秋祭り・もちつき大会・文化祭 | 合同防災訓練・リーダー研修・自主防災訓練（各地区） | 花壇づくり・果樹の苗木植樹・ペットの飼い方講習会 |
| | ひばり | 年3回＋特集号<br>コミュニティひばり | 第5回ひばり祭<br>南米竪琴アルパ演奏会 | | |
| ⑦ | 西谷 | 年1回<br>西谷コミュニティだより | 第18回西谷ふるさとまつり | 防災講座 | |

第2章 宝塚市コミュニティ政策の変遷

| 健康・スポーツ | 福祉 | 都市問題・まちづくり | その他(地域関連団体との連携) |
| --- | --- | --- | --- |
| 男性の料理教室<br>ヘルシーウォーキング講座 | 夏休み子ども料理教室 | 地域ごとのまちづくり計画策定についての説明<br>総合計画・地域別計画づくり | エコマネー実験参加 |
| バトミントン・インディアカ教室<br>合気道、野球教室など | お花見会<br>「くすりについて」、三世代交流会食会 | 地域ごとのまちづくり計画策定についての説明 | コミュニティフェア・笑福亭呂鶴独演会・餅つき大会 |
| ソフトエアロビクス | ふれあいコンサート、ふれあい茶話会、ふれあい食事会、遊友スタジオ | ミニバス運行推進委員会、ミニバス運行開始式 | まちづくりフォーラム等への参加<br>エコマネー実験参加 |
| ふれあいスポーツ(カローリング・卓球) | 茶話会・いきいきサロン、会食会 | 手作り学習会(後期基本計画の具体化)<br>地域ごとのまちづくり計画策定についての説明 | 小浜工房館フェスティバル協賛 |
| ハイキング・テニス同好会・グラウンドゴルフ同好会 | 会食会、家庭介護学習会、施設見学 | 地域ごとのまちづくり計画策定についての説明 | 宝塚中学校「トライやる・ウィーク」支援・美座小学校との連携<br>FM宝塚に出演・音楽同好会支援・地域フォーラムへの参加 |
| 安倉ふれあい運動会・ | 親子ふれあいコンサート・いきいきサロン・会食会<br>介護保険の学習会 | 地域ごとのまちづくり計画策定についての説明 | サツマイモの植え付けといも掘り<br>まちづくりフォーラム参加 |
| ふれあい日曜歩こう会・スポーツクラブ・スポーツ大会 | すずめさろん、サロンタンポポ、ふれあいサロン「親子ひろば」 | 地域ごとのまちづくり計画策定についての説明 | 東京自治研修センターと意見交換、地区センターに「長尾文庫」開設<br>盆踊り、とんど、「ふるさと祭」等参加 |
| ハイキング・ピンポン教室・操体道 | 会食・配食サービス・リハビリ支援・いきいきサロン・チャリティーバザー、長寿まつり | 地域ごとのまちづくり計画策定についての説明 | まちづくりフォーラム参加、視察受付<br>エコマネー実験参加 |
| 健康づくり(ウォーキングなど)・スポーツクラブ | ふれあい喫茶・高齢者給食会<br>地域福祉研修会 | 地域ごとのまちづくり計画策定についての説明 | 公民館まつりに参加<br>まちづくりフォーラムに参加 |
| 長尾山トンネルウォーキング、箕面散策<br>コミュニティ農園収穫野菜で食事会 | 介護保険出前講座、せいれいの里納涼祭<br>早春の姫路バスツアー | 地域ごとのまちづくり計画策定についての説明 | まちづくりフォーラムに参加 |
| ふるさとまつりで「健康相談」開設<br>福祉用具展示会 | | まちづくり連絡会議<br>地域ごとのまちづくり計画策定についての説明 | 西谷地区まちづくり協議会ホームページ開設<br>西谷郷土史の発行 |

## ZH③ 各まちづくり協議会の福祉活動実績

提供:宝塚市社会福祉協議会

| コミュニティ区(地区) | 高司(1) | | | | 仁川(1) | | | | 良元(1) | | | |
|---|---|---|---|---|---|---|---|---|---|---|---|---|
| 年度 | H13年度 | | H12年度 | | H13年度 | | H12年度 | | H13年度 | | H12年度 | |
| 活動内容＼実績 | 実施回数 | 参加者数 | 実施回数 | 参加者数 | 実施回数 | 参加者数 | 実施回数 | 参加者数 | 実施回数 | 参加者数 | 実施回数 | 参加者数 |
| 学習会・講座 |  |  | 4 | 190 | 3 | 48 | 5 | 768 | 2 | 33 | 1 | 30 |
| ふれあい交流 | 3 |  | 3 | 166 |  |  |  |  | 7 | 252 | 8 | 368 |
| 地域イベント | 1 | 14 | 1 | 11 |  |  |  |  |  |  |  |  |
| 健康づくり |  |  |  |  |  |  |  |  | 24 | 554 | 24 | 368 |
| 個別援助活動 | 7 | 176 |  |  |  |  |  |  |  |  |  |  |
| その他 |  |  |  |  | 1 | 19 | 1 | 15 |  |  |  |  |
| 合計 | 11 | 190 | 8 | 367 | 4 | 67 | 6 | 783 | 33 | 839 | 33 | 766 |

| コミュニティ区(地区) | 光明(1) | | | | すえなり(1) | | | | 西山(2) | | | |
|---|---|---|---|---|---|---|---|---|---|---|---|---|
| 年度 | H13年度 | | H12年度 | | H13年度 | | H12年度 | | H13年度 | | H12年度 | |
| 活動内容＼実績 | 実施回数 | 参加者数 | 実施回数 | 参加者数 | 実施回数 | 参加者数 | 実施回数 | 参加者数 | 実施回数 | 参加者数 | 実施回数 | 参加者数 |
| 学習会・講座 | 4 | 84 | 4 | 113 | 2 | 101 | 2 | 203 | 1 | 36 | 2 | 52 |
| ふれあい交流 | 7 | 232 | 7 | 300 | 8 | 315 | 7 | 307 | 3 | 48 | 3 | 97 |
| 地域イベント |  |  |  |  |  |  |  |  | 3 | 900 | 3 | 850 |
| 健康づくり |  |  |  |  | 1 | 48 | 2 | 68 | 2 | 29 | 2 | 360 |
| 個別援助活動 |  |  |  |  | 24 | 249 | 24 | 318 |  |  |  |  |
| その他 |  |  |  |  |  |  |  |  |  |  |  |  |
| 合計 | 11 | 316 | 11 | 413 | 35 | 713 | 35 | 896 | 9 | 1,013 | 10 | 1,359 |

| コミュニティ区(地区) | 末広(2) | | | | 一小校区(2) | | | | ゆずり葉(2) | | | |
|---|---|---|---|---|---|---|---|---|---|---|---|---|
| 年度 | H13年度 | | H12年度 | | H13年度 | | H12年度 | | H13年度 | | H12年度 | |
| 活動内容＼実績 | 実施回数 | 参加者数 | 実施回数 | 参加者数 | 実施回数 | 参加者数 | 実施回数 | 参加者数 | 実施回数 | 参加者数 | 実施回数 | 参加者数 |
| 学習会・講座 | 3 | 136 | 3 | 247 |  |  | 5 | 110 | 3 | 70 | 3 |  |
| ふれあい交流 | 3 | 220 | 4 | 113 | 6 | 210 | 2 | 35 | 13 | 137 | 1 |  |
| 地域イベント | 1 | 250 | 1 | 220 | 2 | 181 | 2 | 1,000 | 3 | 2,400 | 2 |  |
| 健康づくり | 2 | 109 | 3 | 83 |  |  |  |  | 1 | 15 | 1 |  |
| 個別援助活動 | 12 | 149 | 9 | 113 |  |  |  |  | 12 | 180 | 11 |  |
| その他 |  |  |  |  |  |  |  |  |  |  |  |  |
| 合計 | 21 | 864 | 20 | 776 | 8 | 391 | 9 | 1,145 | 32 | 2,802 | 18 | 0 |

| コミュニティ区(地区) | すみれ(3) | | | | めふ21(3) | | | | 宝小(3) | | | |
|---|---|---|---|---|---|---|---|---|---|---|---|---|
| 年度 | H13年度 | | H12年度 | | H13年度 | | H12年度 | | H13年度 | | H12年度 | |
| 活動内容＼実績 | 実施回数 | 参加者数 | 実施回数 | 参加者数 | 実施回数 | 参加者数 | 実施回数 | 参加者数 | 実施回数 | 参加者数 | 実施回数 | 参加者数 |
| 学習会・講座 |  |  | 5 | 76 |  |  | 5 | 134 | 2 | 151 | 3 | 45 |
| ふれあい交流 | 6 | 171 | 6 | 177 | 4 | 188 | 1 | 50 | 3 | 747 | 2 | 155 |
| 地域イベント | 1 | 60 |  |  | 1 | 170 | 1 | 1,000 | 1 | 600 | 1 | 1,100 |
| 健康づくり | 2 | 22 | 1 | 40 |  |  |  |  | 1 | 34 | 1 | 45 |
| 個別援助活動 | 12 | 141 |  |  |  |  |  |  |  |  |  |  |
| その他 |  |  | 1 | 80 |  |  |  |  |  |  |  |  |
| 合計 | 21 | 394 | 13 | 373 | 5 | 358 | 7 | 1,184 | 7 | 1,532 | 7 | 1,345 |

| コミュニティ区(地区) | 安倉(4) | | | | 小浜(4) | | | | 美座(4) | | | |
|---|---|---|---|---|---|---|---|---|---|---|---|---|
| 年度 | H13年度 | | H12年度 | | H13年度 | | H12年度 | | H13年度 | | H12年度 | |
| 活動内容＼実績 | 実施回数 | 参加者数 | 実施回数 | 参加者数 | 実施回数 | 参加者数 | 実施回数 | 参加者数 | 実施回数 | 参加者数 | 実施回数 | 参加者数 |
| 学習会・講座 | 1 | 34 | 2 | 210 |  |  | 1 | 29 |  |  | 1 | 10 |
| ふれあい交流 | 3 | 140 | 2 | 150 | 3 | 96 | 3 | 99 | 1 | 80 | 1 | 60 |
| 地域イベント | 1 | 75 |  |  | 1 | 57 | 3 | 290 | 4 | 700 | 4 | 700 |
| 健康づくり |  |  | 2 | 85 | 5 | 234 | 1 | 52 | 1 | 70 |  |  |
| 個別援助活動 |  |  | 1 | 10 | 6 | 165 |  |  | 10 | 174 | 10 | 250 |
| その他 |  |  |  |  |  |  |  |  |  |  |  |  |
| 合計 | 5 | 249 | 7 | 455 | 15 | 552 | 8 | 470 | 16 | 1,024 | 16 | 1,020 |

| コミュニティ区(地区) | 長尾(5) | | | | ひばり(6) | | | | 山本山手(6) | | | |
|---|---|---|---|---|---|---|---|---|---|---|---|---|
| 年度 | H13年度 | | H12年度 | | H13年度 | | H12年度 | | H13年度 | | H12年度 | |
| 活動内容＼実績 | 実施回数 | 参加者数 | 実施回数 | 参加者数 | 実施回数 | 参加者数 | 実施回数 | 参加者数 | 実施回数 | 参加者数 | 実施回数 | 参加者数 |
| 学習会・講座 | 7 | 372 | 5 | 354 | 12 | 116 | 11 | 176 | 1 | 12 | 3 | 78 |
| ふれあい交流 | 5 | 177 | 5 | 170 | 4 | 117 | 3 | 56 | 2 | 100 | 2 | 85 |
| 地域イベント | 1 | 75 | 1 | 100 | 2 | 197 | 2 | 260 | 2 | 450 | 3 | 650 |
| 健康づくり |  |  |  |  | 2 | 73 | 3 | 146 | 12 | 480 | 6 | 150 |
| 個別援助活動 | 56 | 795 | 25 | 575 | 2 | 28 | 2 | 30 | 25 | 451 | 10 | 103 |
| その他 |  |  | 6 | 330 | 374 | 1,101 | 370 | 1,060 |  |  | 7 | 137 |
| 合計 | 69 | 1,419 | 42 | 1,529 | 396 | 1,632 | 391 | 1,728 | 42 | 1,493 | 31 | 1,203 |

| コミュニティ区(地区) | 中山台(6) | | | | 西谷(7) | | | | 市全体 | | | |
|---|---|---|---|---|---|---|---|---|---|---|---|---|
| 年度 | H13年度 | | H12年度 | | H13年度 | | H12年度 | | H13年度 | | H12年度 | |
| 活動内容＼実績 | 実施回数 | 参加者数 | 実施回数 | 参加者数 | 実施回数 | 参加者数 | 実施回数 | 参加者数 | 実施回数 | 参加者数 | 実施回数 | 参加者数 |
| 学習会・講座 | 1 | 18 | 6 | 83 | 6 | 174 | 10 | 399 | 48 | 1,385 | 82 | 3,307 |
| ふれあい交流 |  |  |  |  | 15 | 389 | 7 | 260 | 96 | 3,619 | 67 | 2,648 |
| 地域イベント | 4 | 454 | 4 | 424 | 10 | 527 | 3 | 121 | 38 | 7,110 | 31 | 6,726 |
| 健康づくり |  |  |  |  | 27 | 240 | 12 | 50 | 80 | 1,908 | 58 | 1,447 |
| 個別援助活動 | 656 | 5,347 | 648 | 3,603 |  |  |  |  | 822 | 7,855 | 740 | 5,002 |
| その他 |  |  |  |  | 2 | 50 | 3 | 78 | 377 | 1,170 | 388 | 1,700 |
| 合計 | 661 | 5,819 | 658 | 4,110 | 60 | 1,380 | 35 | 908 | 1,461 | 23,047 | 1,366 | 20,830 |

## ＺＨ④ 2003年中山台コミュニティの組織

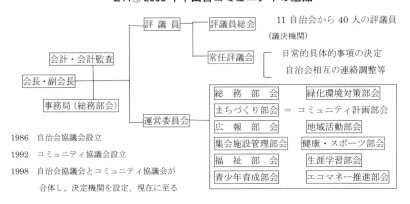

1986　自治会協議会設立
1992　コミュニティ協議会設立
1998　自治会協議会とコミュニティ協議会が
　　　合体し、決定機関を設定、現在に至る

| 2002年の主な活動内容（延べ参加人数 18,700人） ||
|---|---|
| 会　議 | 総会1回、常任評議会6回、運営委員会12回 |
| 広　報 | 年4回発行（各5,300部） |
| 福　祉 | くつろぎの部屋(手芸、囲碁将棋など)、なごみ会(会食サービス)ゆうげの会配食、カーボランティア、水蓉会(リハビリ教室)、家事援助、長寿まつり、演芸会、囲碁大会、バザー、ふれあいサロン、こどもボランティアサミット開催 |
| 青少年育成 | 映画会、中高生のたむろ対策、地域パトロール、公園の樹木の刈込み、講演会「美しい地球を子どもたちに」、「聞いて、私の声を」の集い、世帯間交流ニュースポーツ大会」凧揚げ大会 |
| 緑化環境 | ヤシャブシ伐採(職種植え替え運動)草刈り・剪定、花粉飛散調査 |
| 地域交流 | コミセン祭り(住民の唄・踊りなどの演芸)、アートフェスタ(住民作品展)、音楽ふれあいフェスタ「住民による第九合唱など」 |
| 健康・スポーツ | 玄米がゆを食べよう(講演試食)、血圧・体脂肪測定、病なき長寿の第1歩(講演会)、みんなの体操ストレッチ、体操道講座、夏休み里山ハイキング、水源地ともみじ探検ハイキング、卓球教室 |
| 生涯学習 | わがまち宝塚歴史講座、フラワーアレンジメント、茶会、ワインを楽しむ会、JAS出張航空教室、パソコン教室 |
| エコマネー | エコマネー集会、エコマネーフォーラム(会員145人) |
| 防災 | 地域内一斉防災訓練 |

## ＺＨ⑤ 2003（平15）年度　中山台コミュニティ会計規模状況

単位千円

| | 市助成金 | 関係団体助成 | 自治会支出金 | 参加・利用費 | 自主財源 | コミュニティ総計 | 参加者従事ボランティア |
|---|---|---|---|---|---|---|---|
| コミュニティ総計 | 3,193 | 891 | 2,580 | 4,791 | 3,838 | 15,294 | 参加者23,995人 従事ボランティア7,901人 |
| （割合） | 20.9% | 5.8% | 16.9% | 31.3% | 25.1% | 100% | |
| 事務局本部 | 543 242 | | 944 | | 612 繰越金 | | |

各活動部会等内訳の合計

| | 市助成金 | 関係団体助成 | 自治会支出金 | 参加・利用費 | 自主財源 | 事務局から | 合計 | 参加者人数従事ボランティア |
|---|---|---|---|---|---|---|---|---|
| 総務部会 | | | | | | 110 | 110 | 260人 |
| 会計 | | | | | | | 429 | 共通する総務的経費 |
| 福祉部会 | 1,185 | 861 | 36 | 3,735 | 2,500 | 350 | 8,667 | 14,210人 5,349人 |
| 地域活動部会 | | | | 218 | | 350 | 568 | 2,000人 200人 |
| 緑化環境対策部会 | 500 | | 1,601 | | 694 | 502 | 3,297 | 756人 |
| 青少年部会 | 500 | | | 16 | 33 | 30 | 579 | 4,799人 787人 |
| 健康スポーツ部会 | | | | 365 | | 110 | 475 | 954人 29人 |
| 生涯学習部会 | 223 | | | 449 | | 40 | 712 | 1,688人 123人 |
| エコマネー部会 | | 30 | | 8 | | 20 | 58 | 344人 108人 |
| 広報部会 | | | | | | 200 | 200 | 45人 |
| 常任評議会 | | | | | | 100 | 100 | 90人 |

第2章　宝塚市コミュニティ政策の変遷　137

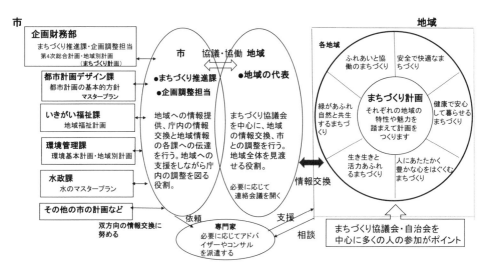

## ZH⑥ブロック別連絡会議（平成14年7月1日現在）

|  | 第1ブロック | 第2ブロック | 第3ブロック |
|---|---|---|---|
| 第1回 | H9年7月12日(土)<br>〈光明デイセンター〉<br>1.「子ども達の環境」について<br>(教育委員会指導部)<br>2.「自主防災組織」について<br>(消防本部)<br>3. 行財政改革について<br>(企画財務部)<br>4. 今後の当該会議のもち方について<br>(企画財務部) | H10年2月25日(水)<br>〈中央公民館〉<br>1.「自主防災組織」について<br>(消防本部)<br>2. 地域情報交換および、今後の当該会議の進め方について<br>(企画財務部) | まちづくり地域フォーラム<br>H11年2月20日(土)<br>〈勤労福祉会館〉<br>第1部(事例発表)<br>・大気汚染について(西山地区)<br>・情報紙作製(ゆずり葉地区)<br>・パチンコ問題(末成地区)<br>第2部(総合計画づくりパネル討議)<br>・パネラー地域代表者 |
| 第2回 | H9年10月29日(水)<br>〈第1隣保館〉<br>1. 健康づくりの推進事業について<br>(健康福祉部)<br>2. 街区公園の運営・管理について<br>(都市整備部)<br>3. まちづくり協議会の活動について<br>(企画財務部) | H10年8月5日(水)<br>〈中央公民館〉<br>1. 阪急逆瀬川駅周辺の駐輪場問題について<br>(地域代表)<br>2. 第2ブロックの地域特性について―都市マスタープランより―<br>(都市復興部) | H11年7月23日(金)<br>〈女性センターエル〉<br>1. 矢野助役の話<br>「市民参加のまちづくり、さらなる推進」<br>2.「総合計画・地域別計画づくり」について<br>(企画財務部)<br>3. 当該ブロック別まちづくり連絡会議の趣旨及び今後の進め方について<br>(コミュニティ課)<br>4. 武庫川の治水について<br>(兵庫県・市下水道部) |
| 第3回 | H10年8月8日(水)<br>〈西公民館〉<br>1. 第1ブロックの地域特性について<br>(都市計画マスタープランについて)<br>2. 自主防災組織の結成について<br>(消防本部)<br>(企画財務部) | H10年11月25日(水)<br>〈中央公民館〉<br>1. 住民参加による公園の管理について<br>(都市整備部)<br>2. 青少年問題について<br>(地域代表) | H11年12月11日(土)<br>〈女性センター〉<br>・第4次総合計画の地区別計画について<br>(企画財務部) |
| 第4回 | H10年11月28日(水)<br>〈西公民館〉<br>1. 郵便事業と局舎新築について<br>(宝塚郵便局)<br>2. 青少年問題について<br>(地域代表) | まちづくり地域フォーラム<br>H11年2月14日(日)<br>〈中央公民館〉<br>第1部(事例発表)<br>・自主防災の取り組み(良元地区)<br>・運動会(光明地区)<br>・地域福祉活動(中山台地区)<br>第2部(総合計画づくりパネル討議)<br>・パネラー地域代表者 | H12年3月18日(土)<br>〈女性センター〉<br>1. 地域のスポーツ活動について<br>(市教育委員会)(社会教育部)<br>2. 地域の防犯について<br>(宝塚警察署)(生活安全課)<br>3. その他情報交換 |
| 第5回 | まちづくり地域フォーラム<br>H11年2月27日(土)<br>〈西公民館〉<br>第1部(事例発表)<br>・盆踊り、各種イベント(一小校区)<br>・巡礼街道と桜(長尾地区)<br>・震災復興<br>(密集住宅市街地整備促進事業)<br>(宝小地区)<br>第2部(総合計画づくりパネル討議)<br>・パネラー地域代表者 | H11年8月5日(木)<br>〈南口会館〉<br>1. 市長の話<br>「市民参加のまちづくり、さらなる推進」<br>2.「総合計画・地域別計画づくり」について<br>(企画財務部)<br>3.「地域の防犯」について<br>(宝塚警察署)(生活安全課)<br>4. 武庫川の治水について<br>(兵庫県・市下水道部) | H12年7月25日(火)<br>〈女性センター〉<br>1.「粗大ゴミの有料化」について<br>(環境経済部)<br>2.「交通問題」について<br>(道路部) |

第 2 章　宝塚市コミュニティ政策の変遷

| 第4ブロック | 第5ブロック | 第6ブロック | 第7ブロック |
|---|---|---|---|
| H10年1月24日(土)〈小浜小学校〉<br>1.「自主防災組織」について（消防本部）<br>2. 今後の当該会議のもち方について（企画財務部） | H9年7月17日(水)〈第13隣保館〉<br>1.「子ども達の環境」について（教育委員会指導部）<br>2.「自主防災組織」について（消防本部）<br>3. 行財政改革について（企画財務部）<br>4. 今後の当該会議のもち方について（企画財務部） | H10年2月21日(土)〈東公民館〉<br>1.「自主防災組織」について（消防本部）<br>2. 今後の当該会議のもち方について（企画財務部） | H9年8月2日(土)〈自然休養村センター〉<br>1.「子ども達の環境」について（教育委員会指導部）<br>2.「自主防災組織」について（消防本部）<br>3. 今後の当該会議のもち方について（企画財務部） |
| H10年7月28日(火)〈総合福祉センター〉<br>1. 第4ブロックの地域特性について（都市計画マスタープランより）（都市復興部）<br>2. まちづくり協議会と自治会について（企画財務部） | H9年11月26日(水)〈東公民館〉<br>1. 街区公園の運営・管理について（都市整備部）<br>2. 健康づくりの推進事業について（健康福祉部）<br>3. 長尾地区まちづくり協議会の各部会活動の報告について（企画財務部） | H10年7月25日(土)〈中山台コミュニティセンター〉<br>1. 第6ブロックの地域特性について（都市計画マスタープランより）（都市復興部）<br>2. 高齢化社会における福祉について（健康福祉部）（地域代表）<br>3. 長尾山トンネル工事の進捗状況について（道路部） | H9年11月20日(木)〈自然休養村センター〉<br>1. 健康づくりの推進事業について（健康福祉部）<br>2. 農業振興と南北交流について（環境経済部）<br>3. 国保診察所について（市民部） |
| H10年11月27日(金)〈美座会館〉<br>1. 住民参加による公園の運営管理について（都市整備部）<br>2. まちづくり協議会の活動報告について（企画財務部） | H10年8月1日(水)〈東公民館〉<br>1. 第5ブロックの地域特性について（都市計画マスタープランより）（都市復興課）<br>2. 長尾地区の道路計画について（道路部）（企画財務部） | H10年11月30日(月)〈東公民館〉<br>1. 宝塚警察署管内の治安について（宝塚警察署）<br>2. 環境整備と道路事情について（地域代表） | H10年8月4日(火)〈自然休養村センター〉<br>1. 第7ブロックの地域特性について（都市計画マスタープラン）（都市復興課）<br>2. 道路問題について（道路部） |
| まちづくり地域フォーラム<br>H11年2月21日(日)〈総合福祉センター〉<br>第1部(事例発表)<br>・花フェスタについて（仁川地区）<br>・情報紙の作製と配布（長尾地区）<br>・地域福祉活動（ひばり地区）<br>第2部（総合計画づくりパネル討議）<br>・パネラー地域代表者 | H10年11月21日(土)〈東公民館〉<br>1. 最近の宝塚警察署管内の治安について（宝塚警察署）<br>2. 当ブロックにおける福祉基盤（特別養護老人ホーム・保育所等の設置について）（健康福祉部） | まちづくり総合フォーラム<br>H11年3月6日(土)〈東公民館〉<br>第1部(事例発表)<br>・CATVによる地域PR活動（すみれ地区）<br>・配食と会食サービス（美座地区）<br>・健康づくりについて（安倉地区）<br>第2部（総合計画づくりパネル討議）<br>・パネラー地域代表者 | H10年11月24日(火)〈自然休養村センター〉<br>1. 西谷地区の防犯について（宝塚警察署大原野駐在所）<br>2. 市民100人委員会の協議・内容について |
| H11年8月8日(日)〈小浜小学校〉<br>1. 矢野助役の話「市民参加のまちづくり、さらなる推進」<br>2.「総合計画、地域別計画づくり」について（企画財務部）<br>3. 地域の防犯について（宝塚警察署）（生活安全課）<br>4. 武庫川の治水について（兵庫県・市下水道部） | まちづくり地域フォーラム<br>H11年2月28日(日)〈東公民館〉<br>第1部(事例発表)<br>・不法駐輪対策について（末広地区）<br>・小浜宿まつり（小浜地区）<br>・収穫祭等について（西谷地区）<br>第2部（総合計画づくりパネル討議）<br>・パネラー地域代表者 | H11年8月29日(日)〈東公民館〉<br>1. 市長の話「市民参加のまちづくり、さらなる推進」<br>2.「総合計画・地区別計画づくり」について（企画財務部）<br>3. 高齢者に優しいまちづくり（健康福祉部）（道路部） | まちづくり地域フォーラム<br>H11年2月17日(水)〈自然休養村センター〉<br>第1部(事例発表)<br>・コミュニティの統合課題（中山台地区）<br>・地域福祉活動（高司地区）<br>第2部（総合計画づくりパネル討議）<br>・パネラー地域代表者 |

| | 第1ブロック | 第2ブロック | 第3ブロック |
|---|---|---|---|
| 第6回 | H11年8月8日(日)〈西公民館〉<br>1. 坂上助役の話<br>「市民参加のまちづくり、さらなる推進」<br>2.「総合計画・地域別計画づくり」について<br>(企画財務部)<br>3.「地域の防犯」について<br>(宝塚警察署)<br>(生活安全課)<br>4. 武庫川の治水について<br>(兵庫県・市下水道部) | H11年11月21日(日)〈中央公民館〉<br>・第4次総合計画の地域別計画について<br>(企画財務部) | H13年3月16日(金)〈女性センター〉<br>第4回第3地区まちづくり連絡会議<br>1.「第4次総合計画(地区別計画を含む)」について<br>(企画財務部)<br>2.「地域の諸問題」について<br>3. その他の情報交換 |
| 第7回 | H11年12月19日(日)〈西公民館〉<br>・第4次総合計画の地域別計画について<br>(企画財務部) | H12年3月19日(日)〈市役所3階大会議室〉<br>1. 地域スポーツ活動について<br>(宝塚市教育委員会社会教育部)<br>2. 介護保健制度実施に伴う地域課題について<br>3. その他情報交換 | H13年7月26日(木)〈女性センター〉<br>第5回第3ブロックまちづくり連絡会議<br>1.「まちづくり計画」の策定について<br>2.「まちづくり基本条例」「市民参加条例」の制定の取り組みについて<br>(企画財務部)<br>3. 優生会病院の建設計画について<br>4. 学校園の安全対策について<br>5. その他の情報交換 |
| 第8回 | H12年3月25日(土)〈西公民館〉<br>1. 地域スポーツ活動について<br>(宝塚市教育委員会社会教育部)<br>2. 各コミュニティの取り組み状況について<br>3. その他情報交換 | H12年7月30日(日)〈第一小学校クラブハウス〉<br>1.「粗大ゴミの有料化」について<br>(環境経済部)<br>2.「コミュニティ施設の拠点づくり」について<br>(企画財務部) | H14年3月24日(日)〈女性センター〉<br>第8回第3ブロックまちづくり連絡会議<br>1.「学校週5日制への移行について<br>(教育委員会)<br>2.「まちづくり基本条例」「市民参加条例」について(企画財務部)<br>3.「まちづくり計画の策定について」<br>4. JR宝塚駅の橋上化について<br>5. 売布交番の復活について |
| 第9回 | H12年7月23日(日)〈西公民館〉<br>1.「粗大ゴミの有料化」について<br>(環境経済部)<br>2.「児童館」の開館と今後の見通しについて<br>(健康福祉部) | H13年3月18日(日)〈中央公民館〉<br>第8回第2ブロックまちづくり連絡会議<br>1.「第4次総合計画(地区別計画を含む)」について<br>(企画財務部)<br>2. 逆瀬川駅前周辺の交通事情について<br>3. 情報交換等について | H14年7月28日(日)〈女性センター〉<br>第9回第3ブロックまちづくり連絡会議<br>1.「市民と共に進める協働のまちづくりについて」(市長のお話)<br>2. JR宝塚駅の橋上化と駅周辺のバリアフリー化<br>3.「ファミリーランドの廃園について<br>4. 阪急清荒神駅について<br>5. 売布交番の復活について<br>6. その他の情報交換 |
| 第10回 | H13年3月25日(日)〈西公民館〉<br>第8回第1ブロックまちづくり協議会<br>1.「第4次総合計画(地区別計画を含む)」について<br>(企画財務部)<br>2.「まちづくり協議会活動と福祉問題」について<br>3. その他の情報交換 | H13年8月4日(土)〈中央公民館〉<br>第9回第ブロックまちづくり連絡会議<br>1.「まちづくり計画」の策定について<br>2.「まちづくり基本条例」「市民参加条例」の制定の取り組みについて<br>(企画財務部)<br>3. 環境整備と道路事情について<br>4. 学校園の安全対策について<br>5. その他の情報交換 | |

第2章 宝塚市コミュニティ政策の変遷 141

| 第4ブロック | 第5ブロック | 第6ブロック | 第7ブロック |
|---|---|---|---|
| H11年12月18日(土)〈市役所〉・第4次総合計画の地域別計画について(企画財務部) | H11年8月6日(金)〈東公民館〉1.市長の話「市民参加のまちづくり、さらなる推進」2.「総合計画・地域別計画づくり」について(企画財務部)3.最近の道路事情について(市道路部) | H12年1月8日(土)〈東公民館〉・第4次総合計画の地域別計画について(企画財務部) | H11年7月23日(金)〈自然休養村センター〉1.市長の話「市民参加のまちづくり、さらなる推進」2.「総合計画・地域別計画づくり」について(企画財務部)3.西谷地区災害時の情報システムのあり方について(総務部)(消防本部)4.市街化調整地域の建築に対する市の対応について(寒山等)(都市整備部)(水道局) |
| H12年3月21日(火)〈総合福祉センター〉1.地域のスポーツ活動について(宝塚市教育委員会社会教育部)2.クリーンセンターがおよぼす健康影響について3.その他情報交換 | H11年12月12日(日)〈東公民館〉・第4次総合計画の地域別計画について(企画財務部) | H12年3月18日(土)〈中山台コミュニティセンター〉1.地域のスポーツ活動について2.住民のまちづくりへの参加について3.その他の情報交換 | H11年11月14日(日)〈自然休養村センター〉まちづくり地域フォーラム(企画財務部)・第4次総合計画の地域別計画について |
| H12年7月28日(金)〈自然休養村センター〉1.「粗大ゴミの有料化」について(環境経済部)2.「巡礼街道の整備」について(社会教育部) | H12年3月17日(金)〈東公民館〉1.地域スポーツについて(市教育委員会、社会教育部)2.健康づくりのための環境整備について・天神川の堤防の私物化・公園が多い(天神川沿い)3.その他情報交換 | H12年7月30日(日)〈東公民館〉1.「粗大ゴミの有料化」について(環境経済部)2.まちづくり協議会の拠点づくり(企画財務部) | H12年3月23日(木)〈自然休養村センター〉1.地域スポーツ活動について(市教育委員会、社会福祉部)2.「みちの駅」について3.情報交換について |
| H13年3月17日(土)〈小浜小学校コミュニティホール〉第7回第4ブロックまちづくり連絡会議1.「第4次総合計画(地区別計画を含む)」について(企画財務部)2.粗大ゴミの有料化問題について3.その他の情報交換 | H12年7月23日(日)〈西公民館〉1.「粗大ゴミの有料化」について(環境経済部)2.「景観を壊さぬよう、緑をなくさないよう」について(都市創造部)(土木部) | H13年3月25日(日)〈中山台コミュニティセンター〉第7回第6ブロックまちづくり連絡会議1.「第4次総合計画」(地区別計画を含む)について(企画財務部)2.「宅地造成に伴う開発行為」について3.その他の情報交換 | H12年7月28日(金)〈自然休養村センター〉1.「粗大ゴミの有料化」について(環境経済部)2.通常バス利用範囲拡大について(教育委員会管理部) |
| H13年7月27日(金)〈総合福祉センター〉第8回第4ブロックまちづくり連絡会議1.「まちづくり計画」の策定について2.「まちづくり基本条例」「市民参加条例」の制定の取り組みについて(企画財務部)3.学校園の安全対策について4.その他の情報交換 | H13年3月10日(土)〈山本文化会館〉第8回第5ブロックまちづくり連絡会議1.「第4次総合計画」(地区別計画を含む)について(企画財務部)2.市民の健康づくり・子供たちの広場づくりの提案について3.市民が利用しやすい公共設備運営の提案について | H13年8月5日(日)〈中山台コミュニティセンター〉第8回第6ブロックまちづくり連絡会議1.「まちづくり計画」の策定について2.「まちづくり基本条例」「市民参加条例」の制定の取り組みについて(企画財務部)3.長尾山トンネル開通に伴う環境・交通等の諸問題4.学校園の安全対策について5.その他の情報交換 | H13年3月23日(金)〈自然休養村センター〉第9回第7ブロックまちづくり連絡会議1.「第4次総合計画」(地区別計画を含む)について(企画財務部)2.「不法投棄対策」について3.情報交換について |

|  | 第1ブロック | 第2ブロック | 第3ブロック |
|---|---|---|---|
| 第11回 | H13年8月5日（日）<br>〈西公民館〉<br>第9回第1ブロックまちづくり連絡会議<br>1.「まちづくり計画」の策定について<br>2.「まちづくり基本条例」「市民参加条例」の制定の取り組みについて<br>（企画財務部）<br>3. 学校・地域での子ども達の安全対策について<br>4. その他の情報交換 | H14年3月24日（日）<br>〈中央公民館〉<br>第11回第2ブロックまちづくり連絡会議<br>1.「学校週5日制への移行について」<br>（教育委員会）<br>2.「まちづくり基本条例」「市民参加条例」について（企画財務部）<br>3.「まちづくり計画の策定について」<br>4. まちづくり計画の各地域の課題について<br>5. 学校の週5日制に関する地域の取り組みについて<br>6. その他の情報交換 | |
| 第12回 | H14年3月2日（土）<br>〈西公民館〉<br>第12回第1ブロックまちづくり連絡会議<br>1.「学校週5日制への移行について」<br>（教育委員会）<br>2.「まちづくり基本条例」「市民参加条例」について（企画財務部）<br>3.「まちづくり計画の策定について」<br>4. 地域福祉の活性化について<br>5. その他の情報交換 | H14年8月8日（木）<br>〈中央公民館〉<br>第12回第2ブロックまちづくり連絡会議<br>1.「市民と共に進める協働のまちづくりについて」<br>（市長のお話）<br>2.「まちづくり計画の進行状況について」<br>3.「地域と学校の連携について」<br>4. その他の情報交換 | |
| 第13回 | H14年7月28日（日）<br>〈西公民館〉<br>第13回第1ブロックまちづくり連絡会議<br>1.「市民と共に進める協働のまちづくりについて」<br>（市長のお話）<br>2.「コミュニティと自治会との連携強化について」<br>3. その他の情報交換 | | |

第 2 章　宝塚市コミュニティ政策の変遷

| 第4ブロック | 第5ブロック | 第6ブロック | 第7ブロック |
|---|---|---|---|
| H14年3月9日(土)〈小浜小学校多目的ホール〉第11回第4ブロックまちづくり連絡会議<br>1.「学校週5日制への移行について」(教育委員会)<br>2.「まちづくり基本条例」「市民参加条例」について(企画財務部)<br>3.「まちづくり計画の策定について」<br>4. 完全学校週5日制実施後の子ども達と地域の関わりについて<br>5. その他の情報交換 | H13年8月24日(金)〈東公民館〉第9回第5ブロックまちづくり連絡会議<br>1.「まちづくり計画」の策定について<br>2.「まちづくり基本条例」「市民参加条例」の制定の取り組みについて<br>3. 長尾地区センターの有効利用について<br>4. 地域と子どもたち、これからの関わり合いについて<br>5. 公民館の有料化について<br>6. その他の情報交換 | H14年3月21日(木・祝)〈中山台コミュニティセンター〉第11回第6ブロックまちづくり連絡会議<br>1.「学校週5日制への移行について」(教育委員会)<br>2.「まちづくり基本条例」「市民参加条例」について(企画財務部)<br>3.「まちづくり計画の策定について」<br>4. 雲雀丘地区における「山崩れ」の対策について<br>5. その他の情報交換 | H13年7月25日(水)〈自然休養村センター〉第10回第7ブロックまちづくり連絡会議<br>1.「まちづくり計画」の策定について<br>2.「まちづくり基本条例」「市民参加条例」の制定の取り組みについて<br>3. 通学路の安全対策について<br>4. 学校園の安全対策について<br>5. その他の情報交換 |
| H14年7月29日(月)〈小浜小学校コミュニティルーム〉第12回第4ブロックまちづくり連絡会議<br>1.「市民と共に進める協働のまちづくりについて」(市長のお話)<br>2.「学校週5日制実施後の子ども達と地域の関わりについて」<br>3. その他の情報交換 | H14年3月23日(土)〈東公民館〉第12回第5ブロックまちづくり連絡会議<br>1.「学校週5日制への移行について」(教育委員会)<br>2.「まちづくり基本条例」「市民参加条例」について(企画財務部)<br>3.「まちづくり計画の策定について」<br>4. 長尾地区の道路行政について<br>5. その他の情報交換 | H14年7月27日(土)〈東公民館〉第12回第6ブロックまちづくり連絡会議<br>1.「市民と共に進める協働のまちづくりについて」(市長のお話)<br>2.「長尾山トンネル開通後の環境変化について」<br>3.「阪急山本駅のバリアフリー化について」<br>4. その他の情報交換 | H14年3月18日(月)〈自然休養村センター〉第12回第7ブロックまちづくり連絡会議<br>1.「学校週5日制への移行について」(教育委員会)<br>2.「まちづくり基本条例」「市民参加条例」について(企画財務部)<br>3.「まちづくり計画の策定について」<br>4.(通称)農免道路の事故多発個所の改修・改善について |
| | H14年8月7日(水)〈東公民館〉第13回第5ブロックまちづくり連絡会議<br>1.「市民と共に進める協働のまちづくりについて」(市長のお話)<br>2.「学校週5日制に伴う教育委員会の取り組みと授業時間について」<br>3. スポーツクラブ21の立ち上げに伴う学校の安全対策と施設の開放について<br>4. その他の情報交換 | | H14年7月26日(金)〈自然休養村センター〉第13回第7ブロックまちづくり連絡会議<br>1.「市民と共に進める協働のまちづくりについて」(市長のお話)<br>2. 農免道路の補修(拡幅)について」<br>3. その他の情報交換 |

## 第3節　市長交代と復古政策、混乱・激論8年(2006年以降)

　市民参加を積極的・開放的に推進し、地域民主主義の発展に大きく寄与したA市長は2004年に退陣しており、宝塚市地域自治政策の局面は、地域ごとのまちづくり計画(住民自治)を形成し、総合計画(団体自治)に位置づけ、当該目標を進展させる段階に進んでいた。

　総合計画に描かれる計画内容は、多くの議論や討議が尽くされたもので、

**表2-4　まちづくり協議会政策開始から25年間、4人の宝塚市長変遷**

| | 当該政策関連の市長 | | コミュニティ政策等との関連 | その他政策 |
|---|---|---|---|---|
| A市長 12年 | 正司泰一郎氏(3期) 1991年2月〜2003年3月 (保守系) | 当該政策進展15年 | 1993年から、本格的コミュニティ政策 (筆者の直接担当11年間) 市民参加条例・まちづくり基本条例 コミュニティ計画着手 | モダンな美的都市 文化都市 女性政策 |
| B市長 3年 | 渡部完氏(1期途中) 2003年4月〜06年3月 (保守系) | | コミュニティ政策を評価し継続 コミュニティ計画完成に向け策定継続 | 防災政策 文化都市 |
| C市長 3年 | 阪上善秀氏(1期途中) 2006年4月〜09年2月 (保守系=旧村出身) | 縮小・混乱8年 | 2006年登場し自治会連合会重視 2007年まち計画をストップ 2008年、真逆の復古政策、まちづくり協議会を衰退化させ混乱の始まりとなった まちづくり協議会政策が継承されない状況 | 伝統文化と青少年育成の重点政策 |
| D市長 8年 | 中川智子氏(2期続行中) 2009年4月〜現在 (社民〜民主系) | | 真逆の復古政策継続と混乱。 協働を矮小化 自治会連合会分裂 地域に向き合うより全国にアピールする政策(きずな課設置) 住民自治組織調査専門員の設置 | 平和政策 エネルギー政策 |

注)「復古」とは王政復古のように、昔や以前の体制に戻る意味であるが、ここでの復古政策は、1992(平4)年までのE市長時代までの市政体制=階層的ピラミッド型構造(p.80図2-3)であり、それは、昭和期までの「行政村(町)」[17]の構造を指す。

注)宝塚市政や市民活動動向の、筆者(2006年3月末退職以降)の本節説明や分析は、下記の市民、職員・OBなど約30人という多くの人の情報や証言に依拠するもの。

理念や具体的目標を含め、文語の一字一句が大切である。その総合計画に責任ある市民によるまちづくり計画という実態と魂を入れ、市政（＝団体自治）のパワーとし、地域自治の実質的な昇華・繁栄をもくろみとするものであろう。

　本節では、主にＡ市長以降のコミュニティ政策とその展開の変貌について、詳細に述べることにしたい。その際、市長名はＡ市長、Ｂ市長、Ｃ市長、Ｄ市長と表記し本論を進めたい。

### 多くの関係者からの情報や証言と記載経緯

　2006年宝塚市を定年退職した筆者は、市行政から離れた立場となるが、宝塚市のまちづくり推進政策の直接担当の職員であったから、市政から離れた新しい仕事に就いても、少なくとも年間2～3回は各種ＯＢ会への出席や、ほかに年3～4回は諸用で市庁舎を訪れる機会が10年近く続いた。また私的な住まいが宝塚市近辺にあり、その後も多くの市民、職員・ＯＢ、および市会議員などから、多くの情報が入った。

　2006年以降の宝塚市の住民自治活動や周辺政策など本書の説明や分析は、その多くの市民、職員・ＯＢなどからの情報や、独自取材、多様な証言などに依拠するものである。

　Ｃ市長登場により、2007年から劇的な復古的方策が展開になる。それはＤ市長の近年まで、現市政の混乱期となり、多くの市民関係者および市職員に動揺をもたらす様相の状況になるのであった。宝塚市と周辺の交通機関や駅などでは、関係市民や職員・ＯＢ、市議会議員などと時々偶然の出会いはあるものである。そんな時、筆者の姿をみて、彼らがあいさつ代わりに、市政の際立つ展開について、話しかけてくる場合がある。その際、出来事の核心やコアな事項は、筆者が応答して逆にインタビューし、証言的なことばを聞くことになる。関係会議や講演などで、宝塚市を訪れる市外研究者からの証言もあったが、特に、自治会長を含み、よく知る関係市民からは多様な情報が直接に入る。この類の情報源は30人を下らない。

　また、市議会議員や関係者から、まちづくりや地域自治についての筆者自身の講演を2回ほど頼まれた時は、さらに様々な市民との意見交換などの機

会となり、つまびらかな状況を伺い知ることができた。さらに核心的な部分は、関係者幾人かにお願いして、克明なヒアリングができた。これらをまとめて書きしたため、それに基づいて分析考察を行うこととした。市長の命を受ける現役担当は、筆者には職務上ある程度話さざるを得ない面があるかもしれない。しかし、真逆の復古方策であっても、市長を補佐し市行政に携わる立場の現役幹部からは、そのC市長などの手前、当該政策を強く進めた過去形の筆者には、積極的に話しにくい雰囲気を感じ取った。実務の円滑執行上、OBであってもすでに部外者となっている筆者には注意が要る。筆者は特別な場合を除き、頼まれない限り、できるだけ現役担当との面会を避けた。政策展開の記載は、公式発表のほか、上記30人を越える多様な情報源や独自取材からである。証言については主として上記の関係者から10件程度に絞り込み、匿名(L氏〜Z氏)で載せることとした。

## 1　自治会連合会の上位意識─2006年以降、まちづくり計画形成の進展とともに

1992〜2003年、3期12年の間、正司氏(A市長)体制により、まちづくり協議会政策は積極的に進んだが、2004年から新市民層出身─保守系の渡部氏(B市長)が選出され登場した。B市長は選挙公約の防災政策や文化政策を優先させ、当該まちづくり協議会政策にはさほど積極的ではなかったものの、当該政策は概ね全面的に継続された(筆者は他部局へ異動となって、その2年後の06年、定年退職)。この政策に直接携わった経験をもつ新たな部次長が筆頭担当となり、20の小学校区の地域別まちづくり計画の形成を継続し、その策定完成への作業は、その後4年間進められた。なお、2006年、汚職の発覚がありB市長は3年目に退陣となった。

### 1)　弱まったコミュニティ政策体制

第1章での考察のように、住民自治への改革的な政策は、自治体にとっての基本政策である。大局は90年代より分権型への転換期にあったが、2000年に地方分権一括法の制定があって、地域自治改革はその追い風があるはずである。分権改革に向きあわず立ち止まるとか、それ以前への回帰などは、

かえって自治体行政を機能不全に陥らせ、硬直化して自らの自治力を弱めていくことになる危険性を孕む。限られた人材や財源の中、市政運営は分権方向で、改革政策に舵をとるのが時流であり、目標となるはずである。

このように、住民自治を前進的に改革し、市行政＝団体自治にそれを反映する地域コミュニティ政策の重要度が増しているものの、住民意識とはまだ大きな温度差があるのも事実であろうし、一般職員の認識アップも課題であった。それら住民や職員意識のボトムアップには、強い政策やリーダーシップが必要であり、それが求められているとすれば、市長がこの基本政策の理念をもつことは大変重要である。しかし、いつもこの基本政策が優先になるとは限らない現実がある。つまり、現実の市政運営は選挙を通じた市長特有の公約が優先となるのであろう。

後任のＢ市長は、概ねこのコミュニティ政策を理解しサポートするスタンスであったが、リーダーシップを執るまでの理念や推進力はなく、担当部長職は筆者の異動後なくなった。まちづくり協議会政策やまちづくり計画の継続推進には、次長職としての適任者が登用された。その次長職を支える周囲には、課長職を含め若手２～３人の職員人材と、加えてもう２～３人の再任雇用のベテラン職員という内訳で、計数名の地域担当という陣容であった。総合計画の企画担当には、以前から力量を発揮する別次長の布陣があってその推進が期待されたのである。人数としては従前と同じ体制であるが、これら政策を遂行する執行力には、総合力として不足気味であるのが実情であった。つまり、当該政策の市長・部長を含む上位幹部の力量に不安があり、まちづくり協議会政策そのものの推進力は弱まる兆しになっていた（幹部を含め当該分野の人材が不足していた）。さらに、後述するＣ市長と自治会連合会長Ｋ氏とのコンビの登場は、これまでの当該政策とは全く嚙み合わない問題が潜んでいた。

　　まちづくり計画と人材・財政事情

まちづくり計画において、市民が求めた地域の自立的計画部分や、協働的な部分の概ねの考え方は、前述の(119-120頁、表2-3)の通りである。これに

ついては、紙面の都合で一部分しか全体を載せていないが、住民側が市に対して、積極的に地域計画化を望む大きな部分があった。それは、主として、地域（コミュニティエリア）の近隣緑地や近隣公園、近隣道路や歩道、交通課題などの都市整備的分野であり、比較的大きな予算を必要とする内容である。

1990年過ぎから日本経済の約20年は停滞期にあって、市税収入も下り坂にあった。それに加えて、宝塚市は1995年の阪神淡路大震災で大きなダメージを受けて債務が膨れ、一般福祉的行政需要も増して関係する基幹的歳出は目白押しであった。復興計画などでも大きな歳出が組まれ、財政逼迫の状況下なのであった。

まちづくり計画は、住民自身が主体的実践的に身近な場で力を発揮するしくみであり、それゆえ、近未来では間違いなく自立的市政に欠かせない根幹的システムになるにしても、足元の総合市政のメカニズムが回らなければ、先に進まないのである。また、当該政策推進には、次の条件が必要と分析されるが、総合市政でのその条件は不完全になってきていた可能性があった。

<u>政策推進の条件</u>（まち協政策やまちづくり計画形成を進展させる市の体制）

①住民主権や住民自治進展の理念を明確にもつ市政運営。

②大きいリーダーシップ（当該政策に積極的な市長・副市長ほか上位幹部ブレーン）。

③大勢の市民参加があること、および大きな市民反対がないこと。

④住民主権の意識ある職員体制。数名以上の核となる人材と各部署に理解ある積極姿勢の人材配置。

⑤計画の存在と財政事情。

2006～07年頃のまちづくり計画進捗においては、上記政策推進の基本条件の状況は悪くなる展開にあった。それでも、地域住民（まちづくり協議会）には、優先順位をつけて市財政計画とすり合わせながら、実施計画にのせる作業が継続された。それは、総合市政には重くのしかかったかもしれない。これらは頭の痛い課題には相違なかったであろう。できれば、時期を少しでも遅らせ、体制を整えてから、これらに政策着手する段取りが適切という状況にあったかもしれないのである。

2）自治会連合会の上位主張

　ムラの歴史構造を記した第1章第2節で福田アジオが、「1940年以降、上意下達機構として部落会が設けられたが、これはムラを単位として編成された。生活・生産の組織としてのムラは絶えず支配や行政のために利用されてきた。それは現在でも顕著にみられることである。(34-36頁)」と、述べているように日本社会は、統治の歴史が始まって以来、ずっと上下階層的社会構造が継続されてきた。また、20世紀後半まで被差別部落や今も課題となる女性などへの強い差別事象もあったのである。歴史の中で得てきた価値観や意識は一朝一夕に変わるものではない現実がある。

　「なぜ、自治会連合会リーダーがまちづくり協議会との上下関係を言い出すことになったのか」を考えると、もともと、村落共同社会の統治と役割分担などによる内々の組織活動には上下関係があり、それが必要であった歴史的事実が根拠にあるであろう。また、長く学習を積んでいる見識者は尊敬される側面が普遍的にあり、長（おさ）たる会長や役員など長老には権威（権力）があった。さらに、いくつかの村が寄り合う、大きい規模エリア（例えば郡）にあっては、その上下関係的な統治のルールが必要であり、実態であったと思われる。また、近年にあっても、旧来地域の中に新住民が入って独自の地域自治会をつくった場合、その地域自治会に対しては、土地の財産に関連すること以外は、概ね新住民の自治活動に付き合える。ただし、「新入りは後輩」、「郷に入っては郷に従え」という視点はもつであろうし、地域の自治に直接関係しないボランティアグループなどに対しては、組織的行動の意識次元の違いなどで困惑し、対応できないとするのが彼らの姿勢なのかもしれない。そのため彼らからは、土地所有のない新住民は地域自治運営という土俵では、同等というよりは弱く低い立場にみる者もいるかもしれない。

　一方、日本の多くでみられるように、ムラを出て会社勤めのサラリーマンになっても、その会社は上下階層社会である。一見どこでも上下階層社会にみえるかもしれない。

　A市長の強いリーダーシップによる「まちづくり協議会政策」には、見識

あるリーダーによる多くの地域自治会は賛同する立場にあったが、旧来の自治会は、それに反対ではないが、ただ静観する側面があったのかもしれないのだ。市長などに政策指導力がなくなると、その古い体質が表面化してくる可能性は推察するに困難ではない。

　⑴同じ旧村出の市長候補と自治会連合会長

　市自治会連合会の動向であるが、当該政策を提唱しリードしたA市長当時のG会長からH会長という、2代にわたって続いた新住民による連合会長の後任は、2001年の交代で、同じくまちづくり協議会政策支持であり旧西谷村からの生え抜きI会長に代わり、さらに05年に武庫川左岸の旧長尾村からの生え抜きK会長に代わることになる。

　その市自治会連合会長のK氏は、以前から、まちづくり協議会台頭を苦々しく思う発言のトーンを、徐々に強めていたことは周りによく知られていた。04年当時までの自治会連合会トップ役員7人のコミュニティ政策に対する考え方は、社会改革の時流などもあって、A市長やB市長の政策に賛同する人たちが過半を占めていた（筆者確認）。しかし、同時にまだ少なからぬ地域自治会の考え方には、新連合会長K氏の主張と通じる日本独特の守旧性もあったと考えられた。K会長は市民参加型を目指すまちづくり協議会政策への攻撃主張を強めていくことになるが、それには次のような背景があった。

　K氏の出身である同じ旧長尾村では、国会議員を1期務め県会議員となっている政治家C氏が、次期宝塚市長を志しているとみられ有力視されていた。K氏は、C氏と階層社会的な考え方や価値観が合うと推察されることもあって、その後援会長になっていた。C氏にとっては、同村出身の自治会連合会長が後援会長であることの政治的メリットは大きいと考えられ、相互の連携を強めていたと想定される。K氏はC氏との連携もあって、05年以降、がぜん、まちづくり協議会政策への批判主張が強くなっていくと推測できるわけである。

## 第2章 宝塚市コミュニティ政策の変遷

### 表2-5 特徴を顕わした二つの住民組織（協調の方策の模索資料）

| | まちづくり協議会 | 自治会連合会（2010年まで） |
|---|---|---|
| 地域参加の条件 | 平等参加（水平性） | ピラミッド型上下関係を肯定 |
| | 自治会中核での平等主義 | 自治会連合会が最上位 |
| 構成形態 | 自治会、多様な個別ボランティア、グループや団体、NPO | 自治会とその会員（財産区のある自治会含む） |
| 地域形成理念 | 民主的なまちづくり（個別性尊重のゆるやかな組織） | 安定的な伝統的共同体（共和的集団主義） |
| 共同の考え方 | パートナーシップ | 市の作成案との協調型 |
| 組織や活動の性格 | 開放的 | 不透明性・閉鎖性の残存 |
| 構成者とそのコア | 大勢の住民中間層 | 少数のリーダーと集団 |
| 個人か世帯か | 個人参加も可能 | 世帯単位 |
| 地域創生姿勢 | 積極的な例が多い | 積極的な例が少ない |
| 紐帯の性格 | 志縁、個別的力がある | 生え抜き自治会リーダーに強い使命感 |
| 背景や土台 | 無産で流動性残る住まい方 | 財産区財産など有、生粋性 |
| 総合的見方（自立性・政治力など） | 総合的結束性や政治性が弱い 大勢の新住民の中間層である。人口割合は8割におよぶが、新興自治会や団体・ボランティアなどを構成するゆるやかな組織。 | 総合的に政治力がある 伝統的共同体部分の人口割合は1割強だが、時にはこの生抜きリーダーに強い（市政の主軸という）使命感発揮がある。 |

↓ 新中間層の台頭とその受け皿づくりで多様化複雑化した地域自治組織

→ 後に分裂し二つの連合体になる。

**数値の根拠**
① 2002年市民意識調査結果（図2-13）による42％の住民はまちづくり協議会政策に関心もち、概ね支持と想定。
② 地域自治会加入率（図2-4）
③ 新中間層（伝統的共同体と図2-4より推定）
④ 伝統的共同体12％（p.88）
⑤ 無関心層60％（表1-4）：市長・市議会議員選挙等の投票率

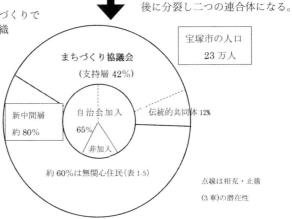

図2-15 複雑化した地域自治概容

(2) 二つの有力住民組織

　2002年の当該まちづくり計画のガイドラインづくりの決定会議には、まちづくり協議会代表と自治会連合会代表が各7人ずつ参加し、全員が計画づくり推進の立場であった。しかし、2004年〜2007年のこの4年間、個々の地域別まちづくり計画策定が進む反面、住民組織の構造的対立が徐々に表面化するようになっていた。この「地域別まちづくり計画」の計画形成経緯や仕方について、自治会連合会が反発を示す動きになったのである。しかし、彼らが以前の立場（推進賛成）を翻す理由になったのは、まちづくり計画だけでなく、「まちづくり協議会の政策」を含めた、この基本政策の構造にも、反発心が潜んでいたのではないかと思われる（構造的対立になる二つの住民組織の対比については、**表2-5**と**図2-15**で表している）。

　そして、まちづくり協議会政策を提唱したA市長から数えて3代目のC市長が誕生の2006年4月前後から、まちづくり協議会などとの関係をめぐる自治会連合会の上位意識である「上下関係か平等・役割分担か」をめぐり、この二つの住民組織は、それぞれの特徴を露わにしていくことになった。一般論として、表2-5での左側の「まちづくり協議会」は、目的をもつアソシエーション系に近い地域自治組織として整理され、右側は伝統的な日本のコミュニティ組織として整理されるのであろう（参照：第1章3節中川幾郎）。

(3) まちづくり計画作成経緯に反発

　2004年〜2007年の地域別まちづくり計画策定については、各まちづくり協議会において、地域市民自身が意見や提案を持ち寄り、時間をかけた協議を積み重ね、何よりも自治会が重要なかなめとなる方式で原案がつくられた。そして市とは長期的予算見込みなど一定の調整を経て、集大成に至ったのである。計画づくりが市民のやりがいとなり、また一定の責任と自らの実行を市民が負うことになるねらいもあった。

　住民自治を団体自治に反映させることが、落差の大きい地域自治高揚のための大きなポイントである。これは、初めて住民のつくる地域のまちづくり計画を市の総合計画に位置付けるという意味において重要であろう。

市における計画決定の順序については、第4次総合計画の後期基本計画（2008年度から）への反映に向けての段階である。そこで、まちづくり協議会代表と自治会連合会代表をコアとする「まちづくり計画検討会議」が設置され、その総合計画の基本構想の部分については市議会の議決となるが、市の原案作成の行程にのせ、2007年度にまとめる段階であった。このような重要時期にかかってきたのであるが、2005～06年の辺りから、市自治会連合会において、新しく代わったK会長や役員などが、これまでの合意による着実な経緯を無視するように、急に異論を唱え始めることになった（この動向は10人を越える証言に依拠している）。

　自治会連合会代表とまちづくり協議会代表とに、構造的な大きな亀裂が表面化した。その亀裂の原因も、数人の証言により、次の事項などによるものと分析できた。

　⑷従前の立場の人びとの警戒感
　自治会連合会の最初の反発の契機は、「まちづくり計画」推進に対してであった。市の大きな政策支援があったとはいえ、まちづくり協議会がつくった前節記載の約100頁におよぶ「まちづくり計画案」の内容と経過である。多くの地域賛同を得て、作成に関わった市民には相互に、「各協議会まち計画の内容や全体概容について、今までになかった具体的な地域特性の分析含め、今後の地域に貢献できる刷新的な計画をつくったという共通認識と達成感があった」。これは地域協議で直接関係したL氏、M氏、P氏の証言であるが、さらに「この共通認識が、旧来の自治会やその立場の連合会役員などからみれば、かえって警戒感がはたらくことにな·った」とのことばであった。その彼らの証言と分析の連合会役員の警戒感とは以下の二つであるというのである。

　自分たちが未経験の新しい地域活動に関する価値意識や、刷新的な思考、活動の仕方に対する警戒感であり、それも大勢の作成参加があったことへの警戒感である。
　（市と支え合う関係での）伝統的価値やステータス[18]などが脅かされる警戒

感であり、あたかも旧村時代から首長を支えてきた立場や、市政発足からの自分たち自治会連合会が疎外され無用になる警戒感。これらなどが推察されるということである。

　自治会連合会(幹部)は、長年にわたって市政を支えてきたという誇りと使命感をもっている。それは、今後も自分たちが、市政を相互に支え合う補完的サブ構造の中核とならねばという使命感に基づいている。その使命感を達成するために、自分たちの立場を守る必要があったのであろう。

　この局面に至って、必死になっての反発であった。そして、トップリーダーがK氏になったその自治会連合会が、急に、「自分たちは歴史的に市政を支えている最上位の立場にあり、新参のまちづくり協議会は自分達の下位に従う立場にある(K氏、J氏やO氏の発言)」というような上下関係論争を持ち掛け、意表を突く大きな反発の発現(L氏M氏の証言)となったのである。

　近接地域で長年仲良く協調してきたはずの仲間同士のはずなのに、自治会連合会K会長は、住民自治組織の最上位意識をあらわにし、結局は理不尽で不毛な「どちらが上か下か」とか「上下論はナンセンス」(L氏、M氏、U氏)という、相互に反発しあう論争となったのである。その顛末は、市内の各まちづくり協議会、全ての自治会関係者だけでなく、ボランティア団体など関連する市民団体やグループ、行政組織・議会関係者など大勢の市民の知るところとなり、さらに市外で宝塚市のコミュニティ政策動向を注視する関係者などにも、広く知らされることになった(V氏、W氏、Z氏などの証言)。

　自治会連合会はどちらかといえば、市の担当の相談に応じる形で、協力的な(拒否の場合もある)判断や修正を行う姿勢や立場にあり、その調整機関として役割を果たしてきていた。他方、新しい枠組みである「まちづくり協議会」＝新たに地域活動を行っている人たちは、市政策に呼応した参加という能動的な立場が多い。「その能動性や積極性があるから、かえって反発をかうことになった(M氏、N氏、U氏)」との証言もあった。

　⑸上下関係論争と錯覚・誤解の構図
　自治会連合会の後押しもあって成立した「まちづくり協議会政策」におい

第 2 章　宝塚市コミュニティ政策の変遷　155

ては、「自治会」と「各種団体・ボランティア・NPO」は、同協議会のラウンドテーブル（図 2-9）を形成した。そして「小学校区の近隣にちなむ立場」という共通性をもって、地域課題についての討論を通し、概ね 15 年間は協調してきたのである。そしてそれは、15 年にわたる実践を通して、もはや崩れない協働のプラットホームが築かれたかにみられた。ところが、2005 年にトップリーダーが K 氏になったこの当該連合会で、自治会連合会を最上位とし階層性を強く主張する彼に同調リーダーが複数現れたのである。この変貌状況により、急に上下関係論争を持ち掛けるという急展開である。

　想定外の上下関係論に驚いたまちづくり協議会リーダーたちは、「上下関係論はナンセンス。計画づくりや実践は役割分担である」との言い分や、あるいは「各々、自分たちは地域で何ができるのかという論議ではないか（L 氏、M 氏）」など、強い反論を開始した。こうして、一方的な上下論争や、相互の理解不足からの誤解や錯覚の応酬が展開され、混乱状況になってしまったのであった（これらも、L 氏や M 氏だけでなく後に複数の市民や職員・OB など少なくとも 7〜8 人から異口同音の証言があった）。

　長年にわたり、「地域自治会やその連合会と自治体との相互依存的な歴史的構造」という枠組みがあり、多くの地域住民は、歴史的構造としてそれらを受容していた。しかし、1980 年頃から、宝塚市でも新しい動向として、地域では個人やグループでのボランティアや、NPO 的な参加が多くなってきていた。それらボランタリーセクションの位置づけの模索や、後述する地域自治会の有効性と発展課題があって、政策的に立ち上がった「まちづくり協議会」が、その新しい模索や課題にマッチして、地域に歓迎されて進展し、計画づくりなどに力量を発揮した経過となったのではないだろうか。それは評価できることであろうが、市制発足以前から歴史的に地域の主役であった、地域自治会やその連合会の中核の人たちにとっては、主役然としている新しい進出者にみえたかもしれない。「まさか、地域や市の重要な計画案件の主役になるまでになるとは」、「出過ぎではないか（O 氏、J 氏）」と、構造的な警戒を抱き、主張することになったのであろう。「くすぶっていた思いが噴出した様相」とも受け取れる状況だったとの証言（M 氏）でもあった。

まちづくり協議会にも自治会連合会にも、長所は沢山あり、その長所が相互の短所を補完し合って、15年間うまく円滑協調し、住民自治エネルギーの発現（止揚）となっていたはずであった。しかし、逆に短所を指摘しあい「どちらが上で、どちらが下か」などと、不毛な論争となれば、相互も全体も崩壊してしまうであろう。また上下関係論には正当性がないのは明白であろうし、このような状況に至るまでの双方に、次に説明の「錯覚・誤解や思い込みなど相互の理解不足」があると考えられた。

自治会連合会の錯覚と誤解と考えられるのは、「自治会とその連合会の特権的位置づけ、という長年の枠組みに甘受し、上下関係の階層性は民間会社等どこでも存在し、地域でも当たり前（O氏証言）」という、その傲慢さがあるとすれば、その閉塞性に気づかず、新しく進展するまちづくり協議会をよく理解し評価することができないかもしれない。そしてまた、受け入れなくなるという錯覚・誤解による思い込みではないだろうか。

まちづくり協議会側の立場については、冷静な見方をすれば、あくまで市が推進している「政策」に、（熱心に）呼応した立場にあるという基本的な指摘があるということである。市政に本気で関わる覚悟という政治的視点や自立性に弱く、市に呼応という状況指摘はある意味、的確であろう。仮に論理的に平等参加が優先されるとしても、地域の経過や実態を踏まえ、これらの実態に充分配慮せねばならない立場でもあろう。つまり、まちづくり協議会の錯覚・誤解や思い込みとは、新しい躍動的な活動やまちづくり計画形成ができたからといって、自分たちの力量を過信して、自治会連合会の歴史的な組織力や政治力、および、まちづくり協議会を長く後押ししてきた、その自律的な度量などがみえなくなるものであろう。

とにかく、自治会連合会は強い主張であった。まちづくり協議会の方が、仮に「自分たちまちづくり協議会は自治会を中核として、充分その価値を認め立場を重んじているのだから、まちづくり協議会と自治会連合会は同列（一緒）の立場でよいのでは（M氏など）」と、考えたとしても、古くからの自治会勢力とその連合会は、もはや、同等で中核の位置では、それを肯定・納得し得ない思いに至ったのであろう。自分たち自治会連合会を最上位として、新

参のまちづくり協議会は下位にあり、代表的な位置は認めない、との強い主張を開始した様相に相違はなかったのであった。

　さらに自治会連合会のこれら強い主張の展開には、前述の政治的背景が後押しになったという分析は、充分に考えられることであった。

　この2者の地域組織間にあって、政策開始から10年以上経過していても、市の担当には充分な配慮がまだまだ必要であり、その配慮が伝わることが必要とされていたのであろうが、市の配慮があったとしても、それを上回る感情や政治的思惑が交錯する事態となったのかもしれない。また、市にはこれを調整する上位幹部職の人物はいなかったのであろう。

### 3）C市長と権力構造の変貌

#### (1) C市長登場に勢いづく自治会連合会長

　当節初めの表2-4注の説明書きの通り、ここでの復古政策は、「1992（平4）年までのE市長の市政体制＝階層的ピラミッド型構造（図2-3）」であり、昭和までの「行政村（町）」の構造を指すものである。

　新しい自治会連合会長K氏とC氏は同村どうし＝旧知の仲である。またC氏は以前の兵庫県会議員時代から、当該まちづくり協議会政策を支持しておらず、地域自治会や自治会連合会が、まちづくり協議会の上位となる構造が適切と考えていた（公の場で現役時の筆者とも対話があり、県会議員当時のC氏の考え方が確認できていた）。

　元国会議員である県会議員のC氏が自治会や自治会連合会の幹部と交流するのは、政治家としてごく自然なことであろう。その交流を通し、地域自治会・同連合会を上位とし、まちづくり協議会の台頭とその政策を遠ざけるように意図すれば、可能となるC氏＝K氏連携によるエリート的な権力構造ができていたと推測できる。市長選挙を通し、関係者にはその考え方が広く伝わった状況でもあった。

　そして、2006年4月にC市長が正式登場となった。K氏を軸とする市自治会連合会幹部の鋭い主張に、さらにC氏の政治力のかけ算が現実となった。その相乗的政治力を「てこ」にして自治会連合会役員7人の合議は、まちづ

くり協議会の台頭を抑える言動となるのである。それは自治会とその連合会最重視の路線で強い政治的パワーが確立された証であると、後の展開状況などで分析できるのである。

(2)自治会とその連合会や「孝」重視のC市長

　C市長は、以前から親孝行などを重んじる話や、序列的な社会秩序の話題を公的な場でもよく訓辞のように話していた。そこから伝統的保守性を基礎としていることがうかがえた。親や高齢者を大切にする考え方は、日本独特の儒教的考え方だけではなく（国際的に普遍性ある黄金律でもあり）、人間本来の精神である。しかし、地域での上下関係など、序列を推奨し「長幼の序」を思い起こさせるような話題は、まさしく長老が中心となる古いムラの共同体の考え方であろう。現代の地域は、憲法理念などを基本とする個人尊重の近代主義である。C市長の常の話は「日本の伝統を守り、礼節を大切にし、年長者を敬う」という伝統文化の主張と多くの人に映っていたであろう。

　ここでポイントとなるのは、C市長は村落共同体（ムラ）の上下階層関係を是認し推奨する考え方であり、平等参加のまちづくり協議会や、まちづくり計画政策に賛同し難い考え方であるということであろう。

4）自治会・自治会連合会評価の二面性

　(1)自治会の有効性と課題

　まちづくり協議会政策において、単体の各地域自治会を中核とすることは有効有益であろう。その理由の一つには、宝塚市では65％を上回る組織率があり、各部局からの市民への情報伝達の広報システム『回覧板』の有効性にある。特に防災や災害時とその災害対策などには、各自治会との連携システムは、阪神淡路大震災時でも実証されており、有効であるという現実がある。

　二つ目は、ほとんどの地域自治会は社会福祉協議会の主たる構成組織であり、その共助的な福祉活動に有効性がある。そして、まちづくり協議会への参加もそれと同じである。

　三つ目には、過半にはやや足りない数であるが、少なからぬ地域自治会が、

まちづくり計画形成を通して、「自治会の存在がとても大切であり有効である」と、その周囲のボランティアなどから評され、有効性を共通認識することになった実態がある (L氏、M氏など複数の証言に基づくもの) ということである。

　四つ目には、旧村の自治会エリアにおける共有地をもつ財産区財産や水利組合などは、法制に守られる権利を保持している。第1章第2節で鳥越皓之が公的属性と指摘するように、市政は道路整備など土地利用政策において、旧村自治会とは密接な関係が必要という現実があることなどである。さらに、これら伝統的に培われたシステムを全てなくし、一挙に、新しい平等参加のシステムに刷新することは、まちづくり協議会政策を開始した頃 (1993年) は、現実的ではなく、支持される背景はなかった。

　以上をみれば、地域自治会自体やその有効性も多様であるが、しかし、現代的にはもう一方の課題として、下記3事項などの評価などが議論になるのではないだろうか。

①当番制が多い地域自治会については、義務的なニュアンスを帯びている。前述の国民意識調査や朝日新聞の調査[19]では、全国の市民の声を指摘している。それほど強い義務制ではなく、相互扶助や地域寄与は日本的な紐帯であるが、多様で個別的な不都合や不満が潜み、地域の義理的な会費や付き合い負担と嫌気が潜むことを示している。このように現代的には、活動も存在も半数程度は支持 (半数は不支持) という本音がみえる。

②さらに、単位自治会役員や自治会長の選び方を前述 (88頁) しているが、住民には自治会長や役員になることを強く避ける意識がある。当番でやむを得ず会長等の役員を引き受けねばならないという意識と併せ、この2点は自発性や自律性が弱いという自治会自体の状況を示しているのではないだろうか。

③自治会が発展的に活動できる可能性は、福祉活動およびまちづくり協議会への参加方式や、コミュニティの計画づくりでみられるように、ボランタリーな住民や組織との連携協働にあるであろう。身近な地域例では、「自治会運営での公園清掃」が事例として挙げられよう。自治会がその

枠組みの中で、地域の有志ボランティア（例：高齢者などのグループ）などと組む方式である。自治会役員が当番だからといって公園清掃に出なくても、高齢ボランティアが日常に公園美化する例の方式である。市からの公園清掃委託がある場合、高齢ボランティアグループにも受託金が入る可能性があり、それはそのグループの活動資金などになって「公共に役立ち地域も自分たちも喜ぶ」ことができる。この方式はそれを実証する。この類似の事例は数多くあり、システム化できる可能性が大いにあるであろう。

(2)連合会階層性体質と市委託事業

歴史的に自治会連合会は、地域自治会の総体として、市政や市民生活全体に公益とみられる必要な活動を行い、時には政治的なアピールを地域社会に発してきた経緯がある。市が直接行動し難いテーマについて、時には市の要請などを受け、次のような自分たちの政治的アピールを行って、市・社会における自分たちのステータス的な役割を担ってきた一面がある。

1980年の議員報酬アップ反対の声を上げ、自立的な運動を展開した。続いて、1993年パチンコ店出店反対運動、1998年市の中央公園の広大な用地買収促進運動、および阪急ファミリーランド存続要望など数々なのである。1993年以降の運動は、市に呼応し、市などとの共同でその旗頭となった位置づけである。

自治会連合会の機能は、(1)親睦と情報交換、連絡調整、(2)市と共催での自治会長研修の受け皿、(3)市からの多様な要請（市の諸々の施策の地域住民への伝達業務や、行政関係委員などの推薦、選挙時の立会人設置など）を委託事業として受け、各自治会へ実行するよう調整する。これら委託事業に関し、請け負うか否かを協議し決定するということになる。

その市委託事業について考えると、市制の発足時から（1990年代末頃までの）約40年間は、市と自治会連合会との2者による相互依存構造は受容できる背景にあった。当時は、継続されてきた地域慣行に沿って、自治体にも旧来からの地域共同体の延長的色彩が残っていたからである。当然、宝塚市自治

会連合会は市の権力構造形成に重要であり、その当時は、多くの住民も容認できるシステム構造にあったと考えている。

　しかし、日本の急激な都市化や経済成長により、第1章で掲げた市民意識変革とともに、大きな社会の構造変革が起こっている。社会の水平化や分権化が進んだのである。また多様化が相まって個人尊重主義化と平等主義化への段階的な移行が進んできたのではないだろうか。前節で指摘のように、内実は空洞のある組織という指摘がされても不思議でない面があるであろう。そして（よいリーダーが育つ場でもあり、よいリーダーの下でよい展開が望まれているが）そのリーダーも独善性に陥る可能性をはらみ、独善的な圧力団体となれば、市政を混乱させる弊害リスク要因となるのではないだろうか。

　これらの認識に立ち、市行政が地域住民への多様な伝達業務（回覧板資料配布の広報）や、行政関係委員の推薦業務などを、一括して市自治会連合会に委託契約することに関しては、今や問題となる時代になっているのではないだろうか。

　前節で伝統社会の硬質的な考え方（イデオロギーなど）の部分をとらえた。これは大切な日本の固有性を包括し、一定の現存必要性は現実の一側面であると補足説明をした。この補足説明と、市政は人権尊重を唱え、憲法の自由平等の理念や前述した三原則に立っているにもかかわらず、一方で上下階層のピラミッド社会を是認する伝統的な自治会連合会との相互依存は問題がある、という背反にみえる両論は矛盾しない。

　重要なのは、後者において、（人はどこにおいても平等であるが）地域住民組織は平等なコミュニティの社会であり、平等や平等参加の原理原則を規定する憲法の自由平等主義の理念に順ずる必要があり、上下関係を認める正当性はないのではないだろうか、ということである。上下階層意識では多くの地域自治会が、もはや自由参加できる状況にはなくなり、平等参加へ、全体姿勢の是正が望まれるのではないだろうか。

　市との委託の一番大きな課題については、ピラミッド型社会としての階層性を認め、また増長し、地域住民間に権威的上下関係を生む土壌をも推奨することになるリスクであろう。伝統社会の大切な日本の固有性を活かし、自

治会連合会は、例えば、地域のまちづくり計画のガイドラインの決定会議のメンバーや、まちづくり計画形成会議をまちづくり協議会とともに果たしてきたが、ここに現代的には大きな意義があるのではないだろうか。政策当初から15年間の経緯に鑑みると、自治会連合会の活動や機能は、まちづくり協議会などを俯瞰的にみる立場に立ち、今後とも政策推進の共同メンバー継続としての、間接支援の立場や連絡調整の役割に大きな価値と展望があるのではないだろうか。多様なパートナーシップを果たしていく役割は、重要と考えられるのである。

## 2　C市長のまちづくり協議会政策封じ手　2007年～
### 1）協働を拒否、まち協弱体化の人事手法

　2006年に登場し、自治会連合会の上位性を認めて推奨するC市長にとっては、参加型のまちづくり協議会やまちづくり計画の政策に不賛同は当然であることはもちろん、さらに逆行し、その発展を封じようと考えても不思議ではないであろう。しかし、まちづくり協議会政策は、15年以上にわたって多くの市民に支持され、福祉活動などの市民活動と連動して深く広がっていたので、助成金を含め、市民活動を無くし封じることは不可能であった。ただ、C市長は関係市民に気づかれないように巧妙に政策封じの手を打つことになる。地域まちづくり計画の市総合計画へのリンク（市計画との協働）を拒否する方策を、翌年（07年）4月の人事異動によって断行するのであった。人事方策は一般に人材を活かす積極的なイメージがあるが、逆に罷免や更迭などもあって、不正など負の場面にも行う。とにかく人事施策は、時として、数少ない優秀な職員などが積み上げてきた大量の政策資源を根こそぎ削いでしまい、政策を真逆に転覆させる凄味がある。

　(1) 07年度人事異動とまち計画位置づけ拒否

　元来（従前から）の公務員は、慎重で管理的な気質のタイプが多く、市民とともに自治政策を積極実施するコミュニティ政策に適任のタイプは希少であろう。この希少な人材が活かされる人事政策が望まれるが、重要場面でそれ

を摘み取るような更迭は、政策推進に逆行することになる。

　Ｃ市長はこの逆行の人事手法を２年にわたって駆使し、自動車からエンジンを除くようにまちづくり協議会政策を封じようとしたのである。具体的には、まず2007年、まちづくり基本条例の企画成立の立役者であり、市総合計画の企画に有能な行政手腕を振るって、まちづくり協議会政策を積極的に推進していた部次長の職員を、内部にも外部や議会にもみえないように、巧妙に他部局への部長職という短絡的栄転で異動を断行した。人事施策の逆利用で、地域まちづくり計画の市計画との協働化拒否を断行し成功したのである。もちろんこの行動は、市の関係幹部には、地域まちづくり計画を市総合計画と切り離すという最初のメッセージである。この人事異動が何を意味するか、一部の幹部職員に通じても、外見栄転であるだけに外部には全くみえないものであった。市政としての団体自治力を高めるのが住民自治であるから、Ｃ市長には、住民自治の高揚を図り、団体自治を強く推進するという理念や政策の価値を理解できていなかった可能性がある。とにかくその価値を認めず、行政村に戻す反動の復古方策の第一段をこの人事異動で行ったのである。

　2007年度後半より、市自治会連合会が立場を翻したが、市内の全地域のまちづくり協議会において、市民参加による地域別計画＝「まちづくり計画」形成は、担当職員の努力もあって粛々と進んでいた。しかし、副市長も企画部長も、権力ある市長の総合計画への位置づけ拒否策には、合わせざるを得ない立場にあった。その結果、策定の大詰めの時期にあって「まちづくり計画」は完成したが、すでに市総合計画から切り離されていた。この市政の重要政策の位置にはなく、まるで地上とつながらない無意味で漂う無人気球のようにされていたのだ。原本は倉庫にしまわれ、まちづくり推進課に残る今後の参考資料という位置に格下げという内密処分にされてしまっていたのである。

　Ａ市長およびＢ市長の時代からの方針は、まちづくり計画の総合計画への位置づけ（住民自治の団体自治へのリンク）であったが、この方針は、市長権限での裁量内の政策である。当時の法制度は、市議会は総合計画の構想という概容承認であり、市は市議会に詳細な計画案を上程しなくてよかったので

あるが、条例上は、それを行う責務があった[20]。2011年に改正となるこの地方自治法第2条4項「市町村は、その事務を処理するに当たっては、議会の議決を経てその地域における総合的かつ計画的な行政の運営を図るための基本構想を定め、これに即して行うようにしなければならない」は、2007〜08年当時はまだ活きていた。

　この復古的な政策拒否により、地域自治の落ち込みがあっても地方自治法を盾にとればC市長の権限内事項なのである。完成していたまちづくり計画は、市民や議会に公表とする分量は増刷されず、関係した市民の手持ち分（各まち協分）もあいまいな状況で漂流物となったのである。C市長単独では考案できない、全く巧妙でみえない行政行為（処分）である。

　総合計画のその責任者たる企画担当部次長を異動でいなくし、起案した彼が過去に説明してきた個別のまちづくり計画形成と総合計画策定の行程表（目標）や詳細資料（筆者も直接確認）、それらは声高に公言されていた重要文書であったが、事実上削除され、単なる参考資料にされた。またそれを、消してしまう復古方策の方も全く説明されない唐突なものであったのである。(国会では公的文書の書き換え・削除が大きな問題となったが) 市議会や市民には不作為により、黙ってかわす内部の方針変更である。その方針は総合計画制度上、可能と判断したのであろうか（後になって、このことと符合する後述の市民の証言や、小さな抗議〜「個別のまちづくり計画と協働との関係がよく分からない」などがあった）。不透明なC市長方策は協働の欺瞞であり、明らかに現行のまちづくり基本条例違反である[21]。繰り返しになるが、このまちづくり基本条例違反は、地方自治法第2条4項に沿えば、この法が条例よりも優先され、法規違反には問われない状況にあった。しかし、少なくともC市長には説明責任があり、議会を含めた関係者はこの点を指摘すべきであったのではないだろうか。

　(2) 2008年更迭人事と旧に戻す手法

　2007年、まちづくり計画の総合計画位置づけを拒否し、巧妙にその離反を成功させたC市長の決断は、地域自治の特権的位置を回復したい自治

会連合会の中の一派勢力の支持を得て、さらに、第2弾の人事施策として、2008年4月、直接まちづくり推進を担当する次長・課長などを更迭・一掃の措置を講じたのである。それはまちづくり協議会政策そのものを空洞化させる、全く巧妙な行為であった。しかも一連の行為は、再び何ら政策や方針としての公的説明をせず、市長権限内での不透明な形で断行したのであった。

さらに密室裏に行った反動的なC市長の「もう一つの行為」があった。それは、総合計画に関する審議会の住民自治組織代表の位置(席)を、まちづくり協議会と自治会連合会のそれぞれの代表が同列に担っていた(平等参加の体現であった)、そのまちづくり協議会の席を何の説明もなく無言で抹消したのである。あたかも、住民自治組織代表は、自治会連合会が(階層社会の)最上位と是認した状況をつくったのである。

これらC市長の政治断行により、自治会連合会は、地域住民組織の最上位であることを明確に公言できることになった。権力基盤をかつての行政村構造(本節初頭の説明参照)へ真逆に戻そうとしたことになるのであろう。

08年は07年の昇格人事異動と違って、担当職員の複数更迭・一掃があり、さらに、このまちづくり協議会の審議会席を何の説明もなく無言で抹消したことを加えたことは、まちづくり協議会政策について、明確な市の方針変更メッセージであった。これらC市長の復古的行政行為により、多くの市民層の支持で形成された「まちづくり協議会」を一挙に萎縮させることになったのは明らかであった。

しかし、人事異動の直後は、まちづくり協議会やまちづくり計画に関わった関係市民からは、その人事などについて、直後の驚きや抗議の声が聞かれず、彼らの未熟さやひ弱さを露呈することになったのも事実である。要するに、生活への実害は何もなく、学校に通うわが子の担任先生の異動と同じく、通常の年中行事としての人事異動と受けとった可能性があった。

後に、Q氏、N氏などは、「情報がなく異動の意味が分からない」、「特に2007年の部長人事の異動はさっぱり気づかなかった」とあり、多くの関係者も、徐々にそれに気が付くことになるが、直後の衝撃はなかったのである。重要なまちづくり計画の策定の大詰めの時期にあって、「計画はつくったけ

ど、責任者の担当は異動でいなくなった」という淡々たるとらえ方が広がる様相であったのである。

　まちづくり協議会の審議会の席抹消もあったから、これに反応した人はいた。「自治会を中心としたまちづくり協議会運営であるのに、理不尽である。市は市民のことを考えているのか（U氏）」といった抗議風のことばであった。それはまちづくり計画推進に関する事変のメッセージであるけれども、それでも、C市長や当局から説明もなく、隠してみえないよう図ったことによるものなので、「市（の政治）に何か異変が起こったのかもしれない」などとの異変として受け止められ、「市の動きが分からず理解に苦しむ」ということば（N氏）が聞かれたのである。

　時間の経過とともに、まちづくり計画に関係した市民は、例えば「まちづくりに関する協議が開催されなくなった（Q氏）。」とあり、また後になって、計画関連で、ある市民の次の具体的証言があった。

　2～3年の経過があって「まちづくり計画書に記載された事業がなかなか実行できない。2007年の行政のまちづくり計画書は総合計画の別冊として掲載され、行政の計画に上がっていたものの、担当は補助金として僅少額の予算対応しかとらず、その実行を担保する庁内のしくみが不十分だ。相応位置づけの予算措置を講じてない。」という、市の資料や対応に矛盾点のあることを突く発言（N氏）であった。

　実際は、前述のようにC市長がすでに2007年から、総合計画リンクを認めておらず、内密に協働を切り離してしまっている。まちづくり協議会への助成や交付金での支援は担当窓口で続行されていたが、これらまちづくり計画に関する市側の内密な異変動向は、巧妙なかん口令でもあったかのように隠された様相と分析できた。しかし、N氏の指摘は、どこかに取り繕い修正をしきってない矛盾部分が残っていたものと考えられた。

　まちづくり推進担当職員の新しい後任次長や課長は、市民間に出て話を聞くことに長けているタイプであったが、全く初めての仕事としての着任であり、かつ、市長のスタンスがよく理解できず、特にまちづくり協議会への対

応への戸惑いや苦慮が率直な所感であったと推察された。充分な相応の仕事ができる条件設定はなかった。

　C市長のその逆行的復古への転換により、この時点から「まちづくり協議会」の活動が衰退化する地域が目立つようになるのである。これらの復古的行為によって、07年まで順調だった住民参加方式の宝塚市のまちづくり計画は、単なる参考資料として封じ込められ、全く眠ったように漂流しているばかりであり、職員も動き方が分からず、このような市の内部実態は覆い隠され、関係市民にも状況を知らされないままであった。

　⑶閉ざされた地域政治なのか
　これら（2007年以降）は、1993年からの15年間と真逆方向であり、抗議は考えられたが、まちづくり協議会にはそういう意識もなく行動力をもたなかったのである。また一部関係した議員はよく解っていたはずであるが、市長の権限内の人事異動とあっては、直後には（条例違反など）抗議しづらかったと推察できた。

　これらは更迭人事とともに、大胆にまた内密裏に断行した前近代的な行政行為であろう。大きな政策変更であるにもかかわらず、日常的な出来事のように、穏便にみえるようにしたのであった。C市長に迎合的な複数者の知恵が絞られ、人事異動として、一切の政策変更の説明については、しなくて済むように図った市長周辺構造にも見受けられた。

　これが地方自治現場のリアルな姿であろう。情報の公開どころか、政策隠しのような行政手法は、十数年におよぶ参加型の地域自治への積み上げ努力と、数年間に2,000人が参加したまちづくり計画を一瞬にして葬った事実として指摘されるであろう。

　前近代性の復活ともいえるのかもしれないこの封建的な行政行為は、重大な問題であろう。これらは2008年度の市の事業計画に挙げず、その政策変更の議会説明もないのである（その後、自治会連合会をめぐって、後に議会では大きな問題として取り上げられることになる。この件は、後の議事録からの引用で具体的に示した）。これらは、欧米近代との比較は困難であるが、第1章初めで

記述した1970年代（約40年もさかのぼる）、ダールのポリアーキー図式（20頁）を参考にすれば、抑圧的封建性の分類に入る構造を呈していたのかもしれない。

さて、第1章で記したように、敗戦を経てたどり着いた憲法であるが、その憲法が保障する、主権在民の現代の政治・行政では、公開決定されるという民主政治の原理が確立されているはずである。しかし、たびたびこの原理が建て前にとどまり、現実には秘密政治のような行政行為が行われる。「閉ざされた地域社会にあって、政治は取り上げないことがある。」という文言（筆者はどこで読んだか定かでないが念頭に残存）があるとすれば、この例は、大きく報道された豊洲移転問題などとともに封建的な問題であるだろう。豊洲問題では多大な税金の損失との議論もみられ、大勢の失望と怒りを買うことになった。宝塚市の場合のように、公開された説明や議論なく政策を逆転させることは、閉ざされた事例であろう。社会的または政治的問題（法的訴追を含む事件）となる可能性のある秘密裏の政治は、少なくなる傾向としても、残念ながら、これらは未だ今日の日本の現実なのであろう。もちろん、民主政治が建て前にとどまらない適正な政治や行政が進められるよう、首長はもとより、国会や地方議会と議員、および全公務員などの関係者自身の公正な職務推進への努力が求められ、メディアを含めた全国民や市民あげて民主政治への醸成につとめ、監視の目などもゆき届かねばならないであろう。

復古的なC市長の政治構造は、前述した70年代当時の助役のことば「コミュニティ政策のように市民参加を認める政策は、さらなる混乱を招き時期尚早で、とても賛同できない」と本質は同じである。それは、1990年以前までは常識であったかもしれないが、その本質は、宝塚市の4町村時代の基盤に基づく行政村の運営手法である。

そして、当然、自治会と自治会連合会の基盤に基づく体制である。その大きな特徴は、第3者などへの透明性はなく、また寡頭的体制や少数エリート体制を含んだ構造なのである。地方分権一括法の成立を挟んだこの約30年間の日本社会の変化は、重く大きいものがあるのではないだろうか。

1993年からの参加型まちづくり協議会政策は、ブロック別連絡会議を含め、

平等参加と透明性に基づく、「ローカルガバナンス」(詳細は前節や第4章)であり、行政村構造とは対照的な新しい権力構造の地域自治スタイルなのである。分権時代を迎え、社会進歩に遅れれば、自治体行政の様々な劣化や機能不全を招く時代である。C市長の古い権力構造への復古方策によって、自治体の落差を縮め前進できるはずの住民自治は、再び落ち込む状況に追い込まれたのであった。

## 2) 市政変容のリスクと「まち協」の限界性

### (1)逆行による構造的な停滞

C市長体制の復古策について、前述のまちづくり協議会政策推進の「成立要件」に照らし合わせること自体が無意味かもしれない。その一つ目の「住民主権理念による市政運営」の基本的な事項については、明らかに欠如であり、二つ目の「大きいリーダーシップ(例：当該政策に積極的な市長と副市長、部長などの幹部ブレーン)」をも失い、政策推進は決定的にできなくなる事態に陥ったのである。その市政は、下記のような不信を買い、市政の体たらくになったのではないだろうか。

①地域自治の高揚政策には、基本的に住民自治を振興し、団体自治に反映させる構造づくりが何よりも重要である。大きく伸びようとするこの住民自治の芽を封じ込めるという反動(まちづくり計画推進の停止やまちづくり協議会への封じ手)は、その後の団体自治・行政構造の停滞や沈滞を招く大きなリスクであろう。

②C市長は復古的ピラミッド型階層性を自治会連合会とともに復活させてきたが、さらにこのことで連携の必要な仕民を分断し、具体的説明なく不透明性を貫き通した。さらに、多くの活動的市民を委縮させ、これら市民への分権化・民主化の潮流に反動した方策は、市長個人への不信だけでなく、市民から大きな市政不信や反発を買うリスク要因になったのではないだろうか。

③一般論として、市民ニーズに真摯に応える努力をし、成果ある仕事をした職員の更迭一掃は、市職員全体の士気を削ぎ、市政・行政リスクになっ

ているのではないだろうか。

　さて、国の機関委任事務の縛りから解かれた一般自治体については、行政論でみれば、法定受託事務としての社会保障（ナショナルミニマム）的な住民福祉などの事務が恒常的に多い実態がある。そして何よりも、本来的な自治事務への本格的取り組みがまだまだ脆弱である実態にあるのは明白であろう（図1-6参照）。住民自治高揚のためには、長期的な分権改革におよぶ政策続行が必要であろう。4年1期の任期を超え、同一市長が長期にわたって同じ改革に取り組むことを可能にするには、多くの人をひきつける政治力と人間的魅力、そして何よりも、政策を発動する信条としての住民自治政策理念が要るであろう。しかし、政策理念がなくても知名度に大きく左右される選挙の現実があり、改革途中で真逆に向かう人物の市長を選べば、改革進展に賛同し呼応した市民が置き去りになるのである。あろうことか、C市長も政治とカネにまつわる訴追で2009年2月に辞職に追い込まれるという結末であった。

　日本社会の流れが分権に向かっているが、「農村型社会が都市市民型に変わるということは、一朝一夕にはいかない[22]」。結局、重要政策の場合、市長だけでなく市長を支える市の幹部職員の資質は重要であり、多様化・個別化と併せ、時代の潮流認識や住民意識の変化を誤認してはいけないと、問われているのではないだろうか。次の機会に期待をつなぎ近未来を見据え、自治体にあっては、政策実現を果たすために、職員人材などは温存され、また育成されねばならないであろう。

(2)「まちづくり協議会」に問われる自律性

　さて、宝塚市内の関係者市民には、N氏、T氏やF氏のように、地域自治について見識の高い人たちは多くはないが存在する。そして阪神間で宝塚市のまちづくり協議会政策に大きな関心をもつY氏を含め、彼らは次のような冷静な指摘をする。「まち協関係者の多くは真実に気づいてない。例えば、(1)C市長と市当局の巧妙な方策に気がつかなかったのではないか。(2)全く

市当局頼みであり、そこにまち協市民の政治的無力さ鈍感さがある。」というものである。つまり、C市長が、次々とまちづくり協議会政策の封じ手を打ったのであるが、まちづくり協議会の多くの関係者には、市からの情報がないせいもあって、少数者を除いて、人事異動など市長の封じ手が理解できていなかった状況を指摘するのである。まさにまちづくり協議会関係者の多くが、市政策への単なる呼応姿勢にあるという指摘に一致がある。

住民参加による地域自治のしくみづくりを目指す市の協働政策として、まちづくり協議会は1993年からの政策提案から順次に立ち上がり、1999年、市全域に設置された経緯があった。しかし、まだその住民自治のしくみは確立されておらず、政策は道半ばである。

地域福祉活動など実際に活動しているのはまちづくり協議会であり、その点は評価できるものの、マクロ的には、市の政策に多くは呼応段階という色彩が強く、自治的協働には、まだ市のコミットが肝心であるとの側面がある。新住民層は市域の人口割合は8割におよぶ大勢の中間層であるが、市民としての自立性を考えれば、財産区のある地域自治会などと比べると、中山台地区など一部を除き、総合的自治(政治)力がまだ弱い実態にある。そしてその人口の半数は無関心（アパシー）層にあると思われる（参照図2-15）。新興自治会やボランティアなどを内包し、まちづくり協議会に参加して活動する人も少なくないが、総合的に連携しているわけではなく、今、政策という「はしご」をはずされ、真の自律性が問われているのかもしれない。

## 3 住民自治軽視のD市長登場と自治会連合会分裂

### 1)（新）きずな評が象徴的なD市長方針

(1) D市長の考え方

2009(平21)年、中川市長(D氏)が登場する。宝塚市で保守でないリベラルを標榜する市長が誕生したのは初めてである。D市長は、かつては社会党の委員長だった土井たか子氏への同調活動をした国会議員だったことはよく知られている。同年、平和市長会議への宝塚市加盟や、北朝鮮核実験抗議、核兵器廃絶恒久平和などへのD市長のアピールは、公式記者会見で述べてい

る。2015年7月16日に「安全保障関連法案」が衆議院で可決されたことを受けて、市の広報誌「たからづか」2015年8月号に「憲法をないがしろにしたこの法案を通すことは、市民の命を守らねばならない市長として断じて容認することは出来ません」というメッセージを掲載した。また、2016年6月1日、性的少数者(LGBT)への支援策の一環として、同性カップルを公的に「パートナー」と認める市方針は、全国で4例目という報道や、2018年大相撲宝塚巡業場所で女性市長としての挨拶は土俵下だったことに相撲協会批判をした報道がなされている。上記などのリベラルな特徴ある活動をしている。そのほかの政策として、新エネルギー課を設立、脱原発を宣言し、自然エネルギー推進を進めている。

　ここにD市長の施政方針2012年度演説「はじめに」と題した部分の抜粋を紹介し、その考え方の一部を明らかにしておこう。

　「私が市長に就任してから2年10カ月過ぎ、(中略)2代にわたる市長の不祥事に鑑み、『公正な職務執行の確保に関する条例』を制定し、信頼される市政を着実に進めている。さらに、命を大切にする市政を念頭に、市立病院の医療体制の充実や、子育て支援策として24時間子ども電話相談や保育所などの増枠、学校施設の耐震化や学校図書館の充実など、健康・福祉や教育に関する諸施策に取り組んできた。(そして)被災地に寄り添う支援を、2011年3月11日東北地方に甚大な被害をもたらした東日本大震災に私たちは、(中略)いち早く被災地へ駆け「宝塚希望応援隊」に多くのボランティアが参加し支援活動を行いました。昨年2011年わが国の世相を表す漢字は「絆」。苦しむ人びとの力の旨に強く印象づけられたのです。私はこの絆を一層深め、今後とも被災地が必要とする支援を続けます」。以上が演説の片鱗である。

　　(2)コミュニティ担当箇所に「きずな課」設置
　D市長は、着任早々、コミュニティ担当の箇所に「きずな課」を設置したが、これは、面的な地域自治政策でなく、東日本大震災被災地支援のボランティアやNPOを重視した個別的政策であった。この政策は、東日本大震災があっ

た直後であり、全国的・部分的には歓迎されるものであろう。しかし宝塚市の地元的には、これまでの15〜20年の地域政策への配慮が欠けている状態となっている点は、それ以上に憂慮されるものではないだろうか。

結局、足元の住民自治の混乱は治まらないどころか増幅される結果となり、市政として放っておくことができなくなってきた状況にあった。この地元地域政策の軽視とみられる点が、その後の市自治会連合会の議会との対立をも招くことになったと推察される。何よりも大切なことは、地域の個別的市民の活動エネルギーを、地域全体の自治として活かしていく総体的かつ実質的行政にあるだろう。

なお、2017年以降のD市長の政策取り組みについては、第3章以降に追記し分析する。

2) 総括なく復古・逆行継続での混乱
　⑴これまでの総括なく協働を矮小化

C市長は、参加民主主義政策をはずし、協働の欺瞞化と混乱が生じたまま退任したが、D市長体制になっても、住民自治と団体自治のあり方と、住民自治組織のあり方など地域自治の基本整理ができていない状況が近年まで続いた（2018年4月）。また、この意味とパラレルであるが、2004年から2008年当初まで、延べ市民2,000人が数年の熟考や協議を尽くしつくったそれぞれのまちづくり計画案は、市のまちづくり推進課に所蔵されたまま、今後の施策の参考資料という位置づけに格下げされ、市政の最重要計画（総合計画）に協働化されていない状況にあった。

これまでの政策の総括が求められ優先される状況にあったはずである。しかしD市長はそれに向き合わず、新たな別途の地域協働形成（討議民主主義による〜後述）を促進するアピールを打ち出したのである。しかし、それは、これまでの地域協働の総括がないために、協働名目への焦りにみえ、また浮いたような方策の観があった。つまり、今までに形成された「地域まちづくり計画」と、市との協働化を含めたその扱いの総括議論が順序であるはずなのに、その議論なくしては、実質活動に基づかない計画を描く幻想的方策で

あるということではないだろうか。

　その方策は、これまでの地域自治政策に向き合わず、別途に個別の住民を一定数アットランダムに住民票抽出し委員に任命、その委員の会議に学識者を入れ主導する。このスキームで新たな協働を作り上げるという考えである。地域基盤に参加民主主義があってこその「討議民主主義」ではないだろうか。築かれてきたが瑕疵ある状況の住民自治を建て直さず（向き合わず）、さらに安易にC市長から引き継いだ、階層型で上位を主張する自治会連合会主導者と接近している[23]。これらの構図は説明がつかないのではないだろうか。これらの構図・条件下での「討議民主主義」手法は、協働を矮小化するものと批判されても不自然ではないであろう。

　期待されるわが国の民主主義の進化は下記図式であろう（**図2-16**）。

　参加民主主義の理念と政策から、もし切り離された構図ならば、それが討議（熟議）民主主義はどんな効果があるのであろうか。小手先の手法にみえ、矛盾が噴き出すものになる。足元の地域は混乱しているからこそ、近年までのまちづくり協議会政策とその経緯の総括が大切という認識が非常に大切であろう。真に協働の本質をとらえたあり方や、多元的な地域の自立的主体とのパートナーシップの構築の仕方に、ダイナミックな協働の方策があるはずである。

　D市長による新方策は、足元にある長年の政策の総括から逃げ、被災地や全国への発信や参加パフォーマンスを促す考え方などへの、すり替え策にもみえるのではないだろうか。それは地域自治よりも、個別学習のグループと現実的でないパーソナルなネットワークなどに軽率に重心を移す政策アピールとも受けとれる。そうであったとしても、個性豊かな地域にするためには、

**図2-16　期待されるわが国の民主主義の進化（再掲）**

参加型の住民自治実現に、まず向き合うことが最優先ではないだろうか。

参加型の住民自治実現について、2017年度施政方針のD市長には、多少前向き姿勢がみられる。今後期待できるのかもしれないが、結局、住民自治と参加民主主義に真剣に向き合わず、また前市長の復古を修正せず、助長してきたことは、かえって地域自治に不誠実に向き合う姿勢であると映っている。基盤方策抜きであり、協働をさらに矮小化するものといえるのではないだろうか。

⑵討議デモクラシーと市手法の疑問

討議デモクラシーについては、田村哲樹は、「『ミニ・パブリックス(mini-publics)』と呼ばれることもあり、特定のテーマについて、無作為抽出で選ばれた一般市民が集まり、専門家の意見も聞きながら討議するという方法で、『市民討議会や討論型世論調査などの制度である』」という形式や制度を述べる。一方、ミニ・パブリックスの重要性を次のように説く。「利益団体による圧力活動でも選挙での投票でもない形で、一般市民が政治に関与する機会を提供し、『練られた世論』の形成によって、今日の政治の不安定性とともに、デモクラシーへの懸念をも払拭することが期待できる」というのである。加えて、「ミニ・パブリックスで、意思決定や政策形成が直接行われるわけではない。重要なことは、そこでの討議を通じて、よく練られた意見が形成され、それを参考にして意思決定や政策形成が行われることである。『練られた世論』形成の意義は、人びとの意見や意思は尊重されるべきであるが、衆愚政治や『多数者の専制』への懸念が繰り返し語られてきた経緯に鑑み、あらゆる意見や意思がそのまま尊重されなければならないのかどうかは、議論の余地がある」[24]というのである。

このように田村は「利益団体による圧力活動でも選挙での投票でもない形で、一般市民が政治に関与する機会を提供し、『練られた世論』の形成」の手法について述べる。しかし、対象となる(地域)社会が無条件にこの手法が適している場合と、そうではなく、手法採用に前提条件が必要な場合があると筆者には思える。宝塚市のこの時期の場合、この手法が無条件に適するとは

思えないのである。それは、「参加民主主義の理念と政策から、切り離された構図であってはならない」と、疑問をもつからである。

権力者の討議デモクラシーの実際の運用については、当然ながら、基本的・民主的な取り組み姿勢やその民主性醸成の目的がベースにあることが本質的であり、その運用の姿勢や目的が問われるのではないだろうか。現実の運用が個別の政策設計に矮小化され、安易に、その世論づくりや、政策づくりのイニシアティヴ手法として、展開する場合があることに気が付くのである。(参加民主主義政策とは無縁な場合など一般的な場合は、単独的なこの手法は有効である場合が多いと思うが、)宝塚市では、先にダイナミックな参加民主主義など政策前提があって、その上に立っての討議民主主義が組み合わされる方策が求められる現実があると考えている。

⑶自治会連合会内部の方針議論とK会長再選

さて2009年春、改めて自治会連合会長を選任する時期が再来した。05年からK会長での4年経過があった。この頃の自治会連合会の理事会＝概ね30人余の理事の有力者の考え方は、多様化していたことが特筆されよう。特に次の二つが目立つようになっていた。このことを理事のR氏、Q氏や、この件に注視するM氏やN氏の証言よると、

①伝統を踏襲し市長や市と連携・協調する主たる路線がある。どちらかといえば、自分たち自治会連合会を最上位とする地域自治組織間の上下階層性を積極的に主張する立場が優勢であり、まち協などに対しても上位を主張する考え方でもある。

②市長や市と連携・協調路線であるが、小学校区などでまず自治会協議会として結束し、次にまち協とも連携協調する立場であり、あまり上下階層性を意識しない運営を展開する考え方(新住民自治会長に多い)。

③上記①②の考え方以外。

上記①②の二つの主張が目立っていたが、考え方は複雑に交差していて、それ以外に地域自治組織は水平的であるべきという意見の有力者もいた。また、会長選任は全会一致方式でなく、約30人余による選挙であった。その

結果、①の考え方のK氏が2期目として再選され、2013年の2期満了時まで任じた。次点は②の考え方のリーダーであり環境衛生協議会の会長に選任された。これらの考え方や主張が、その後の自治会連合会の動向に影響していくことになるのである。

⑷市政の混乱（2014年）
　D市長の復古的体制継続や、地域自治への不充分な向き合い方により、不信感は市政のマイナスになっているとの声は大きくなってきていた。まちづくり協議会は、政策という「はしご」をはずされ、自立を余儀なくされる状況、もしくはサポートを失ってあたかも漂流する状況が推測された。それにも増して市政の不信感をひくなどのマイナス点は、下記にまとめられるように大きいのではないだろうか。
①従前の市民参加の協働政策の総括のないまま（市民参加の大切なまちづくり計画の進展を阻んでいる欺瞞的状況が続き）、新しい協働を標榜することは大きな矛盾であろう。
②復古的自治会連合会とまち協との不協和音の増幅や対立継続は、単に市政の表層的なマイナスになっているだけではない。C市長時の適任人材の不合理と思える異動が市政不協和に重なり、担当の更迭一掃と職員の委縮を引きずったままになっているのではないだろうか。それらは市政に欠かせない職員の人材育成や自治事務向上へのインセンティヴには決してならないであろう。市長の欺瞞性で、職員の目標は定まらず、士気低下という深刻で大きな問題が生じているのではないだろうか。
③国民生活審議会は長く「人間性回復」を唱えている。さらに、平等参加は、憲法の理念に沿うものであり、これに逆らって、上下関係社会への回帰性を認め続けることは、リベラル標榜と思われる市長に反し、基本的に問題があるのではないかと、疑問をもたれても不思議ではない。

⑸自治会連合会分裂とその経緯（2014年）
　前述のように、人口急増があって、75〜80％が新市民の中間層である。

新住民で形成の単位自治会（自治会連合会内部）の多くの自治会長は、ピラミッド型上下階層性の側面が強い旧村勢力や旧守勢力などがリードする連合会の姿勢に、疑問をもち始めていたようだ。2013年から自治会連合会長には旧守派のJ氏が選出されたが、内部は上記のように2分化の素地にほかの意見が絡む複雑な様相になっていたのであった。そして運営紛争の発端は自治会連合会の事務局課題からであった。

　市制発足以来、自治会連合会事務局事務は、市職員が庁舎内で担当していた。しかしその体制は、任意団体の自律性が求められる時代世論にあわなくなっていた。そして、市庁舎内での職員担当を廃し、独自の事務局体制を目指すことになったが、新しい事務局員確保の予算問題が発生した。しかし、これは市議会案件であった。基本的に市自治会連合会自体の役割や位置づけについて、議会議論となったのである。その際、予算承認について、議会に要請（面談）を行った自治会連合会役員やそのJ会長などの横柄な言動に加え、以前から自治会連合会に意見をもつ議員の反発を抱くなど、新たに不調和が生じるという状況になったのである。すでに内部2分化素地がある上に、この議会との不調和が重なる展開、これらを契機に、以前からトップ役員姿勢に疑問をもつほかの自治会長の多くが、自治会連合会を離反するという出来事が起こったのであった。

　これまでの背景があった由縁の出来事と展開であるが、この当時の市議会公式会議録と関係者の証言により、この状況の事実説明をしたい。なお、市議会は公式であるから、自治会連合会との不調和といった事象はその公式論議には現れず、公式に指摘できる事象での審議であり、その審議の総括報告を本会議で明らかにする筋書きとなる。

　⑹市議会会議録と証言
　上記の事務局事務員を確保する予算をめぐる市議会（2014年3月）本会議は、次のような会議録になっている。本会議の数日前に予算特別委員会で審議が行われ、その審議集約をした当該委員会の委員長報告からそれは始まる。

「自治会連合会補助金が事務員を雇用する目的で876万9千円増額となっているが、事務量はといただしたところ、現在、自治会連合会の規約では事務所を市役所に置くことになっており、事務を市民協働推進課が担っている。今後、人的支援から経済的支援に変更する目的で2名の事務員を雇用する費用として補助金を増額するとのことでした。（この件で問題となるのは）自治会行政事務委託料について、自治会連合会加入自治会のうち2自治会に自治会連合会からの支払いがされていないが、市は委託者として指導しているのか。また、自治会連合会未加入の自治会は行政事務委託料の支払対象となっていない。公平・公正にすべきではないかとただしたところ、委託者として自治会連合会と協議をし整理し、今後の見直しや進め方については指摘をし、改善に取り組む必要があると考えているとのことでした。」との前段報告になっている。

　この上記予算特別委員会委員長が述べた指摘質問に対する市の見直しの返答については数日間でつくられた。つまり、数日前に開催されたその予算特別委員会ののちから、この本会議前までの短日間に、市は機動的に自治会連合会と会って協議したのである。そして市当局は、自治会連合会との協議に基づき、整理し、そして改善見直しを実行するのであった。そしてその見直し案は当該委員会へ報告協議となったわけである。この短日間の集約的な経緯を経て委員会は予算修正案をつくることになったのである。そして市議会本会議における、2014年度の市全体の予算を決定する最終の段に至って、当該議案について、委員会の一委員から自治会関連についての予算修正案を出すという形で、その委員長報告（会議録）は次のように続く。

　「委員から修正案の提出がありました。修正案の概要は、議案第1号のうち、宝塚市自治会連合会補助金884万8千円の算出根拠が明確になっていないこと、また、市は行政事務委託料のあり方について見直しを検討するとのことであるため、現段階で予算化することは適切でないため、本年度の増額分876万9千円を減額するというものです」。そして、議長の採決の発言に至る。「……採決の結果についてです。議案第1号に対する修正案は、賛成多数で可決。議案第1号修正部分を除く原案も、賛成多数で可決。よって、議案第

1号は修正可決されました。」となったのである。

　市予算を決定するという「おもて（公式）」に表れる市議会会議録の実録は以上であるが、これに伴う内実的な結果は以下である。

　26人の議員で構成する市議会は、まず、自治会連合会へ独自の事務局員配置の市予算増加を認めなかった。この意味は、連合会予算の執行の瑕疵（2自治会への委託料不払い問題）や、以前は総合的な見地から容認していた連合会と未加入自治会との不公平性などを、今回は指摘、批判し、市から指導させるという形で、連合会の事務自体も市から切り離すよう再考を促すというものである。議会は、市や連合会を批判というよりは糾弾に近い強い意思を表したのである。その意思が「自治会行政事務委託料について、自治会連合会加入自治会のうち2自治会に当該連合会からの支払いがされていないが、市は委託者として指導しているのか。また、自治会連合会未加入の自治会は行政事務委託料の支払対象となっていない。公平・公正にすべきではないか」という委員長報告の表現なのである。この表現に潜むものは大きな怒りに近い糾弾なのであろう。そして、結果として連合会の弱体化を図る決定としたのである。これらの少し分かり難い議会報告を補足する、その弱体化に関する関係者の証言を記すことにした。次の通りである。自治会連合会理事であるR氏やS氏から状況を聴いて整理したというN氏の証言は次の通りである。

　「自治会連合会執行部は『まちづくりの主役はまちづくり協議会ではなく自治会連合会であり、まちづくりは行政と自治会連合会の両輪で協力して進める』という主張を正面に掲げ、連合会は、最近、それを主張するようになったのです。この主張の具体化のために自治会連合会の事務所を新たに設置し運営するための費用を、市の予算で賄うように要求し、この件の議会への協力要請時、連合会役員の議会議員への横暴な発言を巡ってその要請協議は混乱したのです。かえって議会の反発を招くことになったのです。また2自治会への委託料不払いの議会指摘があるように、連合会内部で、執行部が、ある（二つに分裂した）自治会の内部問題の一方に加担したため、市議会議員も巻き込んださらなる混乱の事実も別途にあったのです。つまり連合会内部

で、異論を強引に抑え込むなど、J会長執行部の非民主的運営をめぐる批判が沸騰していたのです。それらの状況もあって、議会は、自治会連合会の新たな事務局員費を否定しカットする方に多数となり、その議決を行ったのです。連合会を通じて各自治会に支払っていた行政事務委託料予算については、市と議会は、配分方法を見直すことを条件に、その予算を『(一旦)凍結』としたのです。その後、市はその行政事務委託について、連合会を通さない(窓口としない)ことなどを連合会に協議した上、各自治会との個別契約に変える判断をしました。議会もその市意向を確認したのです。そして市の案に同意する形で、凍結した予算は凍結を解除し、回覧板などでの市施策の広報活動を行政事務委託料ではなく、『自治会補助金』の名目で各自治会にそれぞれ助成となり、そのように実施しているのです。さらに、その後、連合会執行部の強引な運営を巡って『非民主的』と批判する勢力は、執行部に見切りをつけ、連合会を集団脱退し、その後新たな組織として『自治会ネットワーク会議』を立ち上げた結果、連合会は分裂に至り、自治会連合体は2団体になって連合組織は弱体化し混乱しているのです。」

つまり市自治会連合会の分裂とその経緯は、次のようにまとめられるであろう。

①基本的に自治会・自治会連合会の内実は、ゆうに7割を超えて多くが新中間層(転入の新住民)である。その役員が復古調の路線で、まちづくり協議会などに対する上位意識の強い上下階層的な姿勢をとる体制を、非民主的と受け取り、嫌気・失望から離反する勢力がまず生まれた。

②復古調を背景にした階層的体制を敷く指導部の強引な姿勢に、内部の失望と離反について、その失望に同調の市議会およびその議員もその離反を支援し、自治会連合会を糾弾し弱体化する行動となり、離反に拍車がかけられ分裂に至ったのである。

結局、離反したグループは、「自治会ネットワーク」という新しい名称の連合体のもとに参集となり、地域自治会の連合体は、自治会連合会と、この「自治会ネットワーク」の二つに分裂したのである。復古的背景の残る上下意識に嫌気・失望があったとすれば(N氏証言)地域福祉活動など、実際に活動し

ているまちづくり協議会の実態が示されていること（第3章の専門委員報告）から、かえってまち協に復活の期待がかけられることとなったのではないかと思われる（Q氏、R氏とN氏証言）。

　(7)複雑化、「まち協」と自治会連合体の連携
　市自治会連合会が分裂し、新興の「自治会ネットワーク」ができたということは、単位自治会などの結束活動に分裂が生じ、まちづくり協議会への影響も多大となったのではないだろうか。新興の「自治会ネットワーク」には水平性の考え方がみえるが、分裂組織は多様な意見や思惑が絡み、さらに不安定・流動化という観測もある。C市長およびD市長が影響の旧連合会の復古調は、地域の自治にとっては、総合的な協調連携システムへの亀裂や破壊であったのではないだろうか。少なくとも短期的にも長期的にもマイナス面は残るであろう。そして、この複雑な状況解決には、時間を要するが、みんなが協調融和方向にならなければ、よい地域自治ができるはずがないのは明白ではあろう。自由平等での参加を基本理念として、地域融和への可能性は、時間をかけ、ゆっくりと機運づくりをすることが考えられ、責任ある市の指導力も期待される。


３）住民自治組織について調査委員会設置（2015年）
　　評価される議会の指摘と委員会設置
　とにかく、C市長に続きD市長政権は、住民自治の政策理念無く、安易に自治会連合会との相互依存への接近を強め、自治会連合会独自の事務局員設置に向けて予算増加の意思表示をした。それは、市議会からも時流反動と指摘される混乱増幅の展開であった。まちづくり協議会政策封じや自治会連合会分裂などのような混乱に拍車をかけたことは事実であり、コミュニティ政策に向き合わないD市長の低堕落さは、議会において白日にさらされたのである。そして、さらに住民自治組織をめぐる、その市の体たらくと混乱展開などに追求議論が加わり、地域自治住民組織に関する第3者の調査委員（委員会）設置検討で、これまでの住民自治政策の総括を委ねようという方向

転換が進むことになったのである。

　この見るに見かねた議会リードで、この混乱状態の責任指摘と集約検討がなされ、抜本的な住民自治組織に関する総括の必要性に駆られることになったのである。いずれにせよ、これらの議会意見や指摘の経過があって「住民自治組織について調査委員会設置」がされるに至ったが、むしろ議会展開は高く評価されるのではないだろうか。

## まとめ

### 1　地域再連携模索とローカルガバナンスへの道筋

1. わが国では、国政とは落差の大きい地域自治の高揚が大きな課題であるが、基本的な住民自治の構造づくりが何よりも重要である。これには、参加型での市民活動と協働の構造づくりがパラレルな関係にあり、宝塚市における、まちづくり協議会政策の基本法式がその核心であるとして図1-6を記してきた。

    また、1993年より、宝塚市においては、近代化主義を旗印としたA市長が12年間まちづくり協議会などの政策を進め、その後も政策は約3年間継続された。ところが、足かけ15年後、C市長が真逆の行政村的な復古的方策に舵を切ったため混乱が起きた。さらにD市長は政策理念なく17〜8年間の住民自治政策の総括をしなかったため、混乱が増長されたと思われる。その混乱の中、市自治会連合会とまちづくり協議会をめぐる伝統性・近代性の相克論議が目の当たりに展開されており、この解決の筋道を示すことはもっとも重要である。

2. まちづくり協議会政策については、その目指す基本構造図式により、地域によって濃淡はあるものの、小学校区単位に、ゆるやかでフラットに協調する自治的協議体をつくることに成功し、全域にまちづくり協議会が設立された。その結果、それを支える中間層の新たな人材も加わって、地域福祉活動を中心とする様々な市民活動の円滑な展開や、自治会と諸団体、ボランティアなどとのパートナーシップが進み、まちづくり協議

会自治も徐々に広がったのである。そのことから、2002年より、地域のまちづくり計画を協働で策定し、総合計画とのリンクが次の目標となった。

3. 地域自治会は、歴史的村落の財産区財産ある集落自治の分化が原型であるが、都市化転入の新住民層にも取り入れられ、住環境保全活動や地域での相互扶助的な日本的紐帯が展開されていた。そして、地域住民の生活向上や文化的役割を果たしており、特に歴史的集落からの自治会は、長く自治会連合会の中核を担った経緯があった。

　近年、地域自治会の評価については、宝塚市では概ね65%の組織率であり、まちづくり協議会との連携だけでなく、以前からの日常的な福祉活動との連携など、多くは概ね有効であるとの実態がある。しかし、役員やリーダーなどになりたくないなどの住民意識の変化や、その組織力の弱体化などもあって、活動の盛り上がりに欠ける地域はかなり多い。また、自治会自体の組織率低下もみられ、ごく最近は実質60%以下ともいわれる。

4. 経済発展とともに、近年、個人尊重の進展や住民意識が多様化するなど、社会変動が津々浦々に波及することとなった。それとともに地域自治会の運営にも多様化がみられ、宝塚市のまちづくり協議会政策にも少なからぬ影響がみられるようになった。新しい地域自治会の中には、まちづくり協議会への参加だけでなく、福祉活動やまちづくり計画参加など、今後の協働型に切り換えに展望を拓いた箇所もみられる。しかし、分権などの社会動向に対し、潮流にのれない地域もあり、地域自治会の総体としての自治会連合会内部も多様化し、運営方向をめぐる内部議論により組織は分裂するに至った。

5. 自治会連合会の分裂は、直接には、当連合会自体が復古的なピラミッド型階層性をC市長とともに唱え、まちづくり協議会を含む全ての住民自治組織の最上位位置を主張するなど、強硬な運営をしようとしたことが主因であった。それは住民組織の上下関係の鮮明化であったので、招いた多くの反発は、同連合会内部におよんだのである。

参加型のまちづくり協議会政策の住民浸透と、まちづくり計画は完成したものの、思わぬ自治会連合会の反発とC市長の復古的方針があって、まちづくり計画の封印など、まちづくり協議会政策が封じられ、その政策が弱体化する展開に至った。その結果、本来的な団体自治への住民自治反映目標の政策推進も、長く滞ることになっている。

6. 活動進展に濃淡はあるものの、上述から全域組織化されたまちづくり協議会政策と目指す基本構造図式は一定評価されるものであろう。しかし、市民参加型政策の賛成は多いといっても（本文に数値を示す通り）40％余であり、市民に完全に受け入れられたのではないという見方もできる。自治会連合会一部リーダーや、C市長のように反発する政治家が現れるのであるから、この視点に鑑みれば、まちづくり計画の総合計画リンクや平等参加の政策には、やや時期尚早の部分があったともみるべきで、政策推進には、常に様々な配慮や慎重さが求められているのであろう。

7. 以上をまとめれば、地域自治の高揚が大きな課題であるから、当然、基本的な住民自治の構造づくりが何よりも重要であることを再確認すべきである。したがって、これまでのまちづくり協議会政策・まちづくり計画方策の再強化に、確信をもって進めるべきなのである。上下関係でなく、平等参加はいうまでもない原則論であり、自治会を中核に、多様なボランティアと連携・協働する構造が基本である。

8. また、今後に希望がもてるのは自治会連合会分裂の混乱を経て、市議会やD市長が住民自治組織の調査専門委員会を設置し、住民自治組織の進展に向けて打開策（住民自治組織のあり方報告）を出すことになり、市もその報告書方針に従うと前もって宣言していることであろう。

表2-6　まちづくり協議会と分裂した自治会連合体との比較

| | まちづくり協議会 | 自治会連合会(2010年まで) | 自治会ネットワーク(2014～) |
|---|---|---|---|
| 地域参加の条件 | 平等参加(水平性)◎ | ピラミッド型上下関係を肯定 | 平等参加◎ |
| | 自治会中核での平等主義 | 自治会連合会が最上位 | ― |
| 構成形態 | 自治会、多様な個別ボランティア、グループや団体、NPO | 自治会とその会員● | 自治会とその会員● |
| 地域形成概念 | 民主的なまちづくり(個人尊重・個別性) | 安定的な伝統的共同体(共和的集団主義) | 安定的な共和的共同体 |
| 共同の考え | パートナーシップ | 市の作成案との協調型 | 不詳 |
| 組織性格 | 開放的 | 不透明性・閉鎖性の残存 | 内向き |
| 構成者 | 大勢の住民中間層 | 少数のリーダーと集団 | リーダーと住民中間層 |
| 個人か世帯 | 個人参加も可能 | 世帯単位 | 世帯単位 |
| 地域創生姿勢 | 積極的な例が多い | 積極的な例が少ない | ― |
| 紐帯の性格 | 志縁、個別的力がある | 生え抜き自治会リーダーに強い使命感 | 地域の連帯 |
| 背景や土台 | 無産で流動性残る | 伝統的祭、財産区財産などあり | 無産で流動性残る◎ |
| 総合的見方(自立性・政治力など) | 総合的自立力や政治力が弱い。大勢の新住民の中間層である。人口割合は8割におよぶが、地域自治会や団体、ボランティアなどで構成している。総合的にゆるやかな組織を構成(強い結束ではない)。 | 総合的政治力がある(ただし、リーダーに恵まれた場合)。伝統的共同体部分の人口割合は1割強だが、時にはこの生抜きリーダーが強い(市政の基軸という)使命感発揮がある。 | 弱いが政治力がある 人口割合は8割におよぶ新住民の中間層である。無関心な住民も多い。◎ |

◎印はまちづくり協議会と近い認識だが、●印はまちづくり協議会と異なる状況。

第 2 章　宝塚市コミュニティ政策の変遷　187

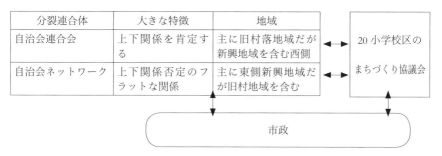

図 2-17　分裂による二つの自治会連合体のパターン（宝塚市）

　第 2 章の概観から、権力構造推移について一般には下記のようにみえるのであろう。

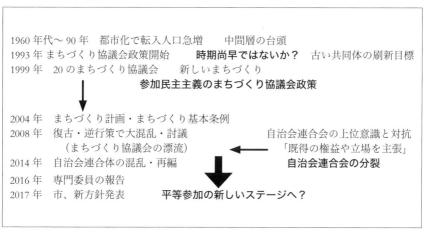

図 2-18　宝塚市の地域政策の推移概要と今後の期待（再掲）

注

1　この場合のエリートとは、各地域や団体内で選ばれた有力者で、共同体の自治や市の政治に一定の立場（権限）を得ている少数の人達をいう。

2　第 1 章の注 47 に同じ。

3　財産区財産について（出典：2018 年八尾市公表の資料抜粋）
　　江戸時代以前からの自然村的役割の中で農業用溜池や入会林野等の村民総有の財産が生まれ、使用収益されてきた財産が財産区財産の母体であるといわれる。すなわち、農耕を中心とした生活共同体として自然発生的に生まれた「自然

村」的な村の性格に基づくもの。

　明治22年の市制・町村制施行の際、町村合併の円滑推進のため、市町村の一部で財産または公の施設を有するものを合併後の市町村に帰属させず、その区域を「財産区」として特別の法規制の網にかぶせ、その財産区の属する市町村長および議会が、財産区の事務を処理すること、また、その財産の管理または処分は、当該住民の福祉を増進するなど財産区のある市町村の一体性を損なわないよう努めることとされている。

4　第1章の注50に同じ。
5　橋本拓哉『戦後国土計画における人口論』2008年、(財 日本開発構想研究所研究主幹)による。日本の経済高成長に伴う都市化および高学歴化の背景がある。
6　1992年の市長選挙はE氏とA氏の2候補の一騎打ちとなり激戦であった。
　「選挙勝利で、自治会連合会を含め、各住民組織は新市長の政策遂行賛成に組みする人が多くなる」このことは、政策を掲げ選挙で勝利すると、大きな権力変革が起きることを意味する。一般的によくある事象であり、当然の現実であるとみられている。
7　細川護熙・岩国哲人著『鄙の論理』光文社、1991年
8　筆者が感じた地域規範、住民意識
9　マズローの欲求5段階説：人間の欲求は5段階のピラミッドのように構成され、より高次の欲求を望むという。低次から、①生理的欲求、②安全欲求、③社会(帰属)欲求、④尊厳欲求、⑤自己実現欲求の5段階。A. マズロー 1901-1970、アメリカの心理学者。
10　フェルディナント・テンニース 1855-1936。ドイツの社会学者。共同体における「ゲマインシャフト」と「ゲゼルシャフト」の社会進化論を提唱したことで知られる。
11　田中義岳『市民自治のコミュニティをつくろう』ぎょうせい、2005年、pp.170-176
12　田中義岳『市民自治のコミュニティをつくろう』ぎょうせい、2005年、p.248
13　1998年、自治センター発行「自治だより」1月号に、倉沢進は「コミュニティ行政への反省」と題し次のように述べている。「自治省のコミュニティ研究会一員として、国民生活審議会のコミュニティ問題小委員会報告書『コミュニティ―生活の場における人間性の回復』などに先導的関わりを経て、行政コミュニティ施策の中で扱われるようになると、新しい生活創造へ向けての社会目標としてのコミュニティという認識が、次第に失われ、コミュニティ・センター建設とその管理へと矮小化されてしまった。」と。
14　中川幾郎編著、田中義岳共著『地域自治のしくみと実践』学芸出版社、2011年、

p.88

15　ヒューマンライツNo.233 田中義岳寄稿文、2007 年

16　田中義岳「市民自治のコミュニティをつくろう」ぎょうせい、2005 年、p.139. 女性ボード政策

17　鳥越晧之『地域自治会の研究』ミネルヴァ書房、1993 年、p.61

18　田中義岳『市民自治のコミュニティをつくろう』ぎょうせい、2005 年、pp.41-42。市と支えあう関係の自治会連合会のステータスとみられる活動歴として、1980 年議員報酬アップ反対運動、1993 年パチンコ店出店反対運動、1998 年市民公園の用地買収促進運動および阪急ファミリーランド存続要望などがある。これらは、市と支え合う関係での自治会連合会の活動として、誇りをもっていたと充分考えられる。

19　自治会町内会をめぐる朝日新聞の調査

　1、［募集期間］2015 年 9 月 17 日～10 月 1 日　計 1802 回答
　　問 1、自治会・町内会に入っていますか？
　　回答・入っている 1575 票 87.4%・入っていない 102 票 5.7%
　　・以前は入っていたが、やめた 111 票 6.2%・わからない 14 票 0.8%
　　問 2、自治会・町内会の主な役割は何だと思いますか。1 つ選んで下さい。
　　回答・交流（お祭りやイベント）388 票 21.5%・安全、安心（交通安全や防犯パトロール、避難訓練など）526 票 29.2%・環境美化（掃除、ごみ集積所管理、リサイクル）284 票 15.8%・行政とのパイプ役（広報配布など）471 票 26.1%・福祉（子育て支援、高齢者見守り）133 票 7.4%。

　2、［募集期間］2015 年 10 月 2 日～19 日　計 1967 回答
　　問、自治会・町内会は必要だと思いますか、不要だと思いますか？
　　回答・必要 557 票・どちらかといえば必要 332 票
　　どちらでもない 107 票・どちらかといえば必要 295 票　不要 116 票
　　この結果については、地域自治会は 5 割以上の支持があり、改善次第では、さらに支持拡大が見込めるとも読め、また改善がない限り退潮傾向にあると、複眼的に読める。改善点はボランティアとの連携協力にあるのではないだろうか。

20　宝塚市まちづくり基本条例の第 4 条には、「市長の責務」として、第 4 条 市長は、市民の市が保有する情報を知る権利およびまちづくりに参加する権利を保障するとともに、これを実現するための施策を講じなければならない。第 2 には、市長は、協働のまちづくりのしくみを確立しなければならない。第 3 項には、市長は、多様な市民のニーズに適切に対応したまちづくりを推進するため、職員の人材育成を図らなければならない、とある。なおその前条である、第 3 条には、「市の責務」を謳い、市はまちづくりを推進するため、必要な施策を講じなければな

らない。2 市は、市民の主体的なまちづくり活動を促し、協働してまちづくりを進めなければならない。3 市は、地域コミュニティの役割を認識し、その活動を促し、協働してまちづくりを進めなければならない。4 市は、まちづくりの基本理念にのっとり実施される、地域の主体的なまちづくり活動を支援しなければならない。第 14 条 市は、総合的かつ計画的な市政の運営を図るための基本構想及びこれを実現するための基本計画(以下「総合計画」という。)を、まちづくりの基本理念にのっとり策定するものとする、となっている。

21　地方自治法第 2 条第 4 項において、市町村は、その事務(計画事務)を処理するに当たっては、議会の議決を経てその地域における総合的かつ計画的な行政の運営を図るための基本構想を定め、これに即して行うようにしなければならない。というように、市町村に対し、総合計画 の基本部分である「基本構想」について議会の議決を経て定めることが義務付けされている。

　　なお、国の地域主権改革の下、平成 23 年 5 月 2 日に「地方自治法の一部を改正する法律」が公布され、基本構想の法的な策定義務がなくなり、策定および議会の議決を経るかどうかは市の独自の判断に委ねられることとなった(地方自治法第 2 条第 4 項は削除された)。

22　松下圭一『市民・自治体・政治』公人の友社、2007 年、p.5 および p.79

23　2013 年の D 市長再選のための選挙に、自治会連合会と相互に思惑連携があったと、隠れた部分の噂が飛び交い、また、市長との政治的連携を吹聴する自治会トップ指導者のことばを筆者は直接聞いてもいる。

24　討議デモクラシーについて田村哲樹(名古屋大学 特集討議デモクラシー 9 号 2012.8.5) は、次のように述べる。

　　「討議」は、英語の deliberation であり、「熟議」と訳されることもあるが、討議において重要な、「反省」と「意見の変化」である。討議デモクラシーでは、討議を通じて参加者が各自の見解や選好を見直し、変化させることが期待されている。したがって、意見の変化を想定しない議論やコミュニケーションは、討議とはいえない。討議の方法としては、しばしば論証、すなわち、妥当な論拠を付して自らの意見を述べることが重視される。ただし、ユーモア、感情的表現、物語ることなども、討議におけるコミュニケーション方法となりうる。ポイントは、コミュニケーションが強制的ではない形で、参加者に反省とそれに基づく意見の変化を促すかどうか、ということにある。(中略)討議デモクラシーの実践形態として近年注目されているのは、市民討議会や討論型世論調査などの制度である。これらは、「ミニ・パブリックス(minipublics)」と呼ばれることもある。それらの多くは、特定のテーマについて、無作為抽出で選ばれた一般市民が集まり、専門家の意見も聞きながら討議するという形で行われる。ミニ・パ

ブリックスが注目される理由は、利益団体による圧力活動でも選挙での投票でもない形で、一般市民が政治に関与する機会を提供することにある。ミニ・パブリックスで、意思決定や政策形成が直接行われるわけではない。しかし、重要なことは、そこでの討議を通じて、よく練られた意見が形成され、それを参考にして意思決定や政策形成が行われることである。「練られた世論」形成の意義は、人びとの意見や意思は尊重されるべきであるが、衆愚政治や「多数者の専制」への懸念が繰り返し語られてきた経緯に鑑み、あらゆる意見や意思がそのまま尊重されなければならないのかどうかは、議論の余地があるということだ。「練られた世論」の形成によって、今日の政治の不安定性とともに、デモクラシーへの懸念をも払拭することが期待できるのである。」

# 第3章　地域を統治するのは誰か

## 第1節　複眼的協調と平等参加の確立

### 1　混乱・大議論で獲たもの

　重要な基本政策を制度化する場合、本来ならば、基本的に市民間の広く深い議論が必要である。それを経ずに、安易にまた短絡的にその決定を行ってはならないであろう。もちろん一般条例制定の場合も、市民レベルでの広く深い議論が欠かせないのである。しかし残念ながら、わが国の地域社会では、一般的に市民間の議論は非常に少ないのが現状ではないだろうか。

　宝塚市の場合、A市長に始まった「まちづくり協議会政策」は、15年間の政策展開を経て、図らずも住民自治組織に関する政策のあり方としてその後8年間を越え、市民間で大議論となった。C市長やD市長の体たらくぶりがにじみ出る展開であった。8年を越す長い縮小・停滞(失われた10年との揶揄も聞かれる)となり、宝塚市の地域自治会を中核とする構造のまちづくり協議会活動は、C市長の復古的なネガティヴ姿勢によって縮小し、また、D市長の住民自治へ向き合わない姿勢にも大きな問題があったのではないだろうか。しかし、市長の体たらくぶりの反作用もあって、地域自治について市議会を含め市民間で大議論になったのだ。住民自治のあり方に関し、その広く深い議論が展開されたのである。激しく鋭さもあった議論であったが、この市民議論があったからこそ、きちんとそれを総括・修正しなければならない。この政策の本質や核心にようやく気付き、住民自治政策を総括し修正しようとしているならば、今後の展望があると考えるべきなのであろう。

特に対立解消を優先した総括・修正が望まれる。なぜなら、その総括や修正は、次の政策ステップへの大きな推進力になる可能性と考えられるからである。次のステップとなる「まちづくり協議会政策の推進浸透と固定化」や「地域自治の高揚と新条例の制定」が再目標となってくる。市議会を含め、より集約された議論に進むことが望まれるのではないだろうか。

## 2　複眼的総合性と二項協調・融和

### 1)　対立は地域発展リスク

大きな住民自治組織体の複数（まちづくり協議会と自治会連合会体）が対立している状況があるとすれば、狭い生活の場の中で、地域自治がうまく運営できるであろうか。国会や地方議会における民主的な対立議論は大いに必要であっても、生活圏にある地域の中において、基幹の住民組織の対立があるとすれば、それは地域の創造的発展の阻害要因であろう。双方の個々の住民活動に大きなマイナスの影響をおよぼすのは明白ではないだろうか。地域での対立は現実の地域発展リスクである。単純に考えても協調や融和が重要となるのではないだろうか。

宝塚市での自治会連合体とまちづくり協議会の協調の再現は、喫緊の課題であり、最も大きな課題でもある。また、これは伝統性と近代性＝この二項の協調・融合の課題でもある。この課題に向き合うことは、今後の地域自治発展に非常に重要であることはいうまでもない。

二項の協調・融合課題については、第1章からの下記図3-1の説明の続きになる。日本の近代化をはらむ西洋的なものと、アジア的なものとのアンビバレンス（二つの相反する面が混ざっていること）および、「近接性の原理」について、第1章第3節で中田實の記述を紹介した。それは次の通りであった。

「自立した市民が共同生活を営むには、何らかの『社会契約』が必要であり、また社会契約がなりたつためにはその前提として『非契約的なもの』（E. デュルケム）である両者の相互理解が成り立っている必要があるために、それなりの試行錯誤の時間（歴史）を要するのである。自立した市民といっても、何の準拠点もない住民というものは存在しない。『近接性の原理』は近くであ

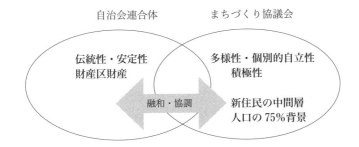

図 3-1　伝統性・近代性の相克・止揚の構図（再掲）

るがゆえに築くべき相互の関係があることを示唆しているのである」と。

2）わが国の精神構造とエポック形成論

中田實は、二項がアンビバレントな関係にあっても、デュルケム論のように近接的がゆえに時間をかけて解決し築くべき相互の関係があると記した。一方、わが国の江戸時代後期以降において、西洋近代を巧みに取り入れ、日本近代として発展してきた歴史的事実は、疑いのないものであろう。つまり日本社会の発展には西洋近代を必要とし、工夫しつつ取り入れてきたのである。その工夫の取り入れ方としての精神構造について、大橋良介は、「我が国の精神構造とエポックの形成」として、（著書『日本的なものヨーロッパ的なもの』より）その部分を次のように説明する。

「日本近代がヨーロッパ近代の受容をともなって成立したとき、その両者は同心円を形成するわけではなかった。硬い普遍性（例えば科学技術や制度・イデオロギー）とは、いわばそれぞれの中心をずらして併存しつつ、同一のエポックを形成したのである。あるいは、柔らかい普遍性（例えば文化）がいろいろの中心を併存せしめ、そのひとつとして科学技術をも内につつんだのである。その中心的な複合構造が、自己同一性を基本とするヨーロッパ近代と日本近代の構造上のちがいだともいえる」[1]。

このように大橋は、ヨーロッパでの近代構造の説明には、「硬い普遍性」と「柔らかい普遍性」という文語をつかう。まず、「（例えば、）科学技術は、地

域や民族の差異を越え、ヨーロッパで生まれたという出自の制約を抜け出て全地球に広がった。あたかも均等にそろえる刃物のような硬さをもって、地域文化を水平化し、生活空間を均一化し、社会システムを一元化していく、その傾向は『硬い普遍性』をもっている。これに対し文化は、本性上ローカルな性格をもちながら、『柔らかい普遍性』を含んでいる。」と、彼の論理展開の前段を説明している。そして、近代構造については、「簡単な言い方をすれば、ヨーロッパにおいては、科学技術の硬い普遍性と文化の柔らかい普遍性とは、緊張をはらみながらも、根本的には対立することなく、いわば同心円をなした」[2]と説明し、日本近代構造を比較するのである。

以上のように大橋は、日本人が歴史伝統性に背反する近代を、巧みに併存せしめる実績を論理的に説明しているのである。大橋のいう前者「硬い普遍性どうし」の場合は、中心をずらす考え方であるが、我々日本地域の二項融合については、この日本的な精神構造が社会を発展に向ける重要な「エポック形成」となる論理と大いに関係があるのではないだろうか。

ヨーロッパ近代を受け入れてきた国家的近代化の経験値については、これからもローカルにおける必要な考え方として、その経験値が必要になっているのではないだろうか。

ヨーロッパ近代受容の歴史的エポック、その大橋論を「複眼的な協調」としてとらえ、さらに「柔らかい日本的文化の普遍性が介在・融合」せしめる場合は「柔軟性での融合」とも考えられるならば、今後の日本の住民自治政策の本質テーマ＝伝統性と近代性の総合的な協調や融合の核心は、この大橋論を踏まえた複眼的総合性＝「複眼的総合的に地域をとらえ、協調・融和を図ること」にあるのではないだろうか。

もう一つ、この背反する二項の相克を通して、相互にねばり強い協議ができるとすれば、かえって昇華となる「止揚」の論の可能性がある。ヘーゲルの弁証法[3]である。それは、次のようにアレンジして考えられるのではないだろうか。例えば「伝統性には歴史的文化と組織力で地域を導く力がある」に対し、アンチテーゼとして「(自由平等など)近代性は多くの人の参加行動を喚起する」との、背反的な二つの考え方があったとすれば、仮に、その両者

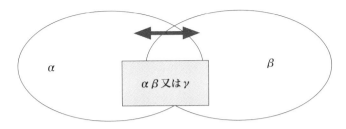

図 3-2 2 項の相互作用（相克・止揚）

が協議し次善策を見出し、「よりよい大きな参加結集をつくる」という合意＝第3の考え方にたどり着く可能性を生むとなる。この場合、その合意結果も貴重価値となるが、両者が協議し、この解決へたどり着く可能性やその協議過程の価値は大きいという考え方にもなるであろう。

　私たちに、背反する二者相互課題の解決が求められているとすれば、この大橋論や「止揚」論を踏まえ、現実をより俯瞰的にまた複眼的にとらえる考え方が必要であろう。繰り返しになるが、日本人は歴史的に、こうして、西洋的なものを日本的なものに取り入れてきた経験を積んでいるのである（古代は中国的なものを日本的なものにアレンジして取り入れた）。この歴史的に複眼的総合性を駆使できるのが我々日本人なのではないだろうか。

3）伝統性・近代性の協調・融合の現実性

　大橋論やヘーゲル的な方法論は充分念頭におきつつ、他方、地域足元に注視すれば、泥臭いが素朴性が充満している現実でもある。いずれにせよ、地域における協調や融合の実態としては、地域自治において、ゆるやかで段階的な改革が適切であり（中田、デュルケム）、それが求められていることは明白であろう。地域には以前からの歴史経過があり、その歴史経過も尊重される現実的かつ継続的な配慮が必要なのではないだろうか。

　地域の住民自治組織の各々が、自分たちだけで推進できるのではなく、相互に充分相手の立場を理解し、協調せねばならないことであろう。今後も排除や対立ではなく、融和や連携が重要であると理解する人は増すであろう。基本的にパートナーシップ構造の再構築が必要なのである。相互に代表者の

顔ぶれも次々代わるタイミングもあり、どちらかといえば、再び時間をかけ、ゆっくりと相互に呼吸を合わすことが必要となるのではないだろうか。

また、改めて地域の根の部分を考えると、ムラ社会の出発から都市化の中で、我々の知恵は、伝統と近代を融和させつつ、概ね現実的、日本的な進め方を展開してきたのではないだろうか。つまり、振り返れば、地域自治会を中核とした社会福協議会やその福祉活動の中にみられるように、排除でなく、伝統性にいかに近代性を加味していくかとか、今までとは違った第3方式（止揚＝ヘーゲルの弁証法）という知恵を働かす経過を、すでに経験値的にたどってきていると考えられるのである。

さらに具体的には、(51頁の)神戸市の例のように、各種の福祉サービスや相談活動、ボランティアや市民活動の支援など、全国的な取り組みから地域の特性に応じた活動まで、様々な場面で地域の福祉活動がみられる。また、宝塚市社会福祉協議会においては、その住民代表には、長らく地域自治会や地区自治会連合会代表が、その運営や活動の中核となってきた実態がある。そして、地域の福祉活動充実化に一定の力量を発揮してきたのである。

また、今後の単位自治会の活動では、個別的目的をもつボランティアとの連携（前述ように、「自治会運営での公園清掃の事例」）のような「公共に役立ち、地域も喜ぶことになる」工夫の道(160頁)が望まれるであろう。そして、この方式は多様な活動上のシステムになり得るのである。

宝塚市や神戸市のほか、多くの自治体での福祉活動に重きをおくまちづくり活動で示されるように、この実態や経過こそ、日本型の相互扶助などの伝統主義と、西欧型の契約的な参加という融合点としての日本近代性なのではないだろうか。二項協調の現実性を証明している要点でもあるだろう。

繰り返しになるが、近接地域で分断していがみ合っては、決して発展はない。それは和を重んじた日本の手法でもなく、相互に発展阻害の足引っ張りあいであり、地域の発展には協調・融和が非常に大切である。今までの多様な経験値に学ぶならば、結局、大切なのは、「情けは人の為あらず〜相手を慮ることが、結局、自分の立場をよくし、自分の利益になり、さらにお互いの利益になる」ということから始めることなのであろう。黄金律として「汝、

自分の欲することを他人にほどこせ」[4] があり、このことが、地域で広く実践できるかどうかにかかっているのではないだろうか。たとえ時間がかかっても、経験値は協調・融和を可能とするのではないだろうか。

東日本や阪神淡路など大災害時でも秩序を守る日本人。そして、国際サッカー場を清掃する若者の事例がある。これら日本人の振る舞いは、伝統主義と近代主義の融合の実現の姿、もしくはそれに近い姿の例であり、地域で同様の可能性が期待できるであろう。

## 3　都市型ローカルガバナンスの確立へ

### 1）地域は普通人生活の「フロンティア」

わが国の民衆としての自律性・自治性 (autonomy) の歴史的構造は、第1章第2節から記してきた通り、西欧のそれとは異なり、戦後大衆の試行錯誤を経て、近年ようやく市民的な歩を進める段階であるという位置にある。この意味では、地域と地域自治は日本の多くの住民にとって、まだまだ未開拓領域の最前線（フロンティア）であろう。

生活の場における地域では、自分の身の丈に合った（難しくない範囲の関心事に）気軽に参加し、個人や仲間で前進できる領域としてのフロンティアである。それは生活に溶け込んでもいる。人びととの、文化・スポーツ活動など趣味的な事項や関心ある社会活動に関し、学習やボランティア活動に参加するなど、一定程度一般化したライフスタイルでもある。また、子どもの教育関連で、学校や地域に関わる場合も多い。地域への関係はこういったライフスタイルの中にあり、地域課題に遭遇し参加という入口となるのではないだろうか。

地域課題への取り組みが進み、継続的になる場合や次元アップする場合がある。取り組みが上手く進んでいる場合、楽しさや満足感といった小さな幸せ感も伴うであろう。このように自分自身を少しずつ前進させる取り組みは、もはや少数エリートによるのではなく、普通人にとって、自由意志と自発性のフロンティアへの活動である。つまり、少数エリートによる地域自治でなく、多元的な参加エネルギーの結集が、自治体に望まれるのであり、分権化

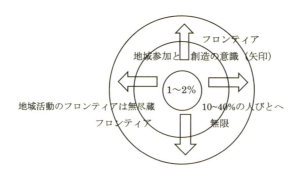

図 3-3　参加未開発な地域の展望

を目指す日本にあっては、これらを普遍化していく時機にさしかかっているのではないだろうか。

　ただ、地域現実において、意見の相違や価値観がぶつかる場合もあり、ストレスが発生となる場合もあるから、地域での活動自体を避ける人もいる。しかし、活動進展の優先や、合意など円滑性の喜びを目指し、その前進などフロンティアでの小さな充足に価値をおく人は、最低でも 1〜2% は必ず存在するというのが、筆者が経験した宝塚市での 11 年の実感である。この実態は日本の縮図であって、他都市の地域でも同じ傾向があると推察している。当初から地域グループのリーダー的なタイプの人もいるが、そうでない初歩からの参加が多い傾向であろう。都市圏においては、この普通の人たちが、新しい意味での生活を通したボランティア自治を行い、新しいリーダーとなるケースも多いのである。また地域課題は、例えば公園美化や子ども・高齢者支援だけでなく、事例やジャンルは広く数限りがない。地域創造のフロンティアとしてのボランティア領域も無限にあるといえるであろう。

2）伝統的硬質部分と複眼的パートナー

　C 市長や D 市長の政治的思惑にのり、立場の錯覚に気づかない、自治会連合体主導リーダーの、市長権力への接近過多と思えるその近接性は、権力連座のようであった。それを背景としていたと思われても不思議ではなかったのだ。そして「連合会内部では、異論を（強引に）抑え込むなど執行部

の非民主的運営をめぐる批判が沸騰した。」というような関係者証言となった。これは一時的な異常行動にも思える。歴史的に培われた素朴な伝統性や固有文化性からの冷静な体現が本来的である。保守的になりがちな面はあるにせよ、安定性ある優秀なリーダーを輩出し、信頼されてきた地域貢献の活動実績は大きい。さらに財産区財産のある地域もあって、隠然としたパワーをもっている。時として、リーダーが真逆の方向になり、強硬な独善性や非民主性を振るうリスクはあるが、この近年の実態は、リスクが重なった特別な動向であった可能性がある。そして、連合体の内部的な側面から、自律的に修正・克服できるものと思われ(2017年夏、すでに連合会主導部は温和路線方向で会長などが交替済みとの情報があり)、この点を冷静に見つめていく必要があるであろう。

　対立は相互にマイナス要因であり、新しく発足した自治会ネットワークを含め、自治会連合体は、基本的にまちづくり協議会のパートナーとして複眼的・横断的な連携を冷静に目指すのが、地域社会に有益なのは明らかではないだろうか。

　まちづくり協議会やボランティアなどの地域団体グループは、平等参加を基本にすえつつ自治会・自治会連合体の伝統性や固有の文化性を理解し認め尊重することにある。

　自治会・自治会連合体は、地域自治に関して、時として強い使命感が醸成される枠組みでもあり、また(賢明な)少数リーダーなどによる政治力発揮となって、これが長所となる場合が多かったのも事実である。この長所を発揮するには、自治会・自治会連合体が、まちづくり協議会政策の水平性や多元的参加を理解し認識することは非常に大切である。このように冷静な二項の協調・融和により、相互にリスペクトしあって、基本的に相互の立場を認めあうことを体現できれば、「複眼的パートナーとしての再連携」が可能となるであろう。これまでも一定経験済みの地域連携の住民自治システムは再獲得できるはずである。

　市行政としては、市長や担当もリーダーシップを発揮し、住民組織の民主的な協調支援(例えば、パートナーシップ会議)を重点に、住民自治組織を支援

することにある。

　つまり、自治会連合体には、その存在は歴史伝統性として重みがあり、水平的参加の理念に沿って、まちづくり協議会政策など地域自治を俯瞰し、継続的に支援する重要な歴史的役割は続いていると考えられるのではないか。さらに、例えば、地域のまちづくり計画のガイドラインの決定会議のメンバーを果たしてきたことは、現代的には大きな意義がある。これらは、安定的な参加理念に率先垂範を示す大きな価値であり、まちづくり協議会政策の推進パートナーは栄えある位置ではないだろうか。

　なお、2016年度後半、D市長は専門委員報告を尊重する新しい政策方針を出すと公言し、2017年1月にその政策発表を行っている。この政策方針を参考資料として、本章後尾に付すこととした。

## 4　ローカルガバナンス確立はまち協方式の普遍化

### 1) まちづくり協議会政策の普遍化

　宝塚市で様々な問題を醸し出した自治会連合会とまちづくり協議会の関係は、伝統と近代という二項の課題でもある。参加型でのコミュニティ権力構造の法式は、第1章の「むずび」で最初に記してきたが、肝心なことは、多様性や相違点を理解し認めあうことであり、二項についても相互理解と協調への相乗的なダイナミズムであると「図1-6（＝図3-5）」の仮説を示したのである。まちづくりの市民活動はこの法式構造が基本であると確信する。第2章第2節で詳しく「宝塚市小学校区まちづくり協議会政策」を述べてきて、15年間これらは概ね円滑作用し展開された。

　この課題については前項においての、大橋論やアウフヘーベン（弁証法）論で説明できていると考えている。伝統主義と近代主義の相互関係は、一見、アンビバレンスな状況であるが、ねばり強く相互協議を続けられるならば、すなわちエポックが生じる可能性を含み、創造的な関係を秘めるであろう。

　ハコもの方式でなく、いち早く宝塚市で工夫し編み出した住民自治組織の進展策（まちづくり協議会政策）の中核をなすこの法式は、同じ風土にあるわが国の地域の創生において、普遍的な一法式になる可能性を秘めているので

はないだろうか。すなわち、近接する二つの住民組織の関係は、たとえずかでも相互共感や理解が見出せるなら、パートナーシップの関係にあり、そのパートナーシップにかけた創造性が望まれるのである。

そして地域再興は同法式での再提起にあるので、改めて、ここではその政策や法式を図式で振り返り簡略に記すことにしたい（**図 3-4**）。

自治会と市自治会連合体の評価
①名目的にせよ、65％前後の加入率が基盤的なまとまりとして評価できる。
②単位自治会の実態は地域ごとの連携を図り相互扶助性が基本。多くは当番制役員と回覧板で地域と行政の情報などを伝える上意下達的・伝統的なしくみ。
③7つの各地区自治会連合体と全体の連合体は活動組織でなく、まちづくり協議会など様々な地域組織や市との連絡調整的性格にある。
④連合体トップ役員は少数エリート型に陥りやすく、トップ役員の考え方次第では、市への圧力団体化する場合がある。
⑤多様な地域主体が活かされる自治総力の形成の核になる方向性が期待されている。

ボランティアおよびNPO（アソシエーション）の特性
①個別目的ある社会貢献活動が主であり、多様性、多元的活動が特徴。
②自律的で積極的な面が多い。
③地域を包括する性格にはない。
④地域と面的な協力（または協働）があれば、目的合致により社会貢献活動が広がる可能性をもっている。
⑤組織活動には社会契約的な性格がある。

まちづくり協議会の概念へ 協調 今後の自治の枠組みへ

小学校区ごとの地域のまちづくり協議会の形成と協働
○参加民主主義による新しいまちづくり活動とその枠組み
○平等参加、多様性・多元性の包括、透明性などの理念

**図 3-4 改めて「宝塚市小学校区まちづくり協議会」方式をみる**

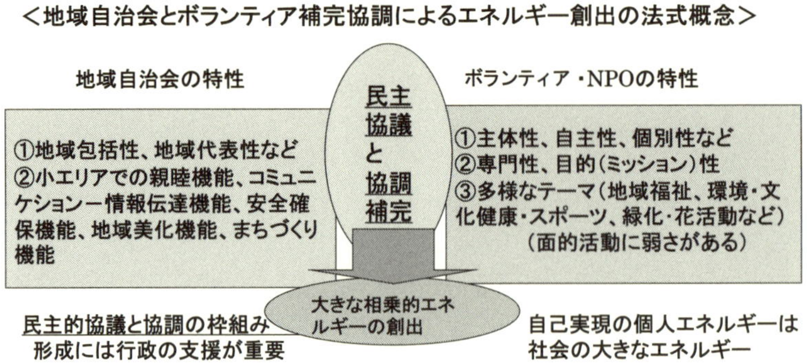

＜地域自治会とボランティア補完協調によるエネルギー創出の法式概念＞

地域自治会の特性
①地域包括性、地域代表性など
②小エリアでの親睦機能、コミュニケーション―情報伝達機能、安全確保機能、地域美化機能、まちづくり機能

民主協議と協調補完

ボランティア・NPOの特性
①主体性、自主性、個別性など
②専門性、目的（ミッション）性
③多様なテーマ（地域福祉、環境・文化健康・スポーツ、緑化・花活動など）
　（面的活動に弱さがある）

大きな相乗的エネルギーの創出

民主的協議と協調の枠組み形成には行政の支援が重要

自己実現の個人エネルギーは社会の大きなエネルギー

図3-5　二項の協調・融合の法式（仮説）

　この上図（図3-5）がまちづくり協議会政策への法式であるが、詳細は第2章で説明済みである。
　これらを小学校区でのまちづくり協議会システムとして展開することにより、大きなエネルギーが生じるという権力構造の法式として改めて提起するものである。後述の専門委員調査報告「住民自治組織はまちづくり協議会を窓口とすることがふさわしい」という粗い提言は、分かりにくい面が多く、自治会やその連合体とのパートナーシップを本旨として主張する本書とは、立場を若干異にするものであるが、まちづくり協議会方式の基調は共通するのかもしれない。
　C市長や自治会連合会の反発に続き、D市長の無策的継続は併せて10年近くにおよんだが、長期に俯瞰的見方をすれば一時的な復古期間であり、様々な再修正などが必要とされる。しかし、改めてこの法式に普遍性が認識されるのではないだろうか。政策固定化はこの再提起にある。この法式がうまく作用していく長期展望には、住民自治が充実発展する姿があり、それが団体自治に活かされる法式であると確信するのである。

2）協働の醍醐味
　この図3-5および図3-4の法式の核心になっているのは、地域自治会とボランティアなどの協調・協働であるが、もちろん行政との協働をも含んでい

る。この点には、価値観などの相違ある市民相互の協議には、多大な相互葛藤が生じ、協調努力が払われてきたのである。それらの葛藤を経て、次のステージに昇華しながら、活動次元を高めている地域もある。地域に濃淡あるが、これら協働は有効であったので、改めてその醍醐味について記したい。

(1)地域自治会との協働での展望

　小学校区まちづくり協議会政策は、複数の各地域自治会を中核とし、それを基本ベースとするシステムは有効である。その理由は再三の繰り返しになるが、一つには、宝塚市では概ね 60 ～ 65% の組織率があり、各部局から市民への情報伝達（広報システム『回覧板』）の有効性がある。特に防災や災害時とその災害対策などには、各自治会との連携システムは有効であるというのが現実である。

　二つ目は、ほとんどの地域自治会は社会福祉協議会の主たる構成組織であり、その共助的な福祉活動の有効性がある。そして、まちづくり協議会への参加も同じである。

　三つ目には、過半にはやや足りない数であろうが、少なからぬ地域自治会が、まちづくり計画形成を通して、「自治会の存在がとても大切であり有効である」と、その周囲のボランティアなどから評され、それら複数の証言に基づけば、地域アイデンティティ形成など有効性を共通認識することになった実態がある。

　四つ目には、旧村の自治会エリアにおける共有地をもつ財産区財産や水利組合などは、法制に守られる権利を保持している。第 1 章第 2 節で鳥越晧之が公的属性と指摘するように、市政は道路整備など土地活用政策において、特に旧村自治会とは密接な関係が必要という現実がある。さらに、これら伝統的に培われたシステム部分を全てなくし、一挙に、新しい平等参加のシステムに刷新することは、固有の伝統イデオロギーもあって、現実的ではなく支持される背景にはないであろう。

　一方、裏返しの見方がある。地域自治会にとって、自身の活動の有効性は多様である。現代的には地域自治会はボランティアやまち協、社協との連携

協働の枠組みでの力量発揮に適しており、地域自治会単体だけでは力量を最大限発揮できるかは疑問があり、衰退リスクには、前述した通り留意が要るのではないであろうか。

(2)ボランティアや地域団体と協働での展望

地域は普通人生活の「フロンティア」であると述べたが、ボランティアや地域団体は、特定目的の社会貢献活動を主とする多元的活動であり、自律的で積極的な面が多いのが特徴でもある。そのグループや団体は、地域を包括する目的や性格は持ち合わせ難いものの、地域と面的な協力(自治会などとの協働)があれば、目的合致により社会貢献活動が広がる可能性をもっている。協働で拓ける地域活性化などに期待できるのではないだろうか。

3) 小学校区まち協基盤の3層プラットホーム

人びとが自由に意見をいえ、参加できる地域自治のあり方は水平的なパートナーシップにある。多様な協働を通し、まちづくり計画を総合計画に位置づけることや、小学校区まちづくり協議会と3層構造＝ブロック別連絡会議のシステムを再稼働させ、市民が創る都市型権力構造のローカルガバナンスの確立は大切になる。これらを簡略に再明示するが、これらのシステムの姿を明文化し担保することが大変重要であり、新たな次元の(仮称)自治基本条例の条文に反映されることが肝要になるであろう。

(1)総合計画リンクのまちづくり計画

改めて住民自治を団体自治に反映し地域自治の総合力アップを図ることが

図3-6 〈3層の構造：1層は単位自治会、2層目小学校区エリア、3層はブロック〉

大きな課題である。そして、当初の目標に反し、実質的協働に達していない現在のまちづくり計画の位置が課題である。「自分たちのまちは自分たちがつくる」。これらは住民自治の本質であり、市総合計画の地域別計画に実質的にリンクさせ、住民の参加と責任によって関わる協働の実現は非常に大切となる。

(2)ブロック別連絡会議

詳しくは、第2章第2節での説明の通りである。参加民主主義を実現する

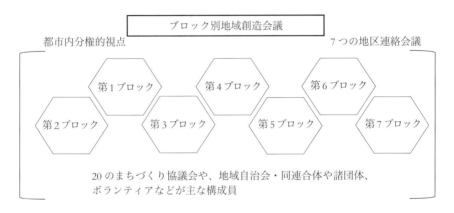

・参加民主主義を実現するローカル・ガバナンス構造図（ブロック別連絡会議の位置）
・開放的な7地域ブロック会議と20のまちづくり協議会が主な構成
（市長の政策執行補完機関であり、代議制民主主義の議会を参加民主主義で補完する関係）

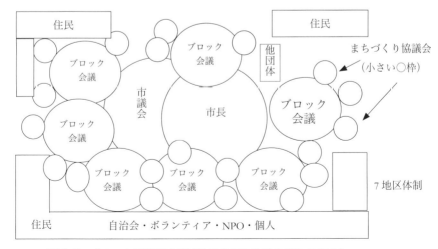

**図3-7　ブロック別連絡会議（住民参加の地域自治システム）**

ローカル・ガバナンス構造として、ブロック別連絡会議の設置は非常に有効である。開放的な7地域ブロックであり、改めて20のまちづくり協議会や、地域自治会・同連合体や諸団体、ボランティアが主な構成員となり、多様な情報交換や課題論議の場となる。

　(3) 次元アップの自治基本条例制定へ

　市民が創る都市型権力構造を確立するシステムの姿を明文化し担保することが大変重要になる。第2章第2～3節で記したように、宝塚市の場合は、「住民が主権者」、「団体自治と住民自治」を明確化し、「市民意識高揚」を図るなどにより、地域統治(ガバナンス)のシステムの基本を定めるなど、実質的な面と理念が残る次元にとどめてきた。しかし、これらの考え方を市民に広め、十分な浸透と咀嚼を図って、さらなる住民統治の具体的な組織の形や名称などのあり方や、まちづくり協議会の位置づけ、および民主的協議に至る手続きなどの制定に向け、次元アップの方式にする段階に達しているのではないだろうか。

## 5　まちづくり協議会自立的プレゼンスへの期待

### 1) まち協と地域福祉事業

　宝塚市では、まちづくり協議会の進展と同歩調で、地域福祉事業を大きく拡大した時期がある。まちづくり協議会政策の付随事業として、90年代半ば、担当時の筆者は、社会福祉協議会の改革を提案し参加してきた。同じ7地区ブロック制を敷き、社会福祉協議会活動が住民の中に拡充できるよう図ろうとするものであった。具体的には、自治会や民生委員協議会が、そのブロックの福祉事業に結集することができたので、活動事業や福祉的サービスなどが進んだのである。小学校区の枠組みを活用し、「身近な地域はよくあって欲しいから参加行動する」という考え方も浸透し、新しく掘り起こされたボランティアの人たちなどとともに、地域福祉事業を大きく拡大することになったのである。

　かくして、まちづくり協議会と7つのブロックとの2層制での社会福祉協

議会の改革は成功し、この小学校区まちづくり協議会と連動し、地域福祉の確固たる基盤になったのであった。この分野では、民生委員協議会が大きな役割を果たしてきているが、民生委員の推薦・選考において、かつては自治会連合会の直接関与があったが、1970年代にその直接的関与から脱し、段階的に自治会連合会との自律的な協調関係になり、独自性を醸し出すに至った経緯がある。

民生児童委員の推薦分野 ┐　　自治会連合会の関与から独自性を主張
　　　　　　　　　　　├→　　　　　　　　　　　　　（1975年頃）
社会福祉協議会の運営　 ┘　　民生委員協議会は独立的である

だからすでに、まちづくり協議会政策の発足当初から、まちづくり協議会の福祉活動＝（イコール）社会福祉協議会の地区活動という形の連携ができていた。

2）広報紙活動強化と横型連携に展望

2007年以来、C市長はまちづくり計画だけでなく、まちづくり協議会への封じ手を次々繰り出したことは、第2章3節でつぶさに説明した通りである。その影響による大きな混乱が起こり、様々な弊害がみられた。このような場合には、一般的に担当職員は地域への様々な支援行動は思うようにできず、戸惑いが出るのではないか、そして、まちづくり協議会は漂流するのではないかとも述べてきた。自律性薄弱な段階で、政策のはしごを外されれば漂流もあり得るであろう。

まちづくり協議会は逆境にあるが、ピンチは自立へのチャンスでもあろう。各まちづくり協議会では、広報紙をつくっているが、これを強化し、まちづくり協議会どうしや広報連携の道は、自立的躍動への有効な策となるのではないだろうか（第4章で詳細説明）。まちづくり協議会の立ち上げから進展時期は、何よりも市民自らのことばで書き広めた広報紙が非常に有効であったのだったからでもある。

25年におよぶ経験をバネに

まちづくり協議会の全体会議(代表者会議)では、その会議自体がピラミッド型にならないよう、全体の固定的な会長や代表者にならないよう、ある配慮があった。当面する課題への集中力が弱くなっても、当初から、会議の議長は相互性を重んじて順番に務めるなどの配慮があった。一方、まちづくり協議会がとりあげる地域の課題は、増すことがあっても減ずることはない。少子高齢化の地域にあって、多様な課題がひしめいている。市の政策が真逆に転じた経過などがあって、関係市民が市の姿勢に大きな不信感を抱く場合もあるかもしれないが、25年におよぶ経験をバネに、まち協どうしの自主的な連携・強化を図る方向が求められているのではないだろうか。自主的な相互交流、情報交換のほかに、市担当の連絡調整も期待され、時折、輪の広がった総合的な情報交換(ブロック別連絡会議)が欠かせなくなるのである。

## 第2節　調査専門委員報告「住民自治組織のあり方」

### 1　調査専門委員報告「住民自治組織のあり方」

#### 1) 専門委員への調査委託

住民自治に関し10数年の取り組みを経て、2015年、宝塚市は改めて市が取り組んできたコミュニティ施策を総括・検証することになった。そしてこれからのコミュニティ施策の方向性を見定めるため、地方自治法174条に基づき、宝塚市住民自治組織のあり方に関する調査専門委員を設置しそれを委託することになった。専門委員の構成は、久 隆浩、田中 優、藤本真理(以上三人は研究者)、小野順子、在間秀和(二人は弁護士)であり26頁におよぶ報告書である。

なお、委託した事項は以下の通りである。

　①自治会、まちづくり協議会などへの支援のあり方について
　②自治会のあり方について
　③まちづくり協議会のあり方について
　④自治会、まちづくり協議会の連携のあり方について
　⑤その他必要と認める事項

⑥改善策の提言

以下に『調査専門委員会報告』の内容を紹介し、筆者注釈を適宜追記したい。

2）調査専門委員の設置に至る経過

市の調査専門委員設置に至る経過認識には次のように書かれている。

「市民一人一人が互いに尊重し合い、地域の構成員という自覚をもちながら、地域の課題解決に向けて主体的に取り組んでいくような市民主体のまちづくりを構築するため、市が主導して各小学校区でまちづくり協議会を立ち上げてきた。しかし、一部地域で、地域の核は自治会かまちづくり協議会かといった議論があり、市が思い描いたようなコミュニティ施策が進まない状況が続いた。」とのことであり、専門委員の問題意識は下記の通りである。

(1)専門委員の問題意識

一部地域で、地域の核は自治会かまちづくり協議会かといった議論があり、市が思い描いたようなコミュニティ施策が進まない状況が続いた。

まちづくり協議会への支援とまちづくり計画の進捗管理がほとんど行われない自治会連合会の運営が非民主的という批判とともに、多くの単位自治会が自治会連合会から脱会する混乱事態が発生した。

表 3-1　住民自治組織の現状と課題（専門委員認識）

単位自治会について　　　　　　　　　　　　　　　　　　（自治会加入状況）

| | 市内総世帯数① | 自治会加入世帯数② | 加入率②／① |
|---|---|---|---|
| 1965（昭 40）年度 | 28,251 | 19,381 | 68.60% |
| 1975（昭 50）年度 | 52,677 | 38,485 | 72.98 |
| 1985（昭 60）年度 | 62,864 | 51,224 | 81.48 |
| 1994（平 6）年度 | 72,798 | 54,285 | 74.57 |
| 1998（平 10）年度 | 76,262 | 60,627 | 79.50 |
| 2003（平 15）年度 | 81,265 | 62,664 | 74.37 |
| 2008（平 20）年度 | 88,835 | 62,833 | 70.73 |
| 2013（平 25）年度 | 93,703 | 62,892 | 67.12 |
| 2015（平 27）年度 | 93,860 | 61,730 | 65.77 |

a. 加入率　1985(昭60)年には81.48%だったが、2015(平27)年4月には65.77%に減少している。
b. 役員のなり手　役員は輪番制の選び方。自治会活動は平日に行われ、現役世代は役員になり難い。高齢化が進んでいる。
c. 自治会長は1～2年で交代。1年で交代が約46%、2年目交代の自治会長を含めると63%。多くの地域の会則には会長の任期を制限しているが、一部の自治会では担い手不足から会長等の任期の制限は設けていない。

(2) 自治会の連合体について

①自治会連合会は、市自治連合会、7つの地区自治連合会、単位自治会の3層構造のピラミッド型の組織であり、役員の意識は、トップダウン型の合意形成を是としている。また校区自治会連絡協議会が小学校区で組織されているところもある。

　平成25年4月1日には215自治会、59,472世帯の加入があったが、非民主的な運営であるとの批判を受けて脱会が相次ぎ、平成28年1月1日現在では、135自治会、27,983世帯となった。

②自治会ネットワーク会議

　自治会連合会を脱会した自治会を中心に、68自治会で平成27年2月8日に「自治会ネットワーク会議」が設立された。平成28年1月1日現在では、70自治会、25,313世帯が加盟している。自治会ネットワーク会議は、単位自治会が単独で加入できるネットワーク型の組織であり、それぞれの自治会の合意による意思形成を是としている。

　また、自治会連合会、自治会ネットワーク会議のどちらにも属しない自治会は、平成28年1月1日現在では、77自治会、4,599世帯となっている。

(3) まちづくり協議会について

①活動実態

設立当初は、祭りなどの行事を開催し、住民同士の顔がみえる関係を作っていた。その後、2002(平14)年から2006(平18)年までに地域ごとのまちづ

くり計画が策定された。また、同計画に沿って活動が実施されるようにまちづくり協議会補助要綱を改正した。

地域課題に関する取り組みを行うまちづくり協議会も現れてきたが、多くのまちづくり協議会は行事開催にとどまっており、地域自治に関する市民への周知を充分に行ってきたとはいえず、まちづくり協議会が区域に居住する全ての住民で構成されていることなど、まちづくり協議会に対する市民の理解は広まっていない。『筆者注：この記述は本書の第2章第2節1〜5項の記述と合致するところが多いものである。ただし、資料提出に努めた市職員の認識不足のせいか活発な福祉活動の認識がされていない。』

②組織体制

民主的な意思決定のしくみを確立するため、第5次総合計画においては、議決機関の設置を20のまちづくり協議会に進めていくとしている（現在9のまちづくり協議会が設置している）。しかし、議決機関が設置されていても、役員などの意思疎通が図られず、円滑な運営ができていないまちづくり協議会もある。

まちづくり協議会の部会構成については、各まちづくり協議会で差異があり、市の各部署との効果的な連携が充分にはできていない。

③地域ごとのまちづくり計画

2002（平14）年から2006（平18）年までに地域ごとのまちづくり計画が策定されたが、ほとんどのまちづくり協議会で引き継がれておらず、庁内各部局においても認識されていない。その他、まちづくり協議会間の連携として、2カ月に1回市主催で、まちづくり協議会の交流会を開催しているが、ブロック別連絡会議等連携はみられない。『筆者注：C市長のまちづくり計画の協働拒否など、10年近く当該政策停滞でブロック別連絡会議は開催されていない。』

(4) 自治会とまちづくり協議会の連携

①まちづくり協議会における自治会の位置づけ

・自治会はまちづくり協議会の中核の位置との認識でまちづくり協議会運営がされている。

・自治会とまちづくり協議会相互の役割分担が整理されていない。『筆者注：93～06年までは、小学校区規模に向く業務と近隣の狭いエリアに向く業務との概ねの分担認識があった。』
・自治会がまちづくり協議会に拠出金を出している自治会もあるが、自治会以外の人を対象とするには疑問がある。
　　自治会連合会および自治会ネットワーク会議とまちづくり協議会との関係は整理されておらず、相互理解や協力は進んでいない。

(5)自治会、自治会連合体、まちづくり協議会への支援
①単位自治会へは、自治会補助金交付を行っている（平成25年度以前は、自治会連合会を通して行政事務委託料として支給）。
②自治会連合会に対して、市は市民へのチラシの配布、回覧、審議会などへの推薦を依頼する一方、昭和36年から事務支援から行っている。市は市自治会連合会と平成25年までそれらを行政委託として、約2千万円の委託契約を交わしていた。自治会連合会から自治会へ委託料が配分されることで、自治会連合会の権限を助長することになっていた。しかし、平成26年度から、チラシの配布、回覧等は単位自治会が行っている。現在は、自治会連合会の主催する会議に市の職員は出席しているが、運営および決定に関与することはない。
　　一方、市は自治会ネットワーク会議への事務支援は行っていないが、自治会連合会と同様の依頼を行っている。
　　自治会連合会と自治会ネットワーク会議の加入世帯は平成28年1月1日現在では「27,983世帯対25,313世帯」で52.5：47.5の割合となっており、加入世帯はほぼ同数になっているにもかかわらず、一方のみに事務支援を行っている。
③市は、まちづくり協議会に対して設立時や地域ごとのまちづくり計画を策定する際には、地域に出向いて協議を重ねるなど相応の支援を行った。しかしその後は、補助金交付や代表者交流会の開催に関すること以外は支援を行っておらず、定例的に地域に出向き意見交換を行うこともなく、

「運営は全て地域まかせ」の状態になっている。

　市のこの分野の担当体制は、計画の6人に対し4人になっている。これでは、地域の共同利用施設の耐震化や修繕の対応事務、補助金に係る事務程度しかできておらず、地域に出向き、各部局に課題ニーズをつなぐなどの地域自治と協働の役割ができていない。地域担当の管理職も従来2人が現状は1人となっており、まちづくり協議会への支援体制は不充分である。このほか、間接的な支援としての、宝塚NPOセンターへの委託事業（市民活動促進事業）として、まちづくり協議会の自主財源の確保やブログ等の情報発信に関する相談・助言を行っているが、充分な成果は得られていない。

④条例での位置づけ　　地域自治を進めるうえで、条例において自治会やまちづくり協議会の位置づけや役割を定めるべきであるという意見は出ているが、現状では自治会やまちづくり協議会について、まちづくり基本条例やその他の条例での位置づけは成されていない。

以上の「専門委員の『住民自治組織の現状と課題』」の要約認識（7頁分量）であり、これらの認識に基づいた意見を6頁にわたって次のように記している。

## 2　専門委員の意見「まち協を窓口に」

### 1）単位自治会・まちづくり協議会・自治会の連合体の関係

#### ⑴単位自治会

親睦・互助組織として役割は重要：市自治会連合会・地区自治会連合会など連合体とのピラミッド組織で行政情報を伝達するツール「回覧板」として有効であった。回覧板を回す行為により近隣のコミュニケーションが図られるという有用な側面も認められ、この行為は特に災害時などには連帯感としての威力になる。また、「自治会費を払って加入」の行為自体も、構成員の一定の帰属意識となる。

#### ⑵　単位自治会・まちづくり協議会・自治会の連合体の関係

・「自治会はまちづくり協議会の中核」という認識や、まちづくり協議会の

中に、自治会の役員が入っているのには、賛同の意見が多い。しかし、自治会連合会の意見は、「まちづくり協議会とはピラミッド型に一本化すべき」というものである。
- 自治会ネットワークの意見は「フラットなネットワーク関係」。
- まちづくり協議会が住民組織としてふさわしい。規模も小学校区単位がベスト。自治会の連合体は、自治会間の情報交換、交流、各自治会の共通の課題について、学びあい、まとまった意思表示をする意義での必要性がある。
- 自治会連合会のピラミッド型は、トップに権限が集中しすぎる、上下関係が常に意識されるなどの弊害がある。従来の市からの行政事務委託料と支払いの金銭絡む関係が弊害をさらに顕著にして、非民主的との批判から混乱を招いていた。
- 本来の連合会はその規約にもあるように、ピラミッド型ではなく、自治会間の協議・連絡組織と位置づけで、ネットワーク型の組織と想定されていた。

  この点、宝塚市における自治会連合会の実質的位置などから、ピラミッド型の方が存在価値を発揮しやすいとされてきたのではないだろうか。
- まちづくり協議会と自治会の関係について、自治会は確かに重要な構成員だが、自治会連合会が宝塚市において重要な位置だから、そういうコンセプトになったのではないか。

  まちづくり協議会の運営が順調に進めば、自治会は中核と謳わなくてもよいのではないか、この位置づけは再検討の余地がある。『筆者注：自治会にはまちづくり協議会の中核たる有効な活動がある実態である。以前はそうでなかったが、2007年頃からの自治会連合会は自分たちが上位という意識にあることを再確認できる。』

(3)まちづくり協議会について
- 地域交流やイベントから地域課題への取り組みへの姿が望まれる。
- まちづくり協議会役員と自治会長との兼任例、自治会長の1年交代例が

多い中、熟慮が要る。
・地域の多様性や特性を認めつつも、基本的なシステムについて、共通原則を定めるべき(例、民主的な決議システム)。民主的な手続き担保のためには、情報公開と監査システムの構築、監査人に市職員も考えられる。認可地縁団体やNPOなどの法人格取得が有効。法人化することで、法的に公開性や公平性が担保される。人材も地域団体からだけでなく、NPOや幅広く、個人参加などで人材を得る方法が大切である。
・様々な地域課題を自律的に解決していくには、階層的組織ではなく、ネットワーク型の活動が展開できる組織にする必要がある(ネットワーク型の活動システム)。
・行政が行うことをまちづくり協議会が担っているならば、補助金でなく委託料で財政支援すべきで、委託料方式を増やすことで、地域がコミュニティ・ビジネスを行う環境づくりになる。
・まちづくり協議会の広域連携は大切であり、かつての「地域創造会議」(『筆者注：ブロック別連絡会議と同義語』)は協議会同士の情報交換の場として、復活させるべきである。
・「まちづくり協議会」はゆるやかな合意形成に基づく活動に相応しいが、地区計画等の権利調整を伴う厳格な合意形成が必要な場合は、別途、限定的な協議を重ねられる枠組みを設定し、ビジョンを整合させつつ意思決定を図る方式が求められる。

2) 住民自治組織と行政の関係について
報告書は住民自治組織と行政との関係についても以下のように述べている。
・一定の行政サービスを自治会に委ね、行政事務委託料を交付してきた。また、行政情報を自治会連合会に投げかけ、階層的組織の利点を生かして単位自治会へ情報を伝達してきた。このような実態があったことから、近年の自治会の混乱においては、市の行政も無関係ではない。行政情報の伝達方法は手法を変えるべきだ。自治会を下請け的に利用すべきでない。『筆者注：本書ではすでに自治会連合会と行政との関係の実態を指

摘している通りである。』
- まちづくり協議会政策として行政が呼びかけたその政策目的は市民に共有されているか。

　「一般の人々にまちづくり協議会とは何かを徹底して浸透しておらず、理解されていない」など、まちづくり協議会自体が迷走していた現状がある。このままでは、担当現場も市民にも、分かり難いものになっている。作った当時の熱い思いが継承、共有されていない。『筆者注：C市長D市長約10年間の当該政策封じは、まちづくり協議会を停滞させた。』

- まちづくり協議会政策は「地域自治」を具現化するための目的―手段という関係だが、宝塚市として、「地域自治」をよしとする価値観が広められ、是認されていたか。まちづくり協議会を必要とする市民意識情勢など、住民育成は行われていたのか、などが問い直される。これを裏付ける市民の様々な声「行政が方針を示してほしい」「市が誘導して欲しい」などが多く聞かれた。もう一度、行政から、地域自治の必要性やまちづくり協議会の役割を説明する必要がある（筆者意見は後述）。

- 今後、行政と地域組織との連携の観点は、まちづくり協議会を地域連携の窓口として、一本化することも必要だが、まちづくり協議会には、法的な位置づけが無い。まちづくり協議会の組織等の基本的なシステムについての規定を条例などで定める必要がある。

- また、まちづくり協議会の適当なパートナーが必要である。例えば、まちづくり協議会の福祉部会が重要になってくる。社会福祉協議会との協働も考えられるそのことによって地域の多様な主体との連携が進むであろう。また地域団体ばかりでなく、NPOなどのテーマ型の団体や、公募等による専門性の高い市民との協働を進める方策も必要であろう。

- 以上のことを進めるのにも、地域担当職員の充実が大切である。

## 3　総括「まち協を地域連携の窓口に」の報告分析

1) 参加型を明確化する報告

　報告書は、まず、宝塚市で起こった住民自治組織の各組織の実態や立場お

よびその主張や混乱の実態が述べられ、それを踏まえた方向性が結論的に書かれている。しかし、その方向性や結論に導く理念や基本論の論述がなく、理解し難い面が多い。時間制限や多様な政治的な配慮がある中、委員5人それぞれの立場の価値認識、意見や評価の調整には時間が足らず、また5人の論理的一致も難しかったのかも知れない。理念や基本論の記述がないから、その内容の論評も難しいのであるが、専門委員の論調としては、次の三点が特筆されるのではないだろうか。

　一点目は、専門委員報告において注目される主張になっているのは、行政と地域組織との連携の観点において、「今後、まちづくり協議会を地域連携の窓口として、一本化することも必要だが、まちづくり協議会には、法的な位置づけが無い。まちづくり協議会の組織等の基本的なシステムについての規定を条例などで定める必要がある。」と報告しているところである。

　二点目、自治会の連合体は、「自治会間の情報交換、交流、各自治会の共通の課題について、学びあい、まとまった意思表示をする意義で必要性がある。」とするものの、自治会連合会のピラミッド型は「トップに権限が集中しすぎる、上下関係が常に意識されるなどの弊害がある」との指摘がある。「従来の市からの行政事務委託料と支払いの金銭絡む関係が弊害をさらに顕著にして、非民主的との批判から混乱を招いていた」とあり、本来の連合会はその規約にもあるように、「ピラミッド型ではなく、自治会間の協議・連絡組織と位置づけで、ネットワーク型の組織と想定されていた。この点、宝塚市における自治会連合会の実質的位置などから、ピラミッド型の方が存在価値を発揮しやすいとされてきたのではないだろうか。」と批判的にとらえている。

　三点目は、地域（単位）自治会の評価はあいまいであり、どちらかといえば、報告書は地域自治自体の将来性を否定的にとらえている点が特筆される。

　この三点などを軸に分析すると、「自治会連合会のピラミッド型は、トップに権限が集中しすぎ、上下関係が常に意識されるなどの弊害がある」との指摘、つまり、自治会連合会のピラミッド型上下関係を批判的にみている点である。また、地域（単位）自治会の評価はあいまいであり、どちらかといえ

ば、報告書は地域自治会自体の将来性を否定的にとらえている報告に先ず関心がもたれる。この自治会およびその連合会を肯定的にとらえず、まちづくり協議会だけを総合的に肯定的にとらえている点に注目が集まる。

ただそれは、行政と地域組織との連携の観点においてなのである。そして、まちづくり協議会の脆弱性については、まちづくり協議会政策が一般化できておらず、衰退や停滞がうかがえる報告記述になっている。それは、まぎれもなく、この約10年近くC市長D市長による、まち協政策の封じ手や停滞失政の障害などの結果でもあろうが、それにもかかわらず、多くの関係市民によって、濃淡こそあれ営々とまち協が地域自治活動を続けていることが確認できる報告でもある。その曲がりなりにであるが、継続的なまちづくり協議会の地域自治活動の確認をもって、参加を理念とし、民主性を目指す「宝塚市まちづくり協議会方式」を支持・評価していることになるだろう。

これらを総合評価し、「今後は、まちづくり協議会を地域連携の窓口として、一本化することも必要」が、専門委員の主張である。しかし、このまちづくり協議会だけの積極的評価は問題を含んでいると筆者は考えており、それは次項以降に示したい。

2) 専門委員との共通点・異論点

報告書は理念など論理性が不充分な記述であるが、専門委員の認識との共通部分をまずとらえたい。「自治会連合会のピラミッド型は、上下関係が常に意識されるなどの弊害があり、行政事務委託関係が弊害をさらに顕著にして、非民主的との批判と混乱を招いた。」ことは共通認識であり、「(この9年間の政策停滞や封じ策にもかかわらず)濃淡こそあれ営々と多くのまちづくり協議会の活動の継続が確認される。」という部分の認識も共通する。

また、市長や市とピラミッド構造の市自治会連合会との関係は、専門委員の指摘である「宝塚市における自治会連合会の実質的位置などから、ピラミッド型の方が存在価値を発揮しやすいとされてきたのではないだろうか」との認識があったとすれば、分権時代の現代においては適切でない関係になっている。それを断ち切れず相互依存の事情が未だに残っている指摘(報告)につ

いては、この点は改革されねばならないであろう。また、民生委員や各行政のために協力する行政委員選任については、地域自治会のみを頼るのではなく、多方面からの協力を得る状況は以前より進められている。住民意識の変化による自治会の組織率低下などが背景となって、これらの認識は共通するものである。

　そして、報告書において特筆されているもう一つの点は、「自治会連合会事務を取り扱うべきでない（公的には否定ととれる）、また自治会は将来的には有効でなくなり、唯一まちづくり協議会を肯定」という点についてである。

　本節の頭初に記した「まちづくり協議会政策の推進と普遍化（固定化）」と共通する認識があるものの、今のこの時点からまちづくり協議会だけを肯定するのは、かなり問題があると考える。まちづくり協議会の中核は自治会であり、この地域自治会は筆者が再三記している通り、今後とも有効性が見込まれる。また、一時的に自治会連合会に大きな問題点が現れたが、短期的、長期的には、自治会・連合会との協調＝パートナーシップが本書の基調であり、すでに彼らには協調的に、地域連携を目指す運営転換を図っている機運がみられる。協調や融和がなく、地域住民の対立があっては、目指す政策がどんなによいものであっても、上手くその政策推進ができないのが現実的な実態認識である。「まちづくり協議会のみを肯定的にとらえる論」では、現実との乖離があり、排除の考え方があってはならない。それではかえって混乱を再燃する考え方になりかねないというものである。この考え方は、「日本人の精神構造論」や「止揚」の論とともに、本節前半に詳細に述べている。

### 3）自治会へのあいまいな評価への異論

　異論点については、地域自治会の評価に顕著である。報告書に記述されている専門委員の意見は、「単位自治会は、住民に最も身近な組織として機能してきた。ただし、時代が変わり、人々の意識や生活が多様化する中で、自治会の加入率が低化するなど、自治会の重要性を認識しない人も多くなってきた。……（自治会や連合会組織の回覧板システムは）行政情報を伝達するツールとして有効に機能してきた。現代では、広報誌やインターネットなど

で代替えでき、むしろその方が市民になじみがあるといえなくもない……(p.10)」。また、「まちづくり協議会の運営が順調に進めば、自治会がその重要な構成団体であることは否定できないが、『中核』という位置づけは再検討が必要と思われる。(p.12)」という表現である。この指摘から、その将来性を否定的にとらえていることが分かる。

　この否定論に対し、筆者は、住民意識の変化などで、将来、自然に中核でなくなるのは、やむを得ないが、自治会は有効というたしかな現実性があると考えている。その理由は第2章以降で繰り返し具体的に記しており、ここでは省略するが、この点は明確に異論である。

　なお、専門委員指摘について、このほかの異論や共通点には下記が加わる。

　単位自治会・まちづくり協議会・自治会の連合体の関係について、自治会連合会が宝塚市において重要な位置だから、まちづくり協議会と自治会の関係について、自治会は確かに重要な構成員というコンセプトになったのではないか、との指摘について、筆者は、論理は逆であるという考えである。つまり、「個別の自治会は現実的に有効で重要であり、その集合組織体である自治会連合会は、各単位自治会の連絡調整や学習会開催に欠かせない存在との認識であったのである。また、まちづくり協議会政策開始時は重要な賛同者・協力者という位置にあったのである。しかしながら、上意下達的な階層性を強くした要因としての、自治会連合会の考え方や認識は、間違っており、その認識の正当性がないのは明白である。」という考え方である。

　行政情報を自治会連合会の階層的組織の利点を活かして、単位自治会へ情報を伝達してきた関係について、近年の自治会の混乱においては、市の行政も無関係ではない。行政情報の伝達方法は手法を変えるべきだ。自治会を下請け的に利用すべきでない、との指摘については、筆者は、概ね同意見である。前章から記述のように市自治会連合会と行政との関係を指摘している。これに代わる伝達方法は次章で提言することになる。

　まちづくり協議会政策について、一般の人びとに「まちづくり協議会とは何か」が浸透しておらず、理解されていないなど、その政策目的の市民に共有されているか、まちづくり協議会自体が迷走していた現状がある。また、「地

域自治」を具現化するための目的や手段という方策において、宝塚市として、「住民自治」をよしとする価値観が広められ、是認されていたか、まちづくり協議会を必要とする市民意識など、住民育成は行われていたのか、などが問い直される、という指摘に対しては、筆者は全く同意見である。まちづくり協議会政策開始以来、市広報紙やまち協作成の地域新聞および、市民協働での2002年悉皆調査時や07年までのまちづくり計画策定など、10年を超え、ずっと政策目的や地域自治を目指す、大きなキャンペーンを常に行っていた。たが、2007年辺りからの、市長の政策ネガティヴ姿勢によって、まちづくり協議会政策が衰退した現況は残念である、という意見である。

自治会連合体と行政の関係について、行政のパートナーとして、「まちづくり協議会」を位置づけるとき、自治会連合や自治会ネットワーク会議という自治会の連合体がどのように運営を行うかは、住民側の自治の問題であり、行政が関与すべきでない。自治会連合会の事務局を市職員が担うことはやめるべき、という指摘について筆者は、「ここ30年の住民の意識には大きな変容があり、徐々に参加民主主義政策が優先されるべきであろう。ただ、『まちづくり協議会』にとって自治会連合体はパートナーでもある。相互の理解深める協議には、行政支援が必要である」という意見である。

## まとめ：平等参加理念と現実的な解決策

表題の「統治するのは誰か」の答はすでに明白に出ている。これまでの論考を通し、市長権力が関与せずとも、我々は、平等参加の普遍的な地域自治（統治）の権力構造の方向性を見出しているのではないだろうか。

### 1　必要な自治体自治力の基本認識

1) 自治体行政力の強化の要因

住民参加が自治体の自治総合力のエネルギー源であるという考え方が大切であろう。この考え方は、第1章第3節での、地域分権改革推進本部の考え方と整合するが、住民参加（住民自治）と自治体との協働（団体自治）で、地域

自治の権力構造を確立するということが大切なのである。

市民参加での自治力発現の構図をつくるならば、平等参加は基本であり、平等参加でなければ、大きな参加は得られず、自治総合のパワーにならないのであろう。

これら上述の基本理念と考え方があれば、市民や職員の研修や学習となり、強い行政力構造づくりの前進力となる可能性があるのではないだろうか。市民だけでなく自治体職員のインセンティヴや参加意識向上となる可能性もある。むろん「これら上述の理念や考え方がなければ、反対の弱体化となる」という構造にもなる。

2）政策推進の条件となる構造

住民参加が自治力エネルギーとの基本認識があれば、自治体自治力を強化するために、次には、下記の構造が望まれるのではないだろうか。

まちづくり協議会政策だけでなく、すでに協働など現実の市政を推進するには、政策推進の条件的な構造が前提となる。その前提となる下記の構造は再三述べてきた通りである。

①市政運営には、住民主権理念が必要である。住民主権は当然ながら平等な参加民主主義にある。そして平等参加を明確に前面に出す必要がある。
②大きいリーダーシップ（例：政策に積極的な市長とブレーンなど）が必要。
③大勢の市民参加（大きな反対がないこと）と市民参加の計画の存在が必要。
④職員体制、5～6人の核となる人材と各部署に理解し積極姿勢の人材配置が必要。
⑤財政的な配慮が必要である。

## 2　市政のまちづくり再生の出発点

次の課題を解決するという宿題

①政策の総括なく協働を矮小化とみられる点があった

C市長によって参加民主主義政策をはずし、すでに混乱が生じている中、まちづくり協議会政策の総括が優先される状況にあった。しかしD市長が

とってきたのは、これら発生した問題に向き合わず、新たな協働をアピールするという、幻惑的な計画図を描く方策パフォーマンスだったのではないだろうか。さらに、2004 年から、延べ市民 2,000 人が数年の熟議を通し一生懸命努力し、つくったまちづくり計画案を無視し続けている。そして市政の混乱増幅と市自治会連合会の分裂 (2014 年) があったのである。これらの総括は完了していない。

② 専門委員調査報告の受け入れと宿題解決について

地域自治会の評価をめぐり、上述で指摘した通り、考え方や認識の相違がある。地域自治会は前述してきたように地域に利点は多く有効である。過去の伝統性や歴史性を踏まえながら、市は自治会連合会から一切離れ、まちづくり協議会方式で一本化するとすれば、実態との乖離であり、混乱が再燃するリスクがあるであろう。市長や担当者の妙案が待たれる。そのほか、第3者調査委員会の報告には適切な点も多い。適切なそれらの報告は積極的に受け容れるべきであろう。

## 3　背反・分裂から地域融和の場づくり

「相互協議と理解」へ地域の民主的討議の場づくりが、今後の大切なステップではないだろうか。民主的討議の場づくりが、そのまま、地域の水平的討議のブロック会議の再設定という、次のシステムができることになる。7 つのブロックで、そのシステム再興ができるのではないだろうか。

1) コアの三者参加の協議会を設置

三者 (まち・づくり協議会、自治会連合会、自治会ネットワーク) は相互に排除されるのでなく協力し合うステークホルダー (利害関係者) という見方もできるが、今後の住民自治の重要な責任者たちである。しかし、過去の下記のような相互の疑心暗鬼を取り除く必要があり、これらコアな三者参加の協議会などを通じて可能となるのではないだろうか。

①自分たちの考え方の範囲にない、未知の分野に対する警戒感
　　(例：理解できない「水平性」と大勢の参加)

②自分たちの位置・ステータスに関する警戒感（エリーティスト感がある。）
③自分たちが無用になるまたは、自分たちを排除する
④単に呼応の立場（まちづくり協議会）

　これらの相互の疑心暗鬼を取り除くには、a. 一定の役割分担（排除は一切ない原則）、b. ともに行動、c. コミュニケーション、d. 時間をかける e. ゆっくり穏やかな協議進行、これらが必要である。

　対立・分裂から地域和解ができる道筋は充分残っており、これらのコミュニティ・ワークからこれらの課題を解決に導くべきであろう。


2) 保守も進歩派も区別ない協議

　すでに地域の個々を重んずる自律的な方向性は、保守も自由主義進歩派も関係ない時代となっており、①自民党が憲法92条の改正案を準備している。②2015年度の地方創生に関係した、地域の個々の自主性を伸ばす方法論の旧民主党の質問に答え、政府安倍首相は、その質問趣旨の方法は、民主党だけでなく自民党の手法であると明快に国会答弁している。③第1章第3節で記述した、政府の審議機関である国民生活審議会の方向性をよく踏まえることも必要であろう。

　しかし何よりも、宝塚市では全国に先駆け、1993年から15年間、市民参加のまちづくり協議会方式により、活き活きとした活力を創造してきた経験がある。そして、現在はさらに多様化が進行したとしても、10年近く経験した混乱や大激論から融和の時期が来ている。普遍的な協議を経て相互理解の時が来ているのではなかろうか。


## 4　欠如している市の透明性・情報公開

　平等参加を平易に説明する必要性の3条件の中で、透明性は平等参加の原理原則である、と記述した。まして、市がリーダーシップをとって協働を謳っている時機に、関係情報全てについて不透明であってならないのは当然である。

必要な市政の透明性・情報公開

すでに指摘したように、C市長は、地域自治や住民自治組織の政策のあり方について、選挙公約にもなく、また市長着任後の所見をスピーチや文書で公表することなく、復古的・反動的な市政を暗黙的に実行した。担当者などを黙示的に異動や更迭をするという方策での実行であり、実質的にまちづくり協議会活動と断絶し、それによって市民活動のエネルギーを封じ削いできた。このような復古反動行為は明白であったのではないだろうか。関係者には分かる骨抜き処分であったが、一般には分かり難く、議員や議会にも説明なく、C市長に反論もしなかったように見受けられた。誰も何もいわない状況であり、(2007〜08年)権力構造にさといはずの市議会の対応にも、その時点では落差を感じたのであった。

　市長周辺に暗躍したかもしれない知恵も加わって、重要な政策を密かにかつ巧妙に変更した。これに対し早期には、何ら気づかず、そして後々に大きな騒ぎになった。(その2014年の議会行動と決断は高く評価できるが)早期になぜ指摘ができなかったのかが課題として残る。こういった国レベルとの落差は、ひとえに「透明性と情報公開が決定的に欠如している」という指摘がされるのではないだろうか。分権改革時期に、不透明さ、不誠実さによって、住民自治を目指すまちづくり協議会を無力化してしまっただけでは済まない行為となった。

　では、この欠如した透明性と情報公開に対し、どうすれば、よい方策になるのだろうか。その一つの方策には、広報のあり方の抜本的な改革があるであろう。民間紙には資金的な面での参入メリットがないとすれば、その側面などを施策でカバー克服するなどの方策を講じ、民間手法をもっと取り入れることが考えられる。広報システム自体に市民参加を盛り込む方法が適切かもしれない。

　一方法に、「広報の協働化」がある。例えば、市民または市民参加での協働の広報委員会設置による運営が考えられる。その枠組みの中で、地域の日々の活動状況や課題、市政情報および市と市民の対話状況などを載せることができる。

　そのほか、総合計画の市の会議などを含め、必要な市政の透明性・情報公

開を進めることが肝要であろう。これを市民が協働で行うとすれば、この協働は、単に政策呼応するだけでなく、自立する「まちづくり協議会」と自治会（連合体）のネットワークに近づける契機となるであろう。

**参考資料**
**2017年に発表された市政（D市長）の新方針**

2017年1月18日（市民交流部　市民協働推進課）

1、専門委員からの「住民自治組織のあり方に関する報告書」を尊重することを基本とし、関係団体からの意見を踏まえ、さまざまな地域課題に共同で取り組むため、下記の通り対応する
2、報告書を尊重する理由
　(1) 報告書で示された内容は、これまでに本市が主導してまちづくり協議会を立ち上げて進めてきたコミュニティ施策に適うものであること。
　(2) 報告書で示された内容は、第5次総合計画後期基本計画に示された「市民自治」を具現化するものであること。
3、今後の取り組み（第5次総合計画後期基本計画の重要な取り組み項目）
　(1) 地域自治に関わる様々な主体がまちづくりについて協議する仕組みの構築
　　ア　まちづくり協議会による地域への情報発信の充実（パンフレットの作成、ブログの作成）に向けて、中間支援団体とも連携しながら、まちづくり協議会への説明を行う。（平成28年度下半期から実施）
　　イ　地域課題を解決するため、各まちづくり協議会の部会活動に関係課職員が参加する仕組みを構築する。（平成29年度上半期から実施）
　　ウ　協働についての職員研修として、若手職員が各まちづくり協議会への出向く実地研修を実施する。（平成29年度上半期から実施）
　　エ　民主的な運営ができるよう、まちづくり協議会の運営に関するガイドラインを作成する。（平成28年度下半期から実施）

オ　地域自治の推進に向けて、まちづくり基本条例等でまちづくり協議会を位置づけることを検討する。(平成 29 年度上半期から実施)
　(2) 自治会とまちづくり協議会の連携促進
　　ア　自治会はまちづくり協議会の中核であるため、両者の連携は不可欠である。そのため、地域の実情に応じて、まちづくり協議会とその区域内の自治会が連携、協力できるよう話し合いの場を設定する。(平成 28 年度下半期から実施)
　　イ　地域自治の担い手づくりや、自治会とまちづくり協議会の役割分担の課題について、自治会およびまちづくり協議会等と話し合いを進める。(平成 29 年度上半期から実施)
　(3) 地域ごとのまちづくり計画の見直し
　　ア　地域ごとのまちづくり計画に盛りこむ内容を整理した上で、各まちづくり協議会とともに、地域ごとのまちづくり計画を見直す。(平成 29 年度末までに盛りこむ内容を整理し、平成 30 年度から 31 年度にかけて各まちづくり協議会とともに計画を見直す)
　　イ　地域ごとのまちづくり計画の見直すにあたって、各部局の室長級職員を中心に地域に出向き支援する体制を構築する。(平成 30 年度上半期から実施)
4、今後の取り組み (自治会の連合体と行政の関係)
　(1) 自治会の連合会への支援
　　ア　当面は、自治会連合会への事務支援は行う。
　　イ　現在、自治会連合会に交付している補助金については、自治会連合会と自治会ネットワーク会議との不公平な取り扱いを是正する。
　(2) 行政情報の伝達や委員推薦など市が住民自治組織に対して行っている行政情報の伝達や委員推薦などの手法を整理する。
5、その他
　(1) 上記 3 及び 4 の取り組みについては、地域自治に関わる様々な主体と協議し、連携しながら進める。
　(2) 上記 3 及び 4 の取り組みの今後の進捗状況を勘案しながら、「住民自

治組織のあり方に関する報告書」の提言内容の実現に向けて検討を進める。

**この新方針の所感**

総合計画との関連付けなど、全体的に、まちづくり協議会によるコミュニティ政策をさらに進歩させる方針や姿勢が現れている。また項目3についての具体的取り組みは逐一納得できるものであり、基本的に充分評価できる。また、この方針にはもう少し早くたどり着けたと思うが、8〜9年におよぶ論争は無意味ではなく、平等参加はこれから定着するという期待感が持てるのではないか。

ただし、7つのブロック連絡会議についての記述がなく、この点は不透明であり、総合的な協働による自治システム＝コミュニティ政策が明らかにされていない不完全さ・不透明さがあるといわざるを得ないだろう（第4章に、改めて筆者が提案している）。

**注**

1 大橋良介『日本的なものヨーロッパ的なもの』講談社学術文庫、2009年、p.223
著書『日本的なものヨーロッパ的なもの』は、日本的なものとヨーロッパ的なものが重層をなして成立した日本近代の精神構造の解明を試み、西、西田、九鬼、和辻らの「あるべき近代」の模索・分析を著している。そして日本近代の精神構造の解明にとどまらず、ヨーロッパ近代に対する根本的な反省にも迫っている。

2 大橋良介『日本的なものヨーロッパ的なもの』講談社学術文庫、2009年、p.222

3 ヘーゲルの弁証法：ヘーゲル 1770-1831。世界（ヨーロッパ）精神を根幹とする精神発展の構造を説くドイツの哲学者（大橋）。弁証法とは、ある命題（テーゼ）と、それと矛盾する、またはそれを否定する反対の命題（アンチテーゼ）、そして、それらを統合した命題（ジンテーゼ）の三つの要素で考える。全てのものは自己に矛盾を含んでおり、それによって必然的に自己と対立するものを生み出す。生み出したものと生み出されたものは互いに対立しあうが、同時にまさにその対立によって互いに結びついている。最後には二つが昇華してアウフヘーベン（止揚）となる、という考え方である。

4　松下圭一『市民・自治体・政治』公人の友社、2007 年、p.29

# 第4章　都市圏、多元主体参加の自立型権力構造

　これまで宝塚市の地域自治組織における、伝統主義と近代主義の相克・止揚を通し、平等参加をめぐる動向や議論の経過分析をしてきた。そして総じて地域自治と権力構造の論考を行い、その方向性を探ってきた。本章では、さらにこの宝塚市についての市民参加の新しい地域自治（ローカルガバナンス）の方法論的探究を試みたい。また、第3章での説明のように、平等参加の必要性を説く本論は、見方を変えると、それはわが国の都市圏の自立型権力構造論でもある。

## 第1節　参加市民のエネルギー

### 1　住民意識変化と地域創生パワー

1）困ったときに助け合う関係

　第1章（第2節）において、分権化推進が今後の方向性であるが、地域自治推進の落とし穴になるかもしれない地域の「きずなの希薄化」について記した。この地域のきずなの希薄化を踏まえ、内閣府の国民意識調査から次の注目すべき指摘がある。一つは「多くの人は困ったときに助け合う関係を望んでいる」と、二つ目は「地域の貢献意識が高まっている」ということである（2002年～2018年の内閣府社会意識調査に基づく）。

　一つ目の「多くの人は困ったときに助け合う関係」であるが、実際、近隣との関係が全く望まれなくなったわけではない。これは、あまり堅苦しくなく話し合える関係を望む人が半数を超えることからも明らかである。ま

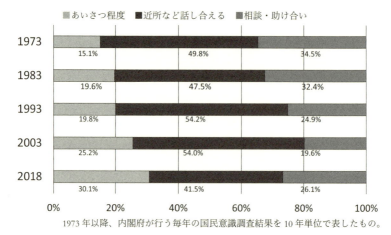

1973年以降、内閣府が行う毎年の国民意識調査結果を10年単位で表したもの。

**図4-1 望ましい付き合い程度（再掲）**

た別の調査で、地域での望ましい付き合い方を尋ねたところ、2018年調査においても、「住民全ての間で困ったときに互いに助け合う」と回答した人が41.5%、「気の合う住民の間で困ったときに助け合う」が26.1%と、合わせて65%を超えている（図4-1）。このように、多くの人は、日常的には深い付き合いは望まないものの、困ったときは助け合いたいとの希望をもっており、いざというときは近隣関係を頼りにしている。

　高まっているという二つめの地域への貢献意識であるが、人びとの社会への貢献意識の推移をみると、「何か社会のために役立ちたい」と考える人は長期的に高まる傾向にあり、05年以降は60%超えで推移している（図4-2）。

　さらに具体的にどのように貢献したいか尋ねた結果をみると、「社会福祉に関する活動」が37.5%、「自然・環境保護に関する活動」を挙げた人が32.8%、「町内会などの地域活動」が32.2%と、地域活動を通じて社会に貢献したいと考えている人が多いことが分かる（図4-3）。つまりこれらの結果を合わせると、地域への貢献意識が高まっていることを見て取ることができるのである。

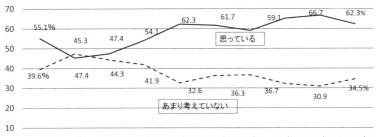

1975年以降、内閣府が行う毎年の国民意識調査結果を5年単位で表したもの。

**図4-2　社会への貢献意識**

なお、地域への貢献意識の高まりに付随し、あわせて報告されている点は、①NPOやボランティア活動へ現在参加していないが、今後、参加を希望する人の割合は51.6%で、今後も参加したくないと考える人の38.1%を大きく上回っている。②しかし、NPOやボランティア活動に参加できない要因について尋ねたところ、「活動する時間がない」との回答が35.9%ともっとも多く、このように参加意識が高いにもかかわらず、実際の参加は低迷している。これは地域活動への参加の壁として時間的制約があることを示唆している。

また「参加するきっかけが得られないこと」が14.2%、「身近に団体や活動内容に関する情報がないこと」が11.1%、「身近に参加したいと思う適当な活動や共感する団体がないこと」が6.6%であるなど、地域活動に関する情報不足、身近に魅力的な活動が存在しない点も制約となっている。つまり、せっかく地域への貢献意識は高まっているにもかかわらず、様々な壁によってこれが活かされていない状態にある。

宝塚市での実態を付け加えると、2002年の「市民の参加と協働」に関する調査数値がある（全世帯へ配布のアンケート方法で、郵送での回収率は29.2%、24,850の回答の分析）。15年前のデータであるが、その結果は、今後の地域活動への参加意向について、「可能な限り参加していきたい」が12.8%で、「内容や参加条件によっては参加したい」の46.8%を合わせると、59.6%の人が参加意向を示した（122頁、図2-13）。

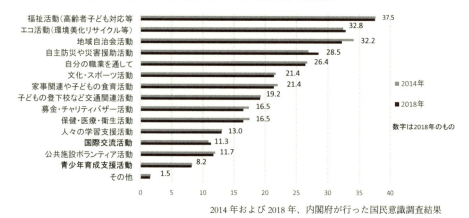

図 4-3　社会貢献の内容

これらの数値は、地域への貢献意識は高いということにほかならない。ただ、数値通りに近づけるには、どうすればよいかということが問われることになる。

2) 最初の呼応は1〜2％が実感

筆者は、すでに述べたように、11年間宝塚市コミュニティ政策を直接担当し、それを通して、地域自治会役員だけでなく団体リーダーやボランティアなど活動者、およびその周辺を含め延べ約1万人の人たちにきめ細かく接してきた。旧来の地域組織では、自治会役員の一部を除くと、多くの人びとには、「出しゃばりたくない」といったネガティヴな感覚が非常に多いという実態実感をもった。そして、新興住宅地の住民層には、アパシーという実態があるが、比較的に自由で物事に積極的な人たちを多くみかけた印象である。しかし、新旧地域に限らず、地域で楽しく活動しようとか、身近な課題を積極的にとらえ、役に立とうとする人は確実に存在しているという確信を得た。これらを裏付けている事実が2018年の内閣府の調査や宝塚市での2002年調査（122頁、図2-13）であると思われる。

ただし、内閣府の調査結果など、上記数字が示すような人たちの人数割合

の全員が、そのまま活動するわけではない。宝塚市での経験では、最初の呼びかけに人口の約1〜2％の人たちだけが呼応する（もちろん、政策などへの魅力など要素などがその要因であった）。そしてその人たちがコアとなって、さらに市民レベルで呼びかけると、その2〜3倍の人たちの前向き参加が期待できると実感したのである。

3) まず1〜2％の住民とのパートナーシップ

　地方自治体の事務は、2000年の分権一括法施行で機関委任事務がなくなり、大別すれば、概ね法定受託事務と自治事務が業務内容である。当然、自治事務に期待が寄せられるものの、自治体など行政職員にとっては、明治以来100年続いた中央集権・機関委任事務での上意下達主義が脳裏に刷り込まれている。以前は、この法定受託事務や機関委任事務をそつなく遂行できることが、自治体職員として合格という側面が強い印象であった。それだけ、上意や法制の指示で動くことが多かったのである。もちろん、市長や議会の自治的な意向もあったが、その市長や議会でさえも国の意向には逆らえないのが、機関委任事務でもあった。また、今日でも改善されたとはいえ、国と地方の財源比率は概ね3：2であり、この地方財政力を背景に国の地方への締め付けが少なくないと聞きおよぶ実態もある。しかし、概して以前よりはよくなったのであろう。

　国から独立した自治事務については、体系的な教書やマニュアルもなく、指導できる者もいなかった。しかし、ヒントは多くあるはずである。分権ということは、個々の住民の個別的な主権が、形式的にせよ手渡しされている意味でもあり、住民とともに歩めば自律的な協働事業はできると思う自治体公務員は少なからずいるはずである。

　重要なことは、上意下達傾向の下にあった地域自治会とその連合会ばかりでなく、一般市民グループなど、多様な主体と相互に信頼あるパートナーシップを築けるかが問われていることである。この上意下達主義から自律型のパートナーシップに切り替えが必要であるが、個別的にもまた組織的にも、切り替えを克服できなければ、自治事務遂行は難しいのではないだろうか。

前述の図1-3(62頁)のように、住民とともにある個別の活動・事業や協働事業が、すなわち自治体のパワーとなる事例は少なくないが、宝塚の例では、今まで大きな効果を上げたのが、1993年からのまちづくり協議会政策であり、またそれと同時に改革を進めた住民とともにある地域福祉(市社会福祉協議会)事業である。双方とも地域の高齢化対応の具体策の一つでもあった。1996年～97年の7ブロック化策も上首尾に進展し、市社会福祉協議会とのパートナーシップの枠組みとともに、地域福祉については目覚ましく進展できた既成実態がある。これはモデル的な実例として認識できるであろう[1]。

4) 貢献意識を地域創生の活力に

　政策提案を行ってから市域への最初2～3年の自立的呼応は1～2%程度が実感であるものの、これらの調査結果の事実を受けて、貢献を望む人たちのパワーを地域に活かすしくみを考えることが大切である。これは、市のまちづくり協議会政策や分権政策の目指すところと同じである。そしてそれらがうまくいけば、持続的な自治体の活力(地域創生)としての、市民のエネルギー創出構造への指標(ベンチマーク)や、規範ともなるであるだろう。

　国家では国民主権が謳われ、経済を含めた国民活動の総体が国家のエネルギーであるように、地域の自治体は、同じく経済を含めた住民活動の総体(住民自治)を含むのが自治体(団体自治)の活力である。この明白な構造が、政策理念として認識されることが必要なことであろう。そして、住民自治が団体自治に反映され、自治体の総合力となる構造が、実質的に機能しなければ、市の発展や繁栄は実現されないことも理解されるであろう。

　地域では、参加民主主義の考え方(第1章第1節)が重要である。そしてそれが現実の実態に適合する適切な理念であると考えられる。

　肝心なのは図1-3(62頁)が示す通り、市民エネルギーが自律的に充実し、その市民エネルギーの結集が自治体の総力になる構造をつくることである。この構造が出来上がると、派生的に、おのずと多様な躍動が生じることになるのではないだろうか(もちろん、この逆の論理も成り立つ)。

5）地域貢献の受け皿「小学校区エリア」

　子どもの成長とともに、身近な地域貢献にやりがいをもつ場合は、男女を問わず大いにあるだろう。もちろん、年配者も若者にも、下記のような地域への活動例は多い。

　○健康福祉活動　子どもや若い女性が暮らしやすい安心の地域活動。子ども食堂など、子どもが生き生き育つ活動。包括的生活支援など高齢者安心のまちづくり。

　○環境・美化活動　まちに美しく花いっぱい快適なまちづくり、公園美化活動、里山活動、桜木や各種植樹、間伐材などから木工や木のおもちゃづくりなど。そのほか、地域住環境をよくする諸々のまちづくり活動がある。

　○文化・スポーツ的活動　文化財や寺社の魅力を知る活動。多様な地域の音楽活動。まちでの音楽・ダンス・スポーツを含む多彩な活動。多様な祭り活動など。

　○若者とまち活動　商工活動を含めまちの魅力を広める活動、賑わいを創るカフェ活動。音楽・スポーツなどによって、多くの若者の参加をし易くする活動。

　○防犯防災活動　行政と住民で災害が防げる、防災・防犯に強いまちづくり活動。

　○多様な学習やまち貢献活動　まちを知り多様な活動を知らせる情報紙・広報活動。クリーンエネルギー課題、身近な発電など科学課題や小技術活用活動。

　これらのほか、躍動的な市民が躍動的になるまち活動例は枚挙にいとまがない。

　常に大切なのは「個別の学習や気づき」や「楽しさ」である。自己実現のエネルギーの反映する人びとのエネルギーは学習や地域の呼びかけなどにもよるが、気づき（覚醒）が自己実現や社会反映エネルギーであろう。また、一人一人に潜在するエネルギーの結集を図ることや、市民と行政との協働でのスキル開発など、実施課題は多い。貢献意識や関心ある住民が寄ればパワー溢

れる内容にできる可能性がある。

6) 地域の歴史を尊重しながら

　戦後70年余には、急激な都市化や経済・産業構造の変動および社会変動が起こり、地域コミュニティには、中間層による新しい都市生活が拡大してきた。各々のコミュニティには独特の歴史経過や伝統が育まれていたが、社会変動にのみ込まれながらも、今も伝統文化は息づいている。個人尊重と多様化が進み、現代都市の地域コミュニティでは、その住民自治について、個人尊重と多様化を包摂して受け容れる枠組みが求められるようになってきているのであろう。

　古くムラ集落から地域自治会が生じ、ムラは都市になって自治会連合体が必要になった時代を経て、個人主義と多様化を包摂し参加型の枠組みとして、「まちづくり協議会」を類とするような、地域協議体が必要になっている実態である。本書での論考は、ある意味、現況は都市型市民社会への過渡期のものである。これまで意味があって重要な役割を果たしてきている自治会連合体も、まちづくり協議会政策のパートナーとして必要な位置にあるというのが本書の立場である。自治会や自治会連合体とともにある「まちづくり協議会」やその参加政策での論考を進めたい。

## 2　宝塚市まち協強化と中山台モデル

　本書の第2章第2節の末尾 (p.126-143) に宝塚市の20地域の各まちづくり協議会の活動状況を載せている。地域エリアの新旧市民の構成比率という見方をすれば、まちづくり協議会は、60年代以降の概ねニューカマー住民のみで構成の新興まち協が5地域ある。新住民色が濃いとやや濃い地域は9地域、村落色が濃いのは5地域、純粋村落は1地域というように分けられる。しかし、この新旧構成によって体現される活動に、文化的だんじりや氏神祭り活動以外は、外見上は大きな特徴がみられるわけではない。

　活動内容が活発な地域は、今も約半数近くある (C市長の封じ手もあったから停滞気味の箇所も少なくない)。そして抜きん出て活発であり先進性ある中山

台コミュニティ以外は、どのまち協も、市の指導力やリーダーの指導力（代表者）などによって活動の盛衰が現れ、その代表リーダーの概ね75％は、優れた自治会長経験者から選ばれる場合が多い[2]。そのほか代表者は民生児童委員やPTA役員経験者など（25％）である。また、まち協に参加する活動者（ボランティア）は圧倒的に女性が多いが、トップリーダーの女性比は1割強である。このような実態からみれば、早くに住民自治活動の混乱を脱する市のまちづくり協議会への指導力が期待されている。

中山台コミュニティ

さて、中山台コミュニティには市民活動の多くのプログラムがあって、その参加数や参加密度、活動内容は全国域でもトップクラスであろう。以下の中山台コミュニティ実態は、宝塚地域全体の牽引力としても大いに参考になるものであろう。

ここは宝塚市の東側山手の丘陵に、60年～80年代にかけて開発された人口1万人を越えるニュータウンである。阪急電車の最寄り駅アクセスのバスが旧村落地域を通るので、その廃棄ガスや騒音を嫌う旧地区とのバス増便をめぐる問題が起った。当時、11の地域自治会結集により生活改善活動が盛んになり、この地域結集は一つのまちづくり協議会コミュニティとしてまとまっているところである。この中山台コミュニティの約40年間の活動が素晴らしく、この市民活動が、市域での先行モデルともいえる[3]。

その中山台コミュニティの組織と活動実態をみると、住民の地域福祉活動が先行し、花粉での健康などを考え樹種植え替えなどを計画する緑化環境活動なども目覚ましい。その他、健康スポーツ活動、青少年育成活動、防災活動、文化交流活動や一般学習活動、広報活動なども活発である。その組織運営、活動内容などは下記の通りである。

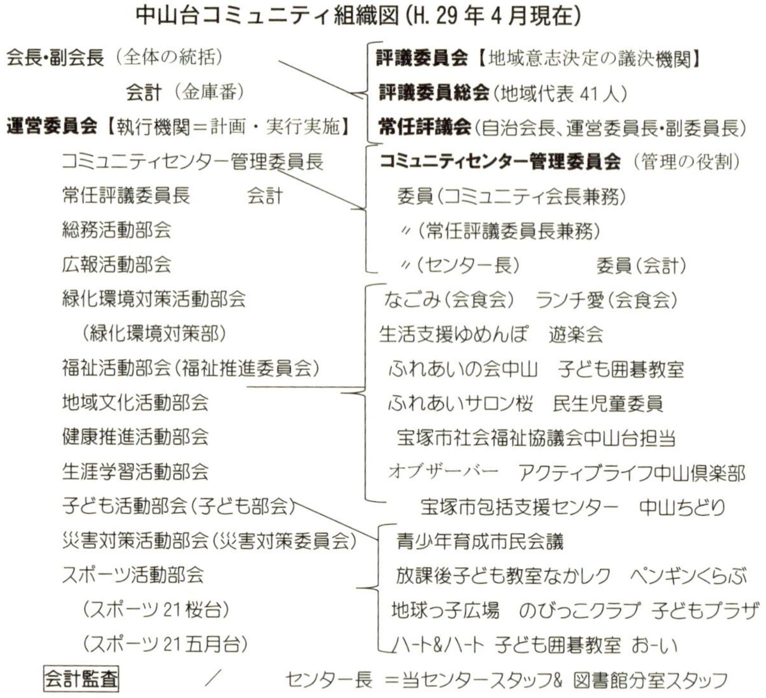

中山台コミュニティ組織図（H.29年4月現在）

```
会長・副会長（全体の統括）         評議委員会【地域意志決定の議決機関】
       会計（金庫番）             評議委員総会（地域代表41人）
運営委員会【執行機関＝計画・実行実施】   常任評議会（自治会長、運営委員長・副委員長）
   コミュニティセンター管理委員長     コミュニティセンター管理委員会（管理の役割）
   常任評議委員長    会計          委員（コミュニティ会長兼務）
   総務活動部会                    〃（常任評議委員長兼務）
   広報活動部会                    〃（センター長）    委員（会計）
   緑化環境対策活動部会            なごみ（会食会）  ランチ愛（会食会）
      （緑化環境対策部）           生活支援ゆめんぼ  遊楽会
   福祉活動部会（福祉推進委員会）   ふれあいの会中山  子ども囲碁教室
   地域文化活動部会                ふれあいサロン桜  民生児童委員
   健康推進活動部会                宝塚市社会福祉協議会中山台担当
   生涯学習活動部会                オブザーバー  アクティブライフ中山倶楽部
   子ども活動部会（子ども部会）     宝塚市包括支援センター  中山ちどり
   災害対策活動部会（災害対策委員会） 青少年育成市民会議
   スポーツ活動部会                放課後子ども教室なかレク  ペンギンくらぶ
      （スポーツ21桜台）           地球っ子広場  のびっこクラブ  子どもプラザ
      （スポーツ21五月台）          ハート＆ハート  子ども囲碁教室  おーい
会計監査    ／    センター長  ＝当センタースタッフ＆図書館分室スタッフ
```

図4-4　中山台コミュニティ組織図（H.29年4月現在）

出典：中山台コミュニティ

(1) 中山台コミュニティ会則と運営

- 会則では議決機関としての評議委員会、執行機関としての運営委員会、コミュニティセンターと図書館の管理をするコミュニティセンター管理委員会、これらの3組織での基本構成で中山台コミュニティを形成している（この図書館は市全体図書館の分室の位置づけ）。
- 会則だけでの解釈では運営が変わる可能性があるので、会則の解釈にばらつきが発生しないように、2017年に「運営マニュアル」を作成し、会則の解釈や運営上の合意事項を会則と同様に文書化して「規定」として扱うこととしている。運営マニュアルの変更は常任評議会と運営委員会の両機関が合意して変更（両者が対立でなく納得して運営）する。

なお、1992年中山台に設置した市立コミュニティセンターについては、

市の直営設置であったものを、2005年（地方自治法の改正）から指定管理制となり、中山台コミュニティが事業を受託し、コミュニティセンター管理委員会を内部構成し担当した。センター長は地域コミュニティの役員が当たり、事務要員は地域コミュニティ内で募集、8人を雇用し運営している。同じく市立図書館分館としての運営に司書資格者をコミュニティ内で募集、2010年より雇用し管理を確立している。

⑵自治会とまち協、二項関係の経緯
〈第1段階〉「中山台まちづくり協議会」成立時（1991〜1998年）
　　11自治会と活動団体で「まちづくり協議会」を構成。運営は活動団体と自治会からの役員で行い、自治会は同時に「自治会協議会」を並立し（宝塚市の先行モデル的に）まとまった。
〈第2段階〉「中山台コミュニティ連合会」に統合時（1999年〜2001年）
　　自治会のまとまりである「自治会協議会」とまちづくり協議会の連合組織としてコミュニティ連合会が成立した。議決機関は全自治会長で常任評議会を構成し、執行機関は運営委員会とし、全活動団体やグループが参加し構成した。
〈現在の第3段階〉「中山台コミュニティ」で統合（2002年〜現在）
　　自治会協議会案件もコミュニティ連合会常任評議会で図ると決め、2000年に自治会協議会が自主的に解散し、コミュニティ会則に自治会関連の目的を追加して、自治会協議会の資産はまち協に引き継いだ。2002年、「すでに自治会協議会とまちづくり協議会の連合組織ではなくなった」として名称を「中山台コミュニティ」と変更し、名実ともに「自治会と活動団体で構成する現在のまちづくり協議会」となった（2018年現在の自治会数は12）。

⑶2015年度の中山台コミュニティの活動規模（参考出典：中山台コミュニティ）
　　①所属する全ての自律的な市民活動への参加者は16,669人、そのスタッフは延べ3,717人におよび、コアな部分は年間1,091万円の決算規

模である（参加者とスタッフの合計 20,386 人、特に福祉部会の活動が概ね約 60% を占める）。②コミュニティセンター指定管理事業 1,841 万円、図書館中山台分室事業 441 万円。③これら基本的な事務運営は約 220 万円である。①〜③の合計は 3,373 万円の事業規模。④子ども館指定管理事業（第 6 ブロック＝三つのまちづくり協議会の合同事業）の中山台分が半分程度であり、この 1,100 万円を合わせると、合計 4,473 万円の事業規模。⑤コミュニティの 12 地域自治会の予算規模が平均 200 万円（合計 2,400 万円）と別途の自治会館を運営（事業費 200 万円）し、地域活動の規模は、総計 7,070 万円（公的財源は約 40% 程度）という大きなものになっている。

3,700 人ボランティア、7,000 万円運営の中山台コミュニティを分析すると、
①地域自治会とボランティアによる福祉活動・多様な文化活動や諸活動が基盤になって始まっている。まちづくり協議会枠組みの各部会プログラムへの個人の自由なボランティア参加が見られる（ここにボランティアが参加しやすい構造を確認できる。この構造の基盤に地域自治会とその連合体とのパートナーシップがあることを忘れてはならないであろう）。
②その具体的連絡場所はコミュティセンターであり、活動展開の場所には、さらに統合自治会館などが加わり、そのコミュティセンターや自治会館内部のいくつかの活動ルーム（会議室）である場合が多い。もちろん、数か所の地域広場や 2 小学校と 1 中学校、1 高校なども活動の場となる場合もある。
③活動の楽しさや意義深さは、地域広報紙や口コミ、IT 活用などになるが、身近で各活動が目にみえるため、それは広がりやすかったと分析できる。（この活動の楽しさや意義深さを、身近で目にみえるように地域広報紙や口コミ、個別 IT 活用などで伝えていくことが重要であることに注目したい。）

これら上述のまちづくり協議会活動を参考とし、市や地域自治会のリード的活動が加われば、20 万人口（宝塚市）で、市域 3,000 人（1.5%）のコアな市民からの拡充（単位まちづくり協議会平均 150 人の目標）は難しい第 1 段階課題ではなくなると考えられる。各まちづくり協議会が、これら中山台ケースなど

を参考にして、目にみえる意義ある活動と口コミや広報紙活動により、コアな独自の活動者を150人程度確保できれば、宝塚市全体で3,000人参加のローカルガバナンスのシステムが出来上がるであろう。この3,000人がさらに広く参加を呼びかける構造をつくる次の段階（民主的正当性の担保）が控えている。この活動の輪を広げる展望は、ローカルガバナンスとして、地域の発展と市の発展になるものと確信できる。

## 3　都市圏ローカルガバナンス構造の構築
### 1）地域自治とブロック会議

　地域住民が参加する場としては、概ね100世帯〜500世帯単位に自治会があり（1層目）、身近に個別のボランティアグループや団体がある。そして、小学校区域には2層目のまちづくり協議会がある。この2層目のまちづくり協議会までに、広く多くの活動の参加がある実態である。もちろん、この範域を超えて活動する人たちやボランティア活動も多い。さらに、3層目は、3〜4万人エリア（ブロック）である。ブロック会議では情報交換や意見を出し合う場でもあり、地域の課題と行政課題（政策）の交差を調整する場にもなる。現実は、各個別地域組織の代表が交流と連携を深め、その地域の課題を整合させる場ともなるが、このブロック会議は、多様な情報交換や学習の場であり、多様な課題の方針・計画づくりやその調整の場にもなるのである。このことを通して、市にとっても、まちづくり協議会を間接的に支援しやすくなるのである。この三つ目のブロック区域にあって、自由でオープンなスタイルで、市域の多様な情報を交えて交流を進めることが行われれば、展開される協議や討議は、建設的なものが期待できる。このしくみは、非常に重要であるだろう。

　言い換えれば、20のまちづくり協議会は自治会を含めた小学校区エリアでの、地域自治システムであるが、個別の地域自治を推進する立場である。関連する地域課題は、孤立的な場合もあって、当然、自治体行政の中での広域的見地から、小学校区のコミュニティ・エリアを越えて、広域近隣との連携・調和などが重要な意味をもつ。定期的広域会議は非常に重要なのである。

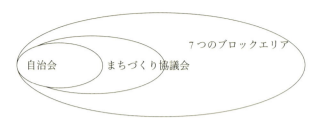

〈3層の構造：(1)単位自治会、(2)小学校区エリア、(3)3〜4万人エリア〉

図4-5　コミュニティの範域と3層の構造図


2）人口3〜4万ブロックの意義（図4-5参照）

　第2章で詳しく記述しているが、宝塚市では、阪神淡路大震災前からこの約3万人口ブロック整備の準備を整えてきた。震災直後、地域によっては大規模な住民アンケートを実施するなど、多くの市民・関係者の合意を得て、区割り線引きを決定し、1996年に7地区体制を協働で創りあげた。宝塚市独特（宝塚型）の3〜4万人口ブロック（7区域）構造を次のように生活視点を加え、再確認したい（第2章参照）。

① 3〜4万人単位の近隣大エリア

　　概ね小学校区3〜4を合わせた地域生活圏では、銀行・スーパーマーケットがあり、地域特性により、地域課題と行政課題などを整合し、行政含む多様な主体が協働の具現化を可能とする協議や会議の枠組みである。

② 地域福祉活動や諸活動の組織的調整を行い活動を促進する基盤プラットホームである

　　まちづくり協議会と自治会・地区自治会連合体、および地区民生児童委員協議会などとの団体連携を調整し、市社会福祉協議会活動を充実しながら、個別の活動を効果的にする会議の枠組みでもある。

③ 縦割りの行政弊害を補完する横断連係枠組み

　　昭和の合併前の旧町村の区割りをベースとした、縦割り部局施策の地域展開が残存しているが、縦割り政策が優先される経緯・実態を克服す

る必要性がある。多様な活動を機能面などから連携し、効率的、円滑に推進するための連絡調整会議の場である。
④都市計画や防災計画等まちづくり計画が練られる枠組み
　3〜5万人エリアの都市計画・都市整備（公園配置、道路計画などや公共施設設置）などや、協働のまちづくりが練られるエリアである。広場や非常時の貯水タンク埋設などがあり官民共同での防災計画をもち実地訓練されるエリアでもある。

### 3）多様な主体と行政との距離

　住民の主体性尊重の意味から、このブロック別会議は、市と個別のまちづくり協議会やグループ、個人が定期的に接する場として、適切な距離となっている。地域から求められれば、市は小学校区のまちづくり協議会の個別相談に応じる立ち位置であるが、平素は積極的にその住民主体領域に関わるべきではない側面がある。平素は住民の自治権や自発性の尊重が優先され、特別な場合を除いては積極的に関わるべきではない原則である。この意味において、市民活動と市が接する距離がとても大事であろう。また、当初において、各校区エリアの新しいコミュニティ枠組みである「まちづくり協議会」の運営や、基本の水平的な理念については、段階的に行政から説明を行い、認識進展が試みられた。

　これらの構造を地域住民が理解するのは、上下関係など縦社会に慣れているだけに、大変困難なところがあり、このブロック会議（ラウンドテーブル）はまちづくり協議会と同じく、あたかも民主主義の学校を呈する状況にあったのである。

### 4）ローカルガバナンス構造例

　このブロック会議が重要であることについては、さらに次の2点が指摘できよう。
　ⅰ　多様な立場の人が集まり、協働具現化（地域課題と行政課題の整合）の場として相応しい場となるであろう。ムラ社会では慣習が優先されるが、

知らない人どうしのまちや都市では、社会生活の(契約的)ルールが必要なのである。この定期的な民主的な協議の場＝ブロック別会議もそうである、この会議の構成や、開催の仕方や進め方などをルール化することとなった。

ⅱ 議会関係者もオブザーバーとして参加できる協働の場とした。また、当然、政策協議の場ともなる可能性が充分ある。もちろん、まちづくり計画(地域別総合計画)づくりや、計画実施の協議の場ともなる。これは10年近く継続され、実績が上がり、実証された場である。議員(議会)にとっては、市民の声を聴き、ともに政策を考え取り入れる場ともなる可能性があったことも重要な視点であろう。そのルールやモデルは実証済み(1999〜2007年)であり、すでに140回以上開催されたが、図式すると下記(図4-6)になる[4]。

5) モデルと具体的目標について（図4-6補足説明）

① 中山台のほかにも活発なモデル的地域はある。市の支援力が上がるならば、ほかの衰退したまちづくり協議会活動の力量アップは期待できるであろう。住民自治の目標規模を数値化してみると、小学校区(まち協)毎に150人、市域総体は約3,000人(1〜2%論に依拠)程度の市民参加は考えられるのではないだろうか。前述のように派生的、論理的には、まち協毎に10%＝1,000人(市域総体は約2万人)程度の潜在力の目標は考えられ、住民自治が団体自治への反映となっていくであろう。

② 大切なのは市民による充分な広報活動と透明化への支援であろう。全域合計で3,000人参加のローカルガバナンスの基本システムが出来上がれば、この3,000人が、さらに広く参加を呼びかける(2万人〜10万人参加目標の)構造となるのである。

③ 平均的な運営や事業規模は、まち協毎に2.5千万円、市域総体は約5億円事業規模(モデルとなる中山台の4割)程度は、10年後辺りの目標とすることは無理とはいえないのではないだろうか。

④ なお、専門委員の指摘のように、「まちづくり協議会」はゆるやかな合

第4章 都市圏、多元主体参加の自立型権力構造 249

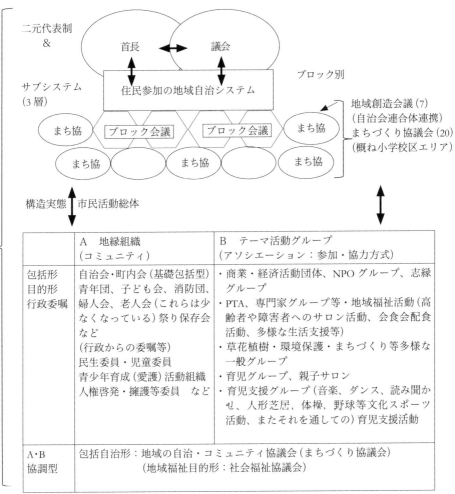

図 4-6 ローカルガバナンス構造 例

意形成に基づく活動に相応しいが、地区計画などの権利調整を伴う厳格な合意形成が必要な場合は、別途、特定的な協議を重ねられる枠組みを設定し、ビジョンを整合させつつ意思決定を図る方式が求められる。

6）まちづくり計画再興と連携の場

　もちろん、このブロック会議は地域別計画を論じ連携や調整をする場として必要である。再び連携協調が進み、大きな不協和音が解決に向かうならば、地域自治会活動や小学校区まち協活動は、さらに活発になるであろう。そしてブロック別創造会議が開催され、各種市民団体やボランティア活動およびNPO的グループの参加拡大だけでなく、これらは住民自治の安定的発展となる道筋にもなるであろう。また、住民の主体性を尊重した上ではあるが、このブロック別会議の場は、市と個別のまち協やグループ、個人が定期的に接し、連携や調整する場として機能するのである。

　「まちづくり計画」の基本目的は、住民自治の団体自治（市全体）への反映であるだけでなく、市民参加、住民主体での協働のまちづくりという側面である。またこの計画作成作業を通して、市民の高い主権意識（主権在民）や参画意識の高揚が進むことを意図するものである。宝塚市では2002年、そのガイドラインをつくることからスタートした。その後各地域においては、50人～200人の参加があって、地域アンケートをとるなどの手法で作成展開され、2006年に各地域のまちづくり計画作成を終えた。市域全体では、延べ2,000人参加（アンケートに積極的参加や策定執筆の参加者合計人数）となり、作成の推進については、時間差はあったが、20のまちづくり協議会全てにおいて完成している。再興は、この総合計画などを分権とする国の趣旨＝2011年法改正からも充分な可能性がある。

7）条例独立化（自治法改正）と拘束性

　さて、第2章で述べた市の総合計画づくりに関連において、2011年、地方自治法第2条第4項が改正された件の続きに目を向けよう。この件は、国はもう関与せず、自治体に自主作成権限を付与しようとする趣旨の分権推進

である。これは、ほかの自治体と同様、宝塚市にも非常に大きな意味をもつ。2002年に先駆的に設置した、宝塚市まちづくり基本条例が独立的によみがえるのである。特にまちづくり基本条例の第14条は、「市は総合的かつ計画的な市政の運営を図るための基本構想及びこれを実現するための基本計画（総合計画）を、まちづくりの基本理念にのっとり策定するものとする。」となっていることが法改正によって自動的に復活し拘束力をもつことになるのである。もちろんこの14条だけではない。まちづくりには各条にある基本理念や派生的な具体方策が拘束力をもつこの意味は大きい（第2章まちづくり基本条例やその注釈20参照）。

　混乱した約10年を経て、市長の地域再生の早い決断が待たれたのであるが、2018年度の宝塚市の人事異動では、D市長の公言通り市民活動復活を期する充実化がみられる。住民自治関連含む市民協働部門に理事職を起用し、部長級幹部職員を増強したことに、顕著にその立て直し策や本気度がみられ、また、各事業担当の室長職（旧部次長）に地域担当職を重ねる措置もとっている。今後、地域別のまち計画づくり再興と総合計画リンク（協働）が期待できよう。よみがえった条例の拘束力という前向きな押し返しが作用する展望であるが、それだけに、足元の二項（まち協と自治全連合体）の協調は重要性を増すのではないだろうか。

### 8）二元制補完の参加民主主義

　このローカルガバナンスは、住民自治を大きく推進するシステムという意義が第一にふさわしく、首長との協働によって団体自治に反映され、地域自治が大きく進展するという論理構造である。過去の実績から考え、その可能性は充分にあるのであるが、二元代表制という視点で、地方自治の欠陥などの課題を補完するものとしての意義もある。

　実態としても第1章第1節で記したように、概念的には代議制民主主義と参加民主主義は補完の関係にある。二元における首長と住民自治組織とは、すなわち首長が提唱する協働が近年、全国的に徐々に実績を積んできており、広範に進展する様相がうかがえる。

制度的には、議会との補完関係が焦点ではないだろうか。宝塚市のブロック別市民会議に議員のオブザーバー参加があったという経験事例に照らせば、二元のもう一方を補完する、市民と議会の関係が論理だけでなく実体として考えられる。すなわち、ブロック別地域創造会議への議員参加には、二元制権力構造を補完するという大きな実効性の可能性があるのではないかと思う。

市民にとっても、議員がオブザーバーとして参加することは、そこは政策協議の場ともなる可能性が充分あるという意義がある。議員（議会）にとっては、具体的な市民の声を聴き、ともに政策を考える場となる可能性が焦点である。ただ、補完も安易な関係でなく、議会の独自性を守るためには、緊張感が必要な関係であり、その関連については今後とも研究を要するであろう。地域自治が活性化し、市長・議会・市民活動、三者が独立を守りながら相互の関係を進展させ、各々がプラスに機能することが民主主義進展の大切な前提となるではないだろうか。

このように、ローカルガバナンスの3層構図は、二元代表制など地方制度の下記三つの問題点を補足修正し、相互解決の可能性を模索する可能性となるであろう。

①議会と市民活動との日常的対話の乖離を補完する（議会活動の進展）。
②首長の政策との協働（市民参加）。
③住民の地域自治への関心度アップ（アパシーの解消・選挙投票率アップ）＝ローカルガバナンスの拡充（地域自治の進展）。

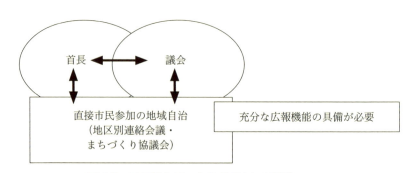

図 4-7　二元制とローカルガバナンス構造

これらの可能性がある。ただし、例えば市民参加による次元の異なる充分な広報機能の具備が必要となるであろう(後述)。

## 第2節　透明性と自治力アップの構造へ

### 1　分権化の長所を活かす構造

佐々木信夫らは「現代地方自治の課題」について、次のように地方自治の現実を分析している[5]。

中央集権下の問題点として、①国、地方が上下・主従関係にあった。②知事、市長は機関委任事務で2重の役割(各大臣の地方機関)を負っていた。③国、地方の行政責任が不明確であった。④自治体には狭い裁量権だった。⑤縦割り行政の弊害が大きかった。この中央集権では、①統一性、②公平性、③国の指導力発揮が特徴の行政であった[6]。

地方分権メリットとしては、①多様性、②迅速性、③市民との協働に相対的な価値があると佐々木は著しているが、現実的には基礎自治体のこれらのメリットを充分に活かすところまで達してない。

これらの論を現実に照らして考えると、例えば、自治体の構造的な改革には、下記の事項などが考えられるのではないだろうか。

○企画部門では、市民参画の拡充やローカルガバナンスが進展する政策を考え推進することが非常に重要である。

○統計事務については、国だけのための一律的な報告統計でなく、自治体内で必要な分野を大切にする統計事務に転換を図らねばならない。例えば小学校区単位に種々の統計をつくるなど、(企画部門と連携し)市民自治が求める必要な統計の業務推進には大きな期待がある。

○財政部門については、地域別の包括予算を考え、住民自治を引き出す工夫が期待される(法制受託事務関連＝ナショナルミニマムなど社会保障的な性格などを除く予算・款項目単位の自治的予算を、地域単位に再掲してみることなどがある)。

○人事担当は、地域自治への視点ある人事と評価や、その視点での人材育

成の姿勢が必要である。人材育成の立場での研修が大切である。
〇別途制度として、監査委員会などには、住民自治と団体自治の発展に関与する指摘ができるような、視点が盛り込まれる必要がある。

佐々木らは、さらに、変わるべきは自治体自身と指摘している。その具体的中身は、次の通りである[7]。

①首長については、政治家であり、経営者、外交官であるとし、マニフェスト（政策綱領）が規範であり、多選を自粛しながら、任期は仕事達成の単位としている。

②議会は首長と対等な政治機関として、変わることが重要と述べ、自ら条例を提案し、予算修正を試みること（もう一つの予算案）としている。

③職員が変わることについては、大過なく地位にしがみつき給与を食むようなサラリーマン根性を捨てることであり、特権的地位意識はもう通用しない、能力主義を徹底し、経験者採用を増やし、仕事のできる人のみが継続採用される。求められるのは職員のグライダー能力より、自立した飛行機能力としている。

④住民が変わることも大切である。お任せ主義、観客民主主義はもうだめで、自己決定・自己責任は住民に求められる。

地域主権は参画民主主義が基本であり、自治体は事業官庁から政策官庁に変わることが自治体像でもあるといっているのである。

自治体行政においては機関委任事務から解放されたが、事務内容は概ね法定受託事務（社会保障的な事務など）と自治事務に分類される。多くに法定受託事務があるが、事務の仕方はルーティンワークが多く、マニュアルや規律に従うことでもあって、このルーティンワークについては将来はAI（人工知能）活用の領域でもある。自治事務は地域自治や住民自治に関わる本来的分権的なものであり、佐々木らがいう自律性・独創性が求められる。自治力を高めるのは、まさにこの分野の力量を高めることになるのではないだろうか。

かつては、法定事務や管理的な仕事でキャリア積んだ職員がほとんどだったから、分権化での自治事務や住民自治を進める政策的な仕事は、困難と感じる職員が多くいるといわれ、筆者も経験的に実感していた。ここに大きい

課題がある。これに適応できる職員の採用や育成と、現場での訓練を根気よく続けねばならないのではないだろうか。

## 2　透明性と広報活動の協働化案

### 1）透明性について

　第2章第3節では、宝塚市において、密室裏に行われた市政の様相を記した。それがまちづくり協議会政策（住民自治）に打撃的行政となったのである。大きな政策変更であるにもかかわらず、小さな日常的な出来事のように装い、核心はできるだけみせまいとした行政行為があったのだ。その権力構造の暗部を詳しくえぐることは本書の意図ではないが、説明責任のかけらもなく、断層的な政策変更を、気づかれなかったら、済むように仕組んだ痕跡がある。この責任が問われない行政は、行政村ならいざ知らず、近代政治に悖（もと）るものであり、今後は絶対に無くさねばならないであろう。情報の公開どころか、隠すようなこの経過の手法は、10数年におよぶ参加型地域自治への積み上げ努力と、数年間、約2,000人でつくったまちづくり計画を一瞬にして葬り去り、まちづくり協議会などの住民自治を、一弱体化させ漂流させる重大事となった。透明性ある公明正大な政策執行を確保しなければならないのは近代政治には当然なことであろう。

### 2）広報紙活動の協働化案

　住民自治発展のための一つのツール改革は広報活動である。各まちづくり協議会では、広報紙をつくっており、政策開始当時はこの住民の広報活動がとても有効であったことが印象深い（第2章第2節）。これを強化する方法として、まち協どうしの一体的連携の側面を並立的にもつ広報紙づくりをすることが考えられる。まちづくり協議会どうしの広報連携の道は、自立的躍動への有効な策となるであろう。市の行政情報伝達方法も、これを支援する形で関与する方法が考えられる。広報紙活動を協働とするなら、住民自治推進の大きな一助になるであろう。また（仮称）広報市民協働委員会などで事務局に、その指定管理者（NPOなどの）参加の方法をとり、各まち協との共同主体

が、この委員会を仕切る枠組みを提案したい。これらの考え方による新しい広報へのアプローチやこれらの展開によって、ローカルガバナンスの進捗と拡大が見込めることになるであろう。

## 3　まち協政策とコミュニティワーク

### 1) 地域のコミュニケーションと行政職員

「少数者の自治でなく、大勢の市民参加を実現すること」については、小学校区単位の住民主体で自律的、段階的に地道に積み上げていくことが、筋道であろう。広報紙の拡充や強化は欠かせない方策であるが、現実的進展は、徐々にできることからの道筋になる。基本的に肝要となるのは、市担当と地域との緊密なコミュニケーションであることはいうまでもない。

前節に述べているが、市担当と地域との距離と位置のとり方は、近接的であり過ぎても、遠くあってもいけないであろう。求められれば、地域に出かける個別相談も大切であるが、求められない深入りは主体性の侵害となる。このよい距離感は、ブロック別会議にあり、そのブロック別会議の準備行動もよいコミュニケーションとなるであろう。これがシステムとしてのコミュニケーションであり、コミュニティワークの基本にもなるのではないだろうか。

### 2) コミュニティワーク～市民とともに

市民によりそうコミュティーワークが重要であるが、担当職員は下記の姿勢で臨むことが求められるであろう。

①住民や組織の立場になって理解し、一緒に考える姿勢が大切になる。

②住民との距離のとり方は、上述の通りであるが、肝心なことはT.P.O（時と場と場合）を感じ、考慮した対応が求められる。

③行政の事務は「法定受託事務」と「自治事務」である。「法定受託事務」に偏らないバランスも大切であるが、自治事務は、常に住民とともに創るコミュニティ自治でもあるとの認識が大切である。

④まちづくり協議会強化とコミュニティワークによる支援の視点を加えると、当然ながら、各々の地域の「特徴」を把握することがまず求められる。

「特有の地域課題は何か」や「特有の資源は何か」をつかむことが肝要となろう。必ず地域には特有の課題があり、資源もあるのでないだろうか。（例：高齢化での生活支援ほか、買い物不便問題など。資源例：多くの場合は人材である。そのほか、文化財や多様な活動、商業や農業ほか、公や民の施設などの資源例がある）。

⑤活動の内容や人材などの掘り起こしの支援を考えることも大切であろう。地域貢献や参加意識の高い人はいる。1～2％、1地域（1万人口）に100～150人程度の人材は、広い諸活動領域に照らせば現実的に無理ではないであろう。

⑥ファシリテーター技術向上について

ファシリテーターとは、意見をいう人や質問に答える人でもなく、進行役であり、参加者の意見を引き出す人である。地域自治を民主的に進めるという視点に立ち、このファシリテーター（議長）技術を地域に広めるのである。役割と実務としては、書記、タイムキーパー、プレゼンター（発表者）などがある。ファシリテーターのポイントとしては、会議などの目的を十分に理解し、設定した時間を守る、全員の参加を促す。議決は民主的に行う、ということにあるであろう。市民のこのファシリテーター技術向上の講座を開設することも考えられる。

⑦必要に応じて地域が住民意識アンケート調査などを必要とする場合などのほか、地域によっては多様な相談があることも念頭に入れる必要があるだろう。その相談にのり、調査実施などの後押しや地域課題解消に努める必要もある。

⑧なお、シティズンシップ教育という教育プログラムがある。2006年経済産業省はシティズンシップ教育宣言をしているが、そのとらえ方は、「個人が自己を守り、自己実現を図ると共によりよい社会の実現に寄与するという目的のために、社会の意思決定や運営の過程において、個人としての権利と義務を行使し、多様な関係者と積極的に関わろうとする資質」と説明している。この概念も参考になるであろう。我々には新しい教育理念であり、課題解決しなければならない多くの側面のあること

を知り、近い将来には採用の議論に努めるべきと考えられる。主権者意識が求められている時勢であり、司法の場合の裁判員制度はすでに開始されて10年近く経過しており、課題はあるものの、制度は概ね好評である。また2016年から18歳以上に選挙権が付与され、対象が18歳〜19歳の人たちばかりでなく、概ね、高校生以上のほとんどの日本人が主権者として必要な教育（学習）対象ではないだろうか。

### 3）協調・融和と公開フォーラム開催方策

避けて通れないのが、まちづくり協議会、自治会連合会、自治会ネットワークの各地域自治組織参加の協議の場の設置である。その進め方なども第3章に記した通りであり、ここでは省略している。

さて、近代性と伝統性との融合が日本流という歴史観があるとすれば、近年、国際的に称賛されている「大災害時でも秩序守る日本人」や「国際サッカー場で汚れを清掃する若者」のこの行動構造は、近代性と伝統性との融合から生じた日本人の今後のあり様かもしれない（第3章）。欧米近代がベストではない。西洋は長い歴史的侵略汚点を抱えて引きずっている。また、国際的格差の背景や移民の問題を抱え、先進的であっても、彼らのつくった民主主義は常に問われ、それが通じなくなってもいる。多様性・水平性が進む中、伝統性と近代性融合の発展と安定構造のために、その水平性や伝統性への向き合い方も大切である。定期的な公開フォーラム方策も、地域自治進展のためには、一案となるのではなかろうか。多様な市民参加の定期的会議と並行し、宝塚市での、まちづくり協議会と自治会連合会との具体的協調・融和への協議は、日本流民主主義発展への可能性を秘めているといっても過言ではないであろう。

## 4　必要な民主的正当性概念

### 1）大勢が認める民主的正当性へ

民主的正当性の議論であるが、1万人人口が平均である「小学校区まちづくり協議会」というエリアにおいて、仮定であるが次のケース事例が起きた

場合を考える。

①民間など他律的事業において、例えば道路や大きな構造物建設計画が発生し、近隣の住環境に重大な影響が想定される都市改造的な案件などが発生した場合。

②自分たちが考える計画などにおいて、地域住民の利害に大きな影響が想定される場合(二つの事例とも、市との連携が必要になる前提で考える)。

より多くの住民参加が基本的にベターなのであるが、もし、このような上記案件が、人口の1%、平均100人で、その対応や計画案が練られ、その100人でそれらを決定し前進されるとしても、(2%、200人の方がもっとよいがそれでも)少人数すぎて、その人たちの独善になり、その民主的正当性は問題になる。1万人の中で、1%＝100人参加の決定では民主的正当性はあるはずがないのである。この100人参加を10%＝1,000人に拡充されたとしても正当性はないであろう。しかし1,000人(10%)の市民がさらに声をあげ、必要になる自律的な取り組みへの特別委員会などを立ち上げ、全住民にアピールやキャンペーンをして、一定の公正な管理の下、全住民の自主投票が行われるとしたら。その手続は正当であろうし、半数を超えて投票があったとすれば結果にも正当性が生じるのではないだろうか。

2) 民主的正当性と投票制の考え方

① 1990年代の末頃、宝塚市で7つのブロックの区域設定の賛否を決定する際、約1,000世帯の住民自治会が域内の全世帯アンケート調査を行った例があった(第2章第2節)。旧地域の財産区に、大きなマンション数棟が建てられ、過半を大きく超える新住民が住む地域自治会であった。その地域住民自身の意識や意思確認が必要とされたのである。まちづくり協議会運営も、普遍的価値観に依拠(多くの住民意見が尊重)される民主的な運営が大切であることはいうまでもない。

②地区別計画と厳格な合意形成が必要な場合

専門委員から指摘もあったが、「まちづくり協議会」はゆるやかな合意形成に基づく活動に相応しい枠組みであろう。ただ、地区別計画(ま

ちづくり計画)などの権利調整を伴う厳格な合意形成が必要な場合は、別途、特定的な協議を重ねられる枠組み(例えば仮称地区別計画委員会)を設定し、将来ビジョンを運営に反映させつつ、多様な法制に基づいての計画実施方式が求められるであろう。

概ね1万人の小学校区エリアにおいては、むろん1万人での総会は開催不能である。そうであるから、民主的正当性を考慮すると、市民の地域運営のルール作りが必要となる。当面は、地域に大きな影響が見込まれる事案などは、上記①の事例のように、客観性あるアンケート方式が現実的で適切であろう。しかし、大勢の参加の下、より透明性が必要なまちづくり協議会の運営においては、将来さらなる民主的な決定方法が、地域市民の公正な利益になると予測される。その将来段階では、決定方法が大きな地域活性化になると見込まれる場合である。もちろん、当該協議会または付随する(仮)地区別計画委員会案件の方向性を投票で決める場合も含まれている。投票で地域住民の意向を確かめることや、合意形成を図ること、またはそれを担保する方式であり、これらは、参加民主主義を発展させることになるであろう[8]。

これらは、すでに設置された地方分権一括法や地方自治法の改正での、地域自治区(地方自治法260条の2)や、社団法人方式または認可地縁団体の法制概念に準じ、類似的に整理される方式である。対象地域を小学校区程度に拡大し、都市内分権的な自治基本条例(議会で承認を受け、都市内分権での限られた権能)に位置づけることも考えられる。

100人程度による運営が、最初に目指す小学校区のまちづくり協議会運営であるが、基本的な地域自治の民主主義を基本に、少人数の参加から、さらに多くの参加者や賛同者を得ることが大切であるので、平素からのアンケート方式を活用し、住民には、地域運営に関心を喚起するようなコミュニティワークが適切である。

またこのような段階に、次元を昇華させた自治基本条例(第2章第2節)の設置への移行も考えられる。「住民自治」について、自治に参加する住民の主権的権能は具体的にどんなものか、住民が担う活動や組織とは何か、住民統治のあり方、決定に参加する民主的手続きに続き、さらには住民投票のあ

り方などを具体的に謳うという段階が考えられる。その議論を経た民主的正当性の具現化方式は具体的に明らかにされ、住民自治を強固なものにさせるであろう。しかし、宝塚市の場合、この論議以前に自治会やその連合会との平等参加課題との関係性が重要であり、これらに配慮されたバランスが大切であろう。

3) 地域の意思決定と多面的配慮

地域課題へのアンケート・投票や役員選出は現実的な地域運営と民主制への課題となっている。アンケート方式を超えて投票という場面は、大きな住民への利害問題や、住環境に大きな悪影響をおよぼす事案発生など、地域に重大な問題が生じた場合であろう。地域の意思決定には票決が民主主義での基本的ルールであり、大勢の納得を得る方法であるが、前項で説明したように、民主的正当性が大切という考え方は基本的に高まっているのは自然なことであると思われる(ただし、安全保障など国・国民全体の利益に反しない場合という制限があるのも妥当であろう[9])。

また、住民組織内でのリーダーなど役員選出には、関係者によるミニ選挙手法が取り入れられている実態はすでに津々浦々に多くあり、様々な現実的手法が実施されている。この実情は好ましく、肯定されるものであろう。

伝統的考え方への配慮も必要な場合がある。民主主義の論理を突き詰めれば、まちづくり協議会などの役員やリーダー選びは、公に準じた地域挙げての選挙が必要になるという論理が机上では考えられる。しかし、これはまだ非現実的であろう。仮に、地域の役員候補として公に準じた選挙の被対象になった人は、その場合は、辞退や拒否が相次ぐことになるという、わが国のボランティア精神が実態であるからである。現在の実態は曖昧な部分や地域住民にやや透明性に欠ける部分が残るものの、関係者に限った限定的なミニ選挙方式や、推薦方式がある。また推薦人を選んでさらにその推薦人の推挙により、リーダーを決める手法などが、今後も適しているのではないだろうか。将来、立候補制が適切とする機運が醸成される時期がいつかは訪れるのかもしれないが、伝統方式と近代方式折衷での現行が続けられるであろう。

## まとめ：「日本の都市の地域自治」展望

　1950年代のアメリカについて、ハンターはアトランタ市での権力構造を少数エリートによるものとして指摘し、その文脈でダールは、ニューヘヴン市での住民による多元的な権力構造『統治するのは誰か』を著した。その後、多様な民主性アプローチの研究議論が続き、参加民主主義にたどりつく長い権力構造論の研究史を築くことになるのである。

　わが国では、中世の百姓による惣村自立から、強い集権的統治者とのせめぎあいの集団主義的伝統性に基づく自治構造が継承され、市民革命を経ない歴史があった。戦後50年の大衆運動は民主性への試行錯誤的な評価であったものの、その後のおおよそ近25年は、自治体政策によって住民活動という近代性の芽が伸び始め、それが市民活動となる形成が始まったのであった。住民による参加民主主義は遠い目標であったが、宝塚市のコミュニティ政策を通じて起こった伝統主義と近代主義の相克と止揚の25年について、それを踏まえた本論考を試みてきた。今日、宝塚市だけでなく、わが国に求められているのは、大勢の市民参加での活き活きした地域であり、活性化がもたらす豊かな地域創生と、子どもも高齢者も安心できる社会であろう。目指す実質的なローカルガバナンスについて、以下の事項を概括的な総まとめとし、概ねの展望を記したい。

### 1　都市型ローカルガバナンス（宝塚例）の位置づけ

#### 1）参加民主主義の具現化

　平等参加の下、大勢の市民参加が、3層のローカルガバナンスのシステムにより、個々人の自己実現を図るなどの形で推進される位置づけに向かうことになった。このことは、地域での住民自治の充実推進が果たされることであり、結果として自治体の団体自治の大きな推進力になる。このような姿で参加民主主義の具現化が図られる（住民自治・団体自治を大きく強力に推進するガバナンスであろう）のである。

## 2）都市内分権の具現化

ローカルガバナンスと住民自治の核たるまちづくり協議会には、議決機関を設け、小学校区エリアコミュニティの一定の意思決定が図られる（当該趣旨は条例に盛り込まれる）。また、3〜4万人エリアのブロック別連絡会議は、各まちづくり協議会やブロックエリアの課題についての情報連絡や意見交換の場である。これらは都市内分権のしくみでもある。将来は多様な意思決定についても展望するものであろう。

## 3）二元代表制の補完システム

まちづくり協議会は地域の課題解決の方向で、首長の具体的な政策執行の一役を担うことになる。また、当該参加民主主義の具現化は、地方議会の代表制民主主義をマクロの見方で補完するものであるであろう。

## 2　宝塚市の地域自治展望について

①宝塚市で起きた伝統主義と近代主義の相克と止揚の25年について、大勢の市民がこれらを学習や教訓として悟るのはなかなか困難かもしれない。しかし、その悟りや気づきがあるとすれば、小学校エリアで機能するまちづくり協議会システムは、1ステップ昇華した領域（松下圭一のいう「市民文化」の領域）に到達できる可能性があるのではないだろうか。

②また、伝統主義と近代主義については、双方が重要な理念であるがために、その相克と止揚は次元を変えて続くであろうし、進化した次元での取り組みが続くであろう。

③地域自治会は、従前のしくみと自発的ボランティアと連携するシステムに改革できるとすれば、昇華された次元で発展すると思われる。しかし、そうでなければ、現在進行しているように、安心安全のための回覧板活動とごみ収集拠点に限るような活動に、極端に縮小する可能性がある。自治会連合体は、平等主義など民主的理念での協調・融和の参加姿勢があれば、パートナーとして尊敬を得続ける位置で発展し、逆に、そ

れがなければ衰退の可能性が大きいと思われる。

④財産区などをもつ村落共同体（旧来の自治会）は、独自のしくみを保つ必要性があり、その次元で続くであろう。地域との水平性連携に目覚めるとすれば、都市圏での協議体に歓迎され、大きな尊敬の位置を得続けるであろう。

⑤このような展望で、市域の包括的な住民自治ガバナンス協議機関がつくられれば、成熟した住民自治と団体自治が構成され、進歩していく可能性があるのではないだろうか。それが、実質的なローカルガバナンスと呼称されるものであろう。

注

1　田中義岳『市民自治のコミュニティをつくろう』ぎょうせい、2003 年、pp.174-176
2　田中義岳『市民自治のコミュニティをつくろう』ぎょうせい、2003 年、p.150
3　田中義岳『市民自治のコミュニティをつくろう』ぎょうせい、2003 年、pp.183-185
4　ブロック連絡会議の内容は田中義岳『市民自治のコミュニティをつくろう』ぎょうせい、2003 年、p.165
5　佐々木信夫ら『現代地方自治の課題』学陽書房、2011 年
6　佐々木信夫ら『現代地方自治の課題』学陽書房、2011 年、p.19
7　佐々木信夫ら『現代地方自治の課題』学陽書房、2011 年、p.23
8　鬼塚尚子「政治参加と民主主義の理論」『帝京社会学』第 15 号、2002 年、pp.15-44
9　地方分権推進法ならびに地方自治法 1999 年および 2012 年改正は、国と地方の利害が対立し法解釈に関する意見が異なる場合に、それぞれが独立の機関として対立が続けば、行政が服すべき法的適合性原則に反する状態が解消できず、国と地方の関係が不安定化、ひいては地方分権の流れが逆流し、国の権限を強化すべきであるとの動きが起こることを懸念して、その解決方法を設けている。

# あとがき

　宝塚市の行政担当者だった筆者が、地域改革の懸案と向かい合う政策実施に直面し、偶然にもこの地域ガバナンス任務を、全国に先駆け直接担当することは貴重な経験であった。また退職後も、大きな関心をもって、このガバナンスを巡る宝塚市民の伝統性と近代性の葛藤などをつぶさにみてきた。
　1990年前半の時代に、平等参加を織り交ぜた市民活動支援の自治政策、すなわち基本構造法式による、全域のまちづくり協議会の組織化という政策実現をめざしたものだった。1999年にそれは完成するが、悉皆調査では、その市民参加型政策を評価する住民は42％（あまり評価せず26％、評価せず5.8％、わからない23％）であった。42％をどうみるかであるが、この政策は市民に概ね受け入れられたのではないかという見方ができた。ただ、主唱した正司市長や筆者らの退職後、自治会連合会一部リーダーや、C市長のように反発する政治家が現れたのであるから、この視点に鑑みれば、まちづくり計画の総合計画リンクや、平等参加の政策は、やや時期尚早の部分があったともみるべきなのであろうし、自立を喚起するような政策は、長期的に取り組む類のものであろう。その後08年から8年間の混乱は長過ぎだったにしても、市民間の大議論になったことは、その議論自体にも意味があったのではないだろうか。結果、地域自治組織の再編成の必要があるが、「雨降って地固まる」の様相を呈し、今後の発展に大いに期待できるものとなったであろう。
　ところで、コミュニティ政策学会など各学会等でも多様な議論があり、また全国に分権的な地域協議体方式などが広がりつつあるものの、各地の地域自治政策の展開実態については、独自性があるのは当然である。しかし、住民は「政策に単に呼応という状態」という指摘があるように、また松下圭一がいう市民性の成熟は道遠いという認識は筆者も同感でもある。それだけに、

わが国の地域自治政策は民主主義の現実的な学校でもある。地域自治の枠組みと、居心地のよいコミュニティとは、我々に大変重要であるとつくづく思う。そして段階的にそれが発展する堅実姿勢が基本という再認識が、ここ近年の集約かもしれない。

　とはいえ、「政策に単に呼応という状態」が、それが的確な指摘であったとしても、地域政治文化に自覚した市民は、多くはないが、間違いなく存在し増えていると感じている。地道な歩みで、地域自治会に近代ボランティアを加えた「まちづくり協議会」と、地域自治会の連合体との相克・止揚は、冷静で理性的な協議として、今後も貴重であるはずだ。1～2％の自覚者が、4～5％の自律的行動を生み、やがて20～40％の人の賛同に影響できるという現実を筆者がみてきたのである。そして、これら25年間に及ぶ地域自治組織のまちづくり活動と支援政策は、確かでリアルなものとして、将来ともども、段階的に昇華・進展していくものと確信しているのである。2000年以降、全国の多くの都市から当時の宝塚市に視察にくる関心の高さに驚き、宝塚市の政策とその展開を説明するとともに、2004年辺りから、求められるまま、福岡から札幌まで全国を講演行脚し、市民活動と地域自治への思いを語ってきた。年月は経ったけれど、今後もそう確信し、同じくアピールし続けたい心境である。

筆　者

## 事項索引

### あ行

| | |
|---|---|
| アカウンタビリティ | 58 |
| アソシエーション | 47 |
| 新しい地方の時代 | 95 |
| 新しいまちづくり | 46 |
| 圧力団体機能 | 35 |
| アンチテーゼ | 196 |
| アンビバレントな関係 | 195 |
| 安保闘争 | 41 |
| 一味神水 | 30 |
| 入会慣行 | 33 |
| 隠然とした力 | 45 |
| 氏神祭祀 | 33 |
| 運命的自決権 | 23 |
| エポックの形成 | 195 |
| 王土王民思想 | 31 |

### か行

| | |
|---|---|
| 階級闘争 | 40 |
| 階層的構造 | 6 |
| ガイドライン | 116 |
| 画一社会 | 42 |
| 革新自治体 | 42 |
| 各地方の独自性 | 53 |
| 過去の桎梏 | 101 |
| 硬い普遍性 | 195 |
| 刀狩り | 31 |
| 寡頭制 | 18 |
| ――の鉄則 | 23 |
| 鎌倉新仏教 | 31 |
| 観客民主主義 | 58 |
| 議会改革 | 58 |
| 議会制民主主義制 | 24 |
| 機関委任事務 | 53 |
| ――制度 | 34 |
| 基幹的歳出 | 148 |
| 急進的民主主義論 | 22 |
| 行政事務委託料 | 179 |
| 行政末端機能 | 35 |
| 協働 | 5 |
| 共同管理の地域社会 | 67 |
| 共同占有権 | 37 |
| 共同体社会 | 22 |
| 共同体束縛からの解放 | 101 |
| 郷里制 | 30 |
| 巨大主義 | 42 |
| 近接性の原理 | 64 |
| 近代主義 | 25 |
| 近隣公園 | 148 |
| 近隣道路 | 148 |
| 近隣緑地 | 148 |
| 草の根住民運動 | 42 |
| クリーク（社会集団） | 16 |
| ゲゼルシャフト | 104 |
| ゲマインシャフト | 104 |
| 権力エリート | 10 |
| ――論 | 17 |
| 権力構造論 | 7 |
| 公的属性 | 37 |
| 呼応した立場 | 156 |
| 石高制 | 32 |
| 国土開発政策 | 42 |
| 国民生活審議会 | 101 |
| 個人尊厳 | 53 |
| 個人尊重主義 | 161 |
| 個人のアトム化 | 3 |
| コミュニティ | 47 |
| ――構造 | 5 |
| ――づくり | 5 |
| ――評議会 | 12 |
| ――ワーク | 261 |

### さ行

| | |
|---|---|
| 財源比率 | 59 |
| 財産区財産 | 87 |
| 歳出の自治 | 54 |
| 財政計画 | 148 |
| サブ権力構造 | 9, 86 |
| 差別撤廃運動 | 40 |
| 参加概念 | 61 |
| 参加型社会 | 24 |
| 参加・参画 | 7 |
| 参加民主主義 | 20 |

三位一体の改革 … 54, 59
GHQ の解散命令 … 36
ジェファーソン主義者 … 18
自己実現（自己解放）の活動 … 39
自主投票 … 259
自然村 … 33
自治会連合会 … 6
自治会連合体 … 7
自治事務 … 34, 53
自治体の行政裁量権 … 53
自治的惣村 … 29
自治立法権 … 53
シビルミニマム論 … 42
市民革命 … 262
市民社会 … 3, 43
市民性の成熟 … 3, 52
市民的徳性 … 22
市民的人間型 … 3
市民の公共意識 … 22
市民の論理 … 44
社会規模 … 22
社会的機能 … 23
社会的契約 … 46
社団法人方式 … 260
衆愚観 … 22
自由主義的な空気 … 95
自由主義と個人主義 … 41
住民参加 … 61
住民自治 … 7
　──組織調査専門委員 … 7
　──と団体自治 … 23
　──の構造づくり … 185
　──パワー … 61
主権在民 … 63
呪術的技法 … 31
上下階層的関係 … 46
少数エリート構造 … 91
情報公開 … 59
庄屋・名主 … 35
自律・自治 Autonomy … 31
新住民 … 81
人民主権論 … 22
水平的参加 … 4
　──構造 … 103
生活権としての自治の意味 … 29

声価によるアプローチ … 16
税源移譲 … 54
政策決定集団 … 16
政策公準の設定 … 44
政治イデオロギー … 18
政治的アパシー … 3
政治の機能 … 23
政治文化 … 52
制度改革論 … 95
制度疲労 … 57
セクター形成 … 43
全会一致の原則 … 14
占有的内包性 … 24
総合計画 … 144
相克・止揚 … 233
相克と融合の課題 … 25
創造的構造法式 … 56
惣村自治 … 28
村落共同体 … 24, 34
村落（ムラ）自治 … 27

## た行

太閤検地 … 31
大衆活動 … 40
大政翼賛会 … 36
代表制民主主義 … 23
多元主義論 … 10
多元的デモクラシー … 10, 17
多数者の専制 … 175
縦割り行政の弊害 … 95
ターニングポイント … 51
檀家・氏子 … 46
だんじり … 87
団体自治 … 7
　──の確立 … 48
地域アイデンティティ … 48
地域自治 … 27, 64
地域自治会 … 24, 36
地域住民自治 … 6
地域主権一括法 … 54
地域政策担当 … 95
地域創生パワー … 233
地域統治 … 115
地域内分権 … 58
地域分権 … 48

| | |
|---|---|
| 地域別計画 | 113 |
| 地区別計画委員会 | 260 |
| 地政学的事情 | 22 |
| 地方交付税等の配分権 | 54 |
| 地方自治の本旨 | 7 |
| 地方自治法 | 7 |
| 地方の時代 | 42 |
| 地方分権 | |
| ——一括法 | 4 |
| ——改革 | 4 |
| ——改革推進法 | 57 |
| ——改革推進本部 | 56 |
| 地方六団体 | 58 |
| 中央集権型行政システム | 53, 57 |
| 中間層 | 5 |
| 逃散 | 31 |
| 直接請求制度 | 57 |
| 通俗道徳 | 37 |
| 転換期の過渡的段階 | 52 |
| 伝統イデオロギー | 25 |
| 伝統主義 | 25 |
| 伝統的構造の本質 | 30 |
| 伝統的文化性の価値 | 102 |
| 伝統的隣保組織 | 101 |
| 討議民主主義 | 174 |
| 投票制 | 259 |
| 透明性の課題 | 59 |
| 同和対策審議会答申 | 43 |
| 都市型社会 | 3 |
| 都市計画 | 51 |
| 都市内分権 | 260 |
| 土地の共同占有 | 34 |

### な行

| | |
|---|---|
| 内在マグマ | 39 |
| ニアイズベター | 63 |
| 二元代表制 | 21 |
| 二項融合 | 196 |
| 日本型大衆社会 | 43 |
| 認可地縁団体 | 260 |
| 人間性の回復 | 8 |
| 練られた世論 | 175 |
| 農村社会の3層構造 | 33 |

### は行

| | |
|---|---|
| パートナーシップ | 162 |
| ——構造 | 198 |
| ハイアラーキー | 10 |
| 幕藩体制 | 31 |
| ハコもの方式 | 202 |
| 阪神淡路大震災 | 113 |
| 鄙の論理 | 95 |
| 平等参加 | 8 |
| ——と透明性 | 91 |
| 評判法 | 16 |
| ピラミッド型組織 | 6 |
| フォロワーズ（追随者たち） | 23 |
| 複眼的総合性 | 196 |
| 複眼的な協調 | 196 |
| 復興計画 | 148 |
| 復古（的）方策 | 145, 157 |
| 普遍的価値 | 21 |
| 普遍的進展 | 42 |
| プライバシー保護 | 46 |
| 部落会町内会 | 35 |
| 『部落解放運動』 | 43 |
| 旧い因習 | 46 |
| プロパガンダ | 15 |
| フロンティア | 199 |
| 分権の潮流 | 54 |
| 弁証法 | 196 |
| 法定外普通税 | 53 |
| 法定目的税 | 53 |
| 補完性の原理 | 64 |
| ボランタリーアソシエーション | 98 |
| ボランティア元年 | 50 |
| ポリアーキー | 18 |

### ま行

| | |
|---|---|
| まちづくり協議会 | 5 |
| まちづくり協議会政策 | 68 |
| マニュフェスト | 58 |
| ミニ選挙手法 | 261 |
| ミニ・パブリックス | 175 |
| 民衆による自己統治 | 23 |
| 民主的正当性 | 259 |
| 民主的統制 | 58 |
| 村請制 | 32 |
| 面識社会 | 97 |

### や・ら・わ行

| | |
|---|---|
| 柔らかい普遍性 | 195 |
| 有力者 | 81 |
| ヨーロッパ近代 | 196 |
| ライフスタイルの変化 | 95 |
| 力学的落差 | 61 |

| | |
|---|---|
| 律令時代の地方（国衙）体制 | 29 |
| 流動型委員会構造 | 14 |
| 輪廻思想 | 31 |
| 累積的不平等 | 18 |
| ローカルガバナンス | 23 |
| ──構図 | 91 |

## 人名索引

### あ行

| | |
|---|---|
| 秋元律郎 | 9 |
| 網野善彦 | 30, 102 |
| 岩井奉信 | 58 |
| 牛久久仁彦 | 58 |
| 大橋良介 | 195 |
| 奥井智之 | 31, 41 |
| 奥田道大 | 47 |

### か行

| | |
|---|---|
| 倉沢進 | 35, 108 |
| 後藤道夫 | 3 |

### さ行

| | |
|---|---|
| 佐々木毅 | 18 |
| 佐々木信夫 | 53 |
| 清水三男 | 30, 102 |
| 庄司俊作 | 31 |
| 鈴木栄太郎 | 32 |
| 曽我謙悟 | 58 |

### た行

| | |
|---|---|
| 建林正彦 | 58 |
| 田村哲樹 | 175 |
| ダール、R. A. | 10 |
| 千葉眞 | 23 |
| デュルケム、E. | 67 |
| 土居丈朗 | 58 |
| 冨永健一 | 45 |
| 外山公美 | 58 |
| 鳥越晧之 | 33 |

### な行

| | |
|---|---|
| 中川幾郎 | 47 |
| 中田實 | 67 |
| 西尾勝 | 34 |

### は行

| | |
|---|---|
| ハンター、F. | 10 |
| 日高六郎 | 3 |
| 福田アジオ | 30 |
| 藤田省三 | 3 |
| ヘーゲル、G. W. H. | 196 |
| 細川護熙 | 95 |

### ま行

| | |
|---|---|
| マッキーバー、R. M. | 47 |
| 松下圭一 | 3, 52 |
| 待鳥聡 | 58 |
| マルクス、K. | 31 |
| 丸山眞男 | 3, 41 |
| 水本邦彦 | 32 |
| 道場親信 | 44 |
| 宮本憲一 | 42 |
| ミラー、G. | 17 |
| ミルズ、C. W. | 10, 16 |
| 村越末男 | 43 |

### ら行

| | |
|---|---|
| リースマン、D. | 10 |
| ルソー、J.-J. | 22 |

**著者紹介**

**田中　義岳**（たなか　よしたけ）
　1969 年関西学院大学社会学部卒業。
　1969 ～ 2006 年、宝塚市職員。宝塚市まちづくり推進担当部長、社会教育部長を歴任。
　　2000 年度地域自治会とボランタリーアソシエーション協調方式による市民参加型の
　　コミュニティづくりの成果による宝塚市の自治大臣賞受賞時の担当。
　退職後～ 2012 年、帝塚山大学非常勤講師、地域活性化センター講師、(公財)阪神北広
　　域救急医療財団常務理事。
　2006 年～現在、コミュニティ政策学会理事。
　2016 年～鳥越晧之氏に師事。

**著書**
　『市民自治のコミュニティをつくろう』(ぎょうせい、2003 年)。
　『地域自治のしくみと実践』(共著、学芸出版社、2011 年)。

---

コミュニティ政策叢書6
**地域のガバナンスと自治──平等参加・伝統主義をめぐる宝塚市民活動の葛藤**

| 2019年7月15日　　初　版第1刷発行 | 〔検印省略〕 |
|---|---|
| | 定価はカバーに表示してあります。 |

著者ⓒ田中義岳／発行者　下田勝司　　　　　　　　印刷・製本／中央精版印刷

東京都文京区向丘 1-20-6　　郵便振替 00110-6-37828　　　　発行所
〒 113-0023　　TEL (03) 3818-5521　FAX (03) 3818-5514　　株式会社 東信堂
Published by TOSHINDO PUBLISHING CO., LTD.
1-20-6, Mukougaoka, Bunkyo-ku, Tokyo, 113-0023, Japan
E-mail : tk203444@fsinet.or.jp　http://www.toshindo-pub.com

**ISBN978-4-7989-1565-4　C3036**　　ⓒ Yoshitake TANAKA

## コミュニティ政策叢書趣意書

　コミュニティ政策学会は、コミュニティ政策研究の成果を学界のみならず一般読書界にも問うべく、『コミュニティ政策叢書』をここに刊行します。
　どんな時代、どんな地域にも、人が「ともに住む」という営みがあれば、その地域を「共同管理」する営みもまた展開していきます。現代日本において「コミュニティ」とよばれる営みは人類史的普遍性をもつものです。
　だが戦後の日本では、かつての隣組制度への反発や強まる個人化志向、また核家族化の一般化と世代間断絶の影響から、コミュニティ拒否の風潮が支配的でした。
　一方、明治の大合併、昭和の大合併という二度の大きな合併を経て大規模化した市町村のもとで、経済の高度成長を経て本格的に工業化都市化した日本社会に、身近な地域社会を対象とした政策ニーズが生じ、コミュニティ政策は行政主導で始まりました。さらに住民間においても高齢化の著しい進展はじめ地域社会に破綻をもたらす要因が拡大しつつあります。
　まさにこの時、1995年と2011年、10年余の時を隔てて生じた二つの大震災は、日本の政治、経済、社会等々のあり方に大きな問題を投げかけました。コミュニティとコミュニティ政策についても同様です。震災は戦後の「無縁社会」化が孕む大きな陥穽をまざまざと露呈させたのです。
　今日コミュニティ政策は、様々に内容と形を変えながら、それぞれの地域の性格の違いとそれぞれの地域の創意工夫によって多様性を生み出しながら、続けられています。今日基底をなすのは、行政の下請化へ導く「上からの」施策、また住民を行政と対立させる「下からの」意向一辺倒でもない、自治体と住民の協働に基づく「新たな公共」としてのコミュニティ政策です。特に、今世紀の地方分権改革によって、自治体政府は充実するけれども身近な地域社会は置き去りになるという危機感から、制度的には様々な自治体内分権の仕組みが試みられ、また自治体と住民の双方によってコミュニティ振興の多様な試みが実践されていて、コミュニティ政策にはますます大きな関心が注がれています。近年は、いわゆる新自由主義的な政策傾向がコミュニティ政策研究にも新たな課題を提起しています。
　コミュニティ政策を学問的な観点から分析し、将来に向かって望ましい方向性を提言するような学会が必要であると私たちは考え、2002年にコミュニティ政策学会を設立しました。そしてこのたび東信堂のご助力を得て、コミュニティ政策研究の成果を逐次学界と実践世界に還元していく『コミュニティ政策叢書』を刊行することとなりました。この叢書が、学会の内外においてコミュニティ政策に関する実践的理論的議論をさらに活性化させる機縁となることを大いに望んでいます。

2013年9月　　　　　　　　　　　　コミュニティ政策学会叢書刊行委員会
　　名和田是彦(法政大学)、鰺坂学(同志社大学)、乾亨(立命館大学)、佐藤克廣(北海学園大学)、
　　鈴木誠(愛知大学)、玉野和志(首都大学東京)

東信堂

〔コミュニティ政策叢書〕

**日本コミュニティ政策の検証**
——自治体内分権と地域自治へ向けて
山崎仁朗編著 四六〇〇円

**高齢者退職後生活の質的創造**
——アメリカ地域コミュニティの事例
加藤泰子 三七〇〇円

**原発災害と地元コミュニティ**
——福島県川内村奮闘記
鳥越皓之編著 三六〇〇円

**自治体行政と地域コミュニティの関係性の変容と再構築**
——「平成大合併」は地域に何をもたらしたか
役重眞喜子 四二〇〇円

**さまよえる大都市・大阪**
——「都心回帰」とコミュニティ
鰺坂学・徳田剛・
西村雄郎・丸山真央 編著 三八〇〇円

**地域のガバナンスと自治**
——平等参加・伝統主義をめぐる宝塚市民活動の葛藤
田中義岳 三四〇〇円

〔アーバン・ソーシャル・プランニングを考える・全2巻〕

**世界の都市社会計画**——グローバル時代の都市社会計画
橋本和孝・吉原直樹編著 二三〇〇円

**都市社会計画の思想と展開**
橋本和孝・藤田弘夫・吉原直樹編著 二三〇〇円

〔地域社会学講座 全3巻〕

**地域社会の政策とガバナンス**
岩崎信彦・矢澤澄子監修 二七〇〇円

**グローバリゼーション／ポスト・モダンと地域社会**
古城利明監修 二五〇〇円

**地域社会学の視座と方法**
似田貝香門監修 二五〇〇円

**防災の社会学〔第二版〕**
——防災コミュニティの社会設計へ向けて
吉原直樹編 三八〇〇円

〔シリーズ防災を考える・全6巻〕

**防災の心理学**——ほんとうの安心とは何か
仁平義明編 三三〇〇円

**防災の法と仕組み**
生田長人編 三三〇〇円

**防災教育の展開**
今村文彦編 三二〇〇円

**防災と都市・地域計画**
増田聡編 続刊

**防災の歴史と文化**
平川新編 続刊

〒113-0023 東京都文京区向丘1-20-6
TEL 03-3818-5521 FAX 03-3818-5514 振替 00110-6-37828
Email tk203444@fsinet.or.jp URL:http://www.toshindo-pub.com/

※定価：表示価格（本体）＋税

東信堂

|  |  |  |
|---|---|---|
| 社会制御過程の社会学 | 舩橋晴俊 | 九六〇〇円 |
| 組織の存立構造論と両義性論―社会学理論の重層的探究 | 舩橋晴俊 | 二五〇〇円 |
| 「むつ小川原開発・核燃料サイクル施設問題」研究資料集 | 舩橋晴俊編著 | 一八〇〇〇円 |
| 新版 新潟水俣病問題―加害と被害の社会学 | 飯島伸子・舩橋晴俊編 | 三八〇〇円 |
| 新潟水俣病問題の受容と克服 | 堀田恭子 | 四八〇〇円 |
| 新潟水俣病をめぐる制度・表象・地域 | 関礼子 | 五六〇〇円 |
| 被災と避難の社会学 | 関礼子編著 | 二三〇〇円 |
| 多層性とダイナミズム―沖縄・石垣島の社会学 | 高木恒一・関礼子編著 | 二四〇〇円 |
| 放射能汚染はなぜくりかえされるのか―地域の経験をつなぐ | 藤川賢・除本理史編著 | 二〇〇〇円 |
| 公害・環境問題の放置構造と解決過程 | 藤川賢・渡辺伸一・堀畑まなみ著 | 三八〇〇円 |
| 公害被害放置の社会学―イタイイタイ病・カドミウム問題の歴史と現在 | 渡辺伸一著 | 三八〇〇円 |
| 食品公害と被害者救済―カネミ油症事件の被害と政策過程 | 飯島伸子・藤川賢著 | 三六〇〇円 |
| 原発災害と地元コミュニティ―福島県川内村奮闘記 | 宇田和子 | 四六〇〇円 |
| 故郷喪失と再生への時間―新潟県への原発避難と支援の社会学 | 松井克浩 | 三六〇〇円 |
| 現代日本の地域分化―センサス等の市町村別集計に見る地域変動のダイナミックス | 鳥越皓之編著 | 三三〇〇円 |
| 現代日本の地域格差―二〇一〇年・全国の市町村の経済的・社会的ちらばり | 蓮見音彦 | 三八〇〇円 |
| 開発援助の介入論―インドの河川浄化政策に見る国境と文化を越える困難 | 蓮見音彦 | 二三〇〇円 |
| 資源問題の正義―コンゴの紛争資源問題と消費者の責任 | 西谷内博美 | 四六〇〇円 |
| 自立支援の実践知―阪神・淡路大震災と共同・市民社会 | 華井和代 | 三九〇〇円 |
| [改訂版]ボランティア活動の論理―ボランタリズムとサブシステンス | 似田貝香門編 | 三八〇〇円 |
| 自立と支援の社会学―阪神大震災とボランティア | 西山志保 | 三六〇〇円 |
|  | 佐藤恵 | 三三〇〇円 |

〒113-0023　東京都文京区向丘1-20-6
TEL 03-3818-5521　FAX 03-3818-5514　振替 00110-6-37828
Email tk203444@fsinet.or.jp　URL:http://www.toshindo-pub.com/

※定価：表示価格（本体）＋税

# 東信堂

## 〔シリーズ 社会学のアクチュアリティ：批判と創造 全12巻〕

|  |  |  |  |
|---|---|---|---|
| クリティークとしての社会学 | 現代を批判的に見る眼 | 西原和久編 | 一八〇〇円 |
| 都市社会とリスク | 豊かな生活をもとめて | 宇都宮京子編 | 一八〇〇円 |
| 言説分析の可能性 | 社会学的方法の迷宮から | 西原和久編 | 二〇〇〇円 |
| グローバル化とアジア社会 | ポストコロニアルの地平 | 藤田弘編 | 二〇〇〇円 |
| 公共政策の社会学 | 社会的現実との格闘 | 浦野正樹編 | 二〇〇〇円 |
| 社会学のアリーナへ | | 友枝敏樹編 | 二〇〇〇円 |
| モダニティと空間の物語 | 21世紀社会を読み解く | 武川正吾編 | 二二〇〇円 |
| 戦後日本社会学のリアリティ | 社会学のフロンティアせめぎあうパラダイム | 三重野卓編 | 二二〇〇円 |

### 〔地域社会学講座 全3巻〕

|  |  |  |
|---|---|---|
| 地域社会学の視座と方法 | 厚東洋輔編 | 二三〇〇円 |
| グローバリゼーション／ポスト・モダンと地域社会 | 友枝正敏編 | 二三〇〇円 |
| 地域社会の政策とガバナンス | 斉藤日出治編 | 二三〇〇円 |

### 〔シリーズ世界の社会学・日本の社会学〕

|  |  |  |  |
|---|---|---|---|
| タルコット・パーソンズ | 最後の近代主義者 | 中野秀一郎 | 二七〇〇円 |
| ゲオルグ・ジンメル | 現代分化社会における個人と社会 | 居安正 | |
| ジョージ・H・ミード | 社会的自我論の展開 | 船津衛 | 一八〇〇円 |
| アラン・トゥーレーヌ | 現代社会のゆくえと新しい社会運動 | 杉山光信 | 一八〇〇円 |
| アルフレッド・シュッツ | 主観的時間と社会運動 | 森元孝 | 一八〇〇円 |
| エミール・デュルケム | 社会の道徳的再建と社会学 | 中島道男 | 一八〇〇円 |
| レイモン・アロン | 危機の時代の透徹した警世家 | 岩城完之 | 一八〇〇円 |
| フェルディナンド・テンニエス | ゲゼルシャフト時代を診断した亡命者 | 吉田浩 | 一八〇〇円 |
| カール・マンハイム | 社会的空間 | 澤井敦 | 一八〇〇円 |
| ロバート・リンド | アメリカ文化の内省的批判者 | 園部雅久 | 一八〇〇円 |
| アントニオ・グラムシ | 『獄中ノート』と批判社会学の生成 | 鈴木富久 | 一八〇〇円 |
| 費孝通 | 民族自省の社会学 | 佐々木衛 | 一八〇〇円 |
| 奥井復太郎 | 都市社会学と生活論の創始者 | 藤田弘夫 | 一八〇〇円 |
| 新明正道 | 綜合社会学の探究 | 山本鎮雄 | 一八〇〇円 |
| 米田庄太郎 | 綜合社会学の先駆者 | 中島久滋 | 一八〇〇円 |
| 高田保馬 | 理論と政策の無媒介的統一・家族研究・実証社会学の軌跡 | 北島隆男 | 一八〇〇円 |
| 戸田貞三 | 民主化と社会学の | 川合隆音 | 一八〇〇円 |
| 福武直 | 現実化を推進 | 蓮見音彦 | 一八〇〇円 |

〒113-0023　東京都文京区向丘1-20-6
TEL 03-3818-5521　FAX 03-3818-5514　振替 00110-6-37828
Email tk203444@fsinet.or.jp　URL:http://www.toshindo-pub.com/

※定価：表示価格（本体）＋税

# 東信堂

|  |  |  |
|---|---|---|
| 「居住福祉資源」の思想――生活空間原論序説 | 早川和男 | 二九〇〇円 |
| 検証 公団居住60年――〈居住は権利〉公共住宅を守るたたかい | 多和田栄治 | 二八〇〇円 |

〈居住福祉ブックレット〉

|  |  |  |
|---|---|---|
| 居住福祉資源発見の旅――新しい福祉空間、懐かしい癒しの場 | 早川和男 | 七〇〇円 |
| どこへ行く住宅政策――進む市場化、なくなる居住のセーフティネット | 本間義人 | 七〇〇円 |
| 漢字の語源にみる居住福祉の思想 | 李 桓 | 七〇〇円 |
| 日本の居住政策と障害をもつ人 | 伊藤静美 | 七〇〇円 |
| 障害者・高齢者と麦の郷のこころ――住民、そして地域とともに | 田中秀樹 | 七〇〇円 |
| 地場工務店とともに | 加藤直見 | 七〇〇円 |
| 子どもの道くさ | 山本美野 | 七〇〇円 |
| 居住福祉法学の構想 | 水月昭道 | 七〇〇円 |
| 奈良町の暮らしと福祉――市民主体のまちづくり | 吉田邦彦 | 七〇〇円 |
| 精神科医がめざす近隣力再建 | 黒田睦子 | 七〇〇円 |
| 進む「子育て」砂漠化、はびこる「付き合い拒否」症候群 | 中澤正夫 | 七〇〇円 |
| 住むことは生きること――鳥取県西部地震と住宅再建支援 | 片山善博 | 七〇〇円 |
| 最下流ホームレス村から日本を見れば――あなたは住まいのセーフティネットを信じられますか？ | ありむら潜 | 七〇〇円 |
| 世界の借家人運動 | 髙島一夫 | 七〇〇円 |
| 「居住福祉学」の理論的構築 | 張秀萍 | 七〇〇円 |
| 居住福祉資源発見の旅Ⅱ | 早川和男 | 七〇〇円 |
| 居住福祉の世界――早川和男対談集 | 早川和男 | 七〇〇円 |
| 医療・福祉の沢内と地域演劇の湯田――岩手県西和賀町のまちづくり | 高橋典成 | 七〇〇円 |
| 「居住福祉資源」の経済学 | 金持伸子 | 七〇〇円 |
| 長生きマンション・長生き団地 | 神野武美 | 七〇〇円 |
| 高齢社会の住まいづくり・まちづくり | 千代崎一夫／山下千佳 | 八〇〇円 |
| シックハウス病へのたたかい――その予防・治療・撲滅のために | 後藤泉三 | 七〇〇円 |
| 韓国・居住貧困とのたたかい――居住福祉の実践を歩く | 藤田忠 | 七〇〇円 |
| 精神障碍者の居住福祉――宇和島における実践（二〇〇六～二〇一二） | 迎井允／全泓奎 | 七〇〇円 |
| | 正光会 編 | 七〇〇円 |

〒113-0023　東京都文京区向丘1-20-6　TEL 03-3818-5521　FAX 03-3818-5514　振替 00110-6-37828
Email tk203444@fsinet.or.jp　URL:http://www.toshindo-pub.com/

※定価：表示価格（本体）＋税

# 東信堂

|  |  |  |
|---|---|---|
| 放送大学に学んで ―未来を拓く学びの軌跡 | 放送大学中国・四国ブロック学習センター編 | 二〇〇〇円 |
| ソーシャルキャピタルと生涯学習 | J・フィールド 矢野裕俊監訳 | 二五〇〇円 |
| 成人教育の社会学―パワー・アート・ライフコース | 高橋満編著 | 三三〇〇円 |
| NPOの公共性と生涯学習のガバナンス | 高橋満 | 二八〇〇円 |
| コミュニティワークの教育的実践 | 高橋満 | 二〇〇〇円 |
| 学級規模と指導方法の社会学―実態と教育効果 | 山崎博敏 | 三二〇〇円 |
| 高等専修学校における適応と進路―後期中等教育のセーフティネット | 伊藤秀樹 | 四六〇〇円 |
| 「夢追い」型進路形成の功罪―高校改革の社会学 | 荒川葉 | 二八〇〇円 |
| 進路形成に対する「在り方生き方指導」の功罪―高校進路指導の社会学 | 望月由起 | 三六〇〇円 |
| 教育から職業へのトランジション―若者の就労と進路職業選択の社会学 | 山内乾史編著 | 二六〇〇円 |
| 教育と不平等の社会理論―再生産論をこえて | 小内透 | 三三〇〇円 |
| マナーと作法の社会学 | 加野芳正編著 | 二四〇〇円 |
| マナーと作法の人間学 | 矢野智司編著 | 二〇〇〇円 |
| 〈シリーズ 日本の教育を問いなおす〉 拡大する社会格差に挑む教育 | 西村和雄・大森不二雄 倉元直樹・木村拓也編 | 二四〇〇円 |
| 混迷する評価の時代―教育評価を根底から問う | 西村和雄・大森不二雄 倉元直樹・木村拓也編 | 二四〇〇円 |
| 教育における評価とモラル | 戸瀬信之編 | 二四〇〇円 |
| 《大転換期と教育社会構造:地域社会変革の学習社会論的考察》 | | |
| 第1巻 教育社会史―日本とイタリアと | 小林甫 | 七八〇〇円 |
| 第2巻 現代的教養Ⅰ―生活者生涯学習の地域的展開 | 小林甫 | 六八〇〇円 |
| 第3巻 現代的教養Ⅱ―技術者生涯学習の生成と展望 | 小林甫 | 六八〇〇円 |
| 第3巻 学習力変革―地域自治と社会構築 | 小林甫 | 近刊 |
| 第4巻 社会共生力―東アジアと成人学習 | 小林甫 | 近刊 |

〒113-0023 東京都文京区向丘1-20-6
TEL 03-3818-5521 FAX03-3818-5514 振替 00110-6-37828
Email tk203444@fsinet.or.jp URL:http://www.toshindo-pub.com/

※定価:表示価格(本体)+税

東信堂

| 書名 | 著者/訳者 | 価格 |
|---|---|---|
| オックスフォード キリスト教美術・建築事典 | P&L・マレー著 中森義宗監訳 | 三〇〇〇〇円 |
| イタリア・ルネサンス事典 | J・R・ヘイル編 中森義宗監訳 | 七八〇〇円 |
| 美術史の辞典 | 中森義宗・P・デューロ・清水忠訳他 | 三六〇〇円 |
| 涙と眼の文化史——中世ヨーロッパの標章と恋愛思想 | 徳井淑子訳 | 三六〇〇円 |
| 青を着る人びと | 伊藤亜紀 | 三五〇〇円 |
| 社会表象としての服飾——近代フランスにおける異性装の研究 | 新實五穂 | 三六〇〇円 |

書に想い 時代を讀む 河田悌一 一八〇〇円
日本人画工 牧野義雄——平治ロンドン日記 ますこ ひろしげ 五四〇〇円
美を究め美に遊ぶ——芸術と社会のあわい 荻野厚志編著 田中藤光紀 二八〇〇円
バロックの魅力 小穴晶子編 二六〇〇円
新版 ジャクソン・ポロック 藤枝晃雄 三六〇〇円
西洋児童美術教育の思想——ドローイングは豊かな感性と創造性を育むか？ 前田茂監訳 要真理子監訳 三六〇〇円
ロジャー・フライの批評理論——知性と感受性の間で 要 真理子 四二〇〇円
レオノール・フィニ——境界を侵犯する新しい種 尾形希和子 二八〇〇円

【世界美術双書】
バルビゾン派 井出洋一郎 二〇〇〇円
キリスト教シンボル図典 中森義宗 二三〇〇円
パルテノンとギリシア陶器 関 隆志 二三〇〇円
中国の版画——唐代から清代まで 小林宏光 二三〇〇円
象徴主義——モダニズムへの警鐘 中村隆夫 二三〇〇円
中国の仏教美術——後漢代から元代まで 久野美樹 二三〇〇円
セザンヌとその時代 浅野春男 二三〇〇円
日本の南画 武田光一 二三〇〇円
画家とふるさと 小林 忠 二三〇〇円
ドイツの国民記念碑——一八一三—一九一三年 大原まゆみ 二三〇〇円
日本・アジア美術探索 永井信一 二三〇〇円
インド、チョーラ朝の美術 袋井由布子 二三〇〇円
古代ギリシアのブロンズ彫刻 羽田康一 二三〇〇円

〒113-0023 東京都文京区向丘1-20-6 TEL 03-3818-5521 FAX 03-3818-5514 振替 00110-6-37828
Email tk203444@fsinet.or.jp URL:http://www.toshindo-pub.com/
※定価：表示価格（本体）＋税